KB070430

컨텐츠 크리에이터

실제 사례로 본 컨텐츠 제작 핸드북

나남
nanam

나남신서 2065

컨텐츠 크리에이터

실제 사례로 본 컨텐츠 제작 핸드북

2020년 11월 15일 발행
2020년 11월 15일 1쇄

지은이   천현숙
발행자   趙相浩
발행처   (주) 나남
주소   10881 경기도 파주시 회동길 193
전화   (031) 955-4601 (代)
FAX   (031) 955-4555
등록   제 1-71호 (1979.5.12)
홈페이지   http://www.nanam.net
전자우편   post@nanam.net

ISBN 978-89-300-4065-5
ISBN 978-89-300-8655-4 (세트)

나남신서 2065

컨텐츠 크리에이터

실제 사례로 본 컨텐츠 제작 핸드북

천현숙 지음

선물

내 인생의 서브젝트는 크리에이티브였습니다. 어린 시절에는 시를 읽는 것이 좋았습니다. 직접 시를 지어 좋아하는 야구 선수에게 보내기도 하고 친구들에게 선물하기도 했습니다. 대학 졸업 후에는 광고 컨셉을 잡고 카피를 쓰는 것이 재미있었습니다. 정말 좋은 결과를 냈을 때 느꼈던 짜릿함은 내가 받은 최고의 선물이었습니다.

대학교수가 된 이후에는 광고 관련 책을 쓰는 것이 좋았습니다. 원고를 쓰다가 밝아 오는 아침 해를 맞기도 했습니다. 밥 먹는 걸 잊고 쓸 때도 있었습니다. 그렇게 시간 가는 줄 모르고 집중할 수 있는 대상이 내게 있다는 것에 감격해 운 일도 있습니다.

여덟 번째 책 《컨텐츠 크리에이터》를 냅니다. 이전의 책들과 다른 점은 광고에 국한된 내용이 아니라는 것입니다. 시대가 바뀌고 매체가 바뀌어 광고도 바뀌었기 때문에 바뀐 사정에 맞게 크리에이티브를 풀어 보았습니다. 나의 서브젝트인 크리에이티브가 좀더 넓은 영역을 갖게 된 것은 나의 노력이 아니라 시대의 도움 덕분이었음을 인정합니다.

또 하나 다른 점은 전 세계적으로 전염병이 창궐하는 가운데 이 책이 탈고되고 출판되었다는 것입니다. 차일피일 미루지 않고 빨리 책을 낼 수 있었던 것, 비교적 정교하게 다듬을 수 있었던 것 또한 나의 의지가 아니라 시대의 도움 덕분이었음을 인정합니다.

　사람들은 이야기합니다. '코로나-19 감염증' 이전과 이후의 삶이 완전히 다를 것이라고. 저도 그렇습니다. 이 책을 탈고하고 난 후의 내 삶이 완전히 바뀔 것 같은 느낌이 듭니다. 자료를 모으면서 새로 관심을 갖게 된 것들이 많기 때문입니다. 이 책을 읽는 독자들도 그렇게 되길 바랍니다.

　특별히 이 책은 여든다섯의 연세에 3도 화상을 극복함으로써 딸에게 용기가 무엇인지 가르쳐 주신 아버지 千元旭께 바칩니다. 중환자실에 누워 있는 아버지 면회를 하루도 거르지 않음으로써 신의가 무엇인지 가르쳐 준 오빠 千允基에게도 이 책을 선물로 드립니다.

2020년 11월 잠실에서

천 현 숙

나남신서 2065

컨텐츠 크리에이터

실제 사례로 본 컨텐츠 제작 핸드북

차 례

| Part 1 | ## 컨텐츠가 온다!

컨텐츠엔 어떤 종류가 있을까?

part 1

•

컨텐츠가 온다!

•

최근 커뮤니케이션 분야에서 가장 '핫hot한' 것이 바로 컨텐츠contents입니다. 사람들 입에 하도 많이 오르내리다 보니 '디지털콘텐츠학과'와 같이 대학 학과 이름에도 단골로 들어가고, '한국콘텐츠진흥원'과 같이 공공기관 명칭에 들어가기도 합니다.

컨텐츠란 문자 그대로 해석하면 형식에 담긴 내용입니다. 개별적 내용이 아니라 개념적 내용이므로 복수가 아닌 단수 '컨텐트content'라고 해야 옳습니다. 그러나 이미 컨텐츠란 말이 우리나라에서 널리 통하고 있으므로 여기서도 그냥 컨텐츠라고 하겠습니다.

커뮤니케이션에서 형식은 미디어media라고 합니다. 따라서 컨텐츠란 '미디어를 매개로 전달되는 가공된 내용물'이라고 정의할 수 있습니다. 가공된 내용물이란 흔히 떠올리는 것처럼 영상, 그림, 음악, 텍스트text일 수도 있지만 특별한 경험이나 놀이일 수도 있습니다. 전해지는 이야기나 소문일 수도 있습니다. 어떤 형태든 창조적 결과물이라면 컨텐츠가 될 수 있습니다.

미디어 역시 TV나 PC, 모바일mobile 등 기기device에 국한되지 않습니다. 컨텐츠를 전달하는 수단은 모두 미디어입니다. 사람도 미디어일 수 있습니다. 길가에 세운 전봇대도, 하늘 높이 날리는 종이비행기도, 이삿날 이웃에 돌리는 떡도 미디어일 수 있습니다.

스마트 시대, 미디어 자체의 영역이 확장되고 이용 형태도 다양화되다 보니 그 속에 담긴 컨텐츠에 대한 관심과 수요도 날로 늘어납니다. 개발 열기 또한 점점 뜨거워집니다. 사람 모이는 데 돈이 모이다 보니 바야흐로 컨텐츠가 돈이 되는 시대가 됐습니다.

01

배경

왜 컨텐츠가 핫할까요? 핫하다는 말은 그 속에 어떤 변화를 내포합니다. 무슨 변화? 다음과 같은 여러 가지 변화가 복합적으로 작용하여 하나의 큰 현상을 만들어 냈습니다.

1) 비용

우선 돈 문제입니다. 저성장 시대, 기업이고 기관이고 돈이 부족합니다. 부족한 예산을 가지고 ROI_{Return On Investment}1 따져 가며 잘 쪼개 써야 합니다.

그런데 커뮤니케이션을 잘해 보려면 돈이 많이 들게 마련입니다. 많은 사람들에게 알리려면 인기 미디어를 사야 합니다. 화제가 되려면 유명 모델을 사야 합니다. 멋진 제작물을 만드는 데도 돈이 적잖이 듭니다.

필요한 돈은 많은데 가진 돈은 부족하다 보니 '저비용 고효율'의 기막힌 방책을 찾게 됩니다. 그래서 눈을 돌린 곳이 바로 컨텐츠입니다. 정확히 말하면 기발한 컨텐츠입니다. 기발한 컨텐츠만 있으면 굳이 비싼 미디어를 통하지 않아도, A급 모

---

1   투자한 자본에 대한 수익률.

델을 앞세우지 않아도, 잘나가는 크리에이터creator를 동원하지 않아도, 사람들 사이에서 '급' 뜨는 것이 요즘 세상이기 때문입니다.

어떻게 이런 게 가능할까요? 사람들은 어디에 있든, 무엇을 하든, 모바일 기기를 통해 무언가를 보고 혹은 듣고 있습니다. 길을 걸을 때도, 공부를 할 때도, 심지어 잘 때도, 모바일 기기를 틀어 놓습니다.

다시 말해 밤낮으로, 앉으나 서나, 끊임없이 컨텐츠를 소비한다는 말입니다. 이 말은 그만큼 컨텐츠를 통한 커뮤니케이션 기회가 많아졌다는 것을 의미합니다. 사람들 눈이 번쩍 뜨이게 하는 컨텐츠를 내놓기만 하면 커뮤니케이션은 대성공이라는 말이죠.

Case Study

명가녀_클리베

선글라스를 낀 세련된 여성이 수백만 원을 호가呼價하는 명품가방 여러 개를 가지고 부엌에 나타납니다. 그중 루이비통Louis Vuitton 가방 하나를 집어 들고 조금의 망설임도 없이 가위로 삭둑삭둑 자릅니다. 형체를 알아볼 수 없도록 조각조각을 냅니다. 잘려진 명품가방 조각을 모두 믹서에 집어넣고 갈아 버립니다. 여성은 곱게 갈린 명품가방 가루를 투명한 플라스틱 병에 담고 만족스러운 듯이 바라봅니다.

이 동영상을 본 네티즌들은 '된장녀'를 뛰어넘은 '명가녀'(명품을 가는 여자)라며 흥분했습니다. 도대체 이 영상의 목적이 무엇인지를 두고 뜨거운 논쟁도 벌어졌습니다. 인기 검색어 1위에 오르기도 했습니다. '가수 지망생이 자신을 홍보하기 위해 만든 영상이다', '명품 좋아하는 세태를 경계하는 공익 영상이다', '믹서기 광고다', '선글라스 광고다', '가위 광고다'라는 등 논쟁이 뜨거웠습니다.

그러나 곧 웅진코웨이 음식물처리기 '클리베'의 바이럴viral 마케팅[2] 영상임이 밝혀졌습니다. 그러나 그땐 이미 10만 건이 넘는 조회 수를 기록한 다음이었습니다.

동영상 중간에 나오는 〈갈릴래요〉라는 배경음악이 '클리베' 광고 CM송의 일부라는 명백한 단서가 있었음에도 불구하고 그것을 단박에 눈치채지 못했습니다. 위낙 영상이 강렬했기 때문입니다. 평생 한 번 가져 볼까 말까 한 수백만 원짜리 명품가방을 가위로 자르다니요 ….

단역배우를 써서 원 신one scene[3]으로 찍은 간단한 영상 컨텐츠 하나가 결과적으로 비싼 비용과 시간, 노력을 들여 만든 광고 CM보다 훨씬 큰 효과를 발휘한 것입니다.

---

2) 미디어 환경

다음은 미디어 환경 문제입니다. 앞에서도 말했듯 사람들은 늘 모바일 기기를 끼고 삽니다. 퓨 리서치센터Pew Research Center[4]에 따르면 2018년 현재 우리나라 휴대폰 보급률은 100%, 스마트폰 사용률은 95%에 달합니다.

그리고 그들은 디지털 네트워크로 쉽게 연결됩니다. 기발한 컨텐츠가 있으면 결코 혼자 보지 않습니다. 소셜네트워크서비스Social Network Service, SNS를 통해 퍼 나릅니다.

존 닐John Niels은 그의 저서 《호모 나랜스Homo Narrans》[5]를 통해 인간은 원래 이야

---

2 소셜미디어를 통해 거미줄처럼 네트워크화되어 있는 소비자들에게 바이러스처럼 빠르게 확산되는 새로운 마케팅.
3 동일 시간, 동일 장소에서 나타나는 한 장면.
4 Pew Research Center (2019), *Spring Global Attitudes Survey*.

기하고 싶어 하고 이야기를 통해 사회를 이해하는 본능이 있다고 지적합니다. 그는 과거 매스미디어의 발달로 약화되었던 이 본능이 최근 인터넷의 발달로 두드러지게 표출되고 있다고 주장합니다.

실제로 제일기획 *Annual Consumer Report*[6]는 15~44세 남녀 600명을 분석한 결과 호모 나랜스의 특징을 발견했다고 보고했습니다. 인터넷 컨텐츠를 만들어 올리는 것을 자기표현이라 생각하고, 인터넷 카페, 블로그Blog, 사용 후기 등 일반인들이 작성한 '위 미디어we media'를 신뢰하며, 흥밋거리를 적극적으로 탐색한다는 것입니다.

따라서 컨텐츠는 재미있기만 하면 디지털 네트워크를 통해 삽시간에 퍼집니다. 앞서 예로 든 '명가녀' 동영상의 경우 광고 제작회사 측은 '뭐든지 갈아 버린다'라는 컨셉하에 총 8편의 티저teaser[7] 영상을 준비했다고 합니다. 사람들의 호기심을 점차적으로 끌어올린 다음 최고조에 달했을 때 극적으로 정체를 밝히려는 전략이었죠.

그러나 1탄 명품 편, 2탄 핸드폰 편, 3탄 선글라스 편이 너무 삽시간에 퍼져 일찍 정체가 드러나는 바람에 나머지 5편은 집행도 못 해보고 캠페인을 마치고 말았습니다. 컨텐츠의 파급력이 그만큼 막강하다는 애기입니다. 커뮤니케이션 담당자로서는 혹하지 않을 수 없습니다.

---

5   Niles, J. D. (2010), *Homo Narrans: The Poetics and Anthropology of Oral Literature*, University of Pennsylvania Press.
6   제일기획이 매년 발간하는 대한민국 소비자 라이프스타일 보고서.
7   회사명이나 상품명 등의 구체적인 홍보 내용을 밝히지 않고 소비자들의 궁금증을 유발시키는 광고.

5년 만에 32억_〈강남스타일〉

100일 만에 5억! 과연 뭘까요? 〈강남스타일〉 뮤직비디오의 유튜브YouTube 조회 수 기록입니다.

〈강남스타일〉은 가수 싸이의 여섯 번째 정규앨범 〈싸이6甲 Part 1〉의 타이틀곡입니다. 싸이는 이 곡으로 미국 음반 시장에 진출했습니다. 그 결과 미국은 물론 세계적으로 그야말로 선풍적인 인기를 끌었습니다.

그 인기에는 SNS, 특히 유튜브의 역할이 컸습니다. 유튜브에 공개된 〈강남스타일〉 뮤직비디오를 본 저스틴 비버Justin Bieber의 제안으로 싸이는 저스틴 비버와 머라이어 캐리Mariah Carey, 본 조비Bon Jovi 등 세계적 팝 스타들의 소속사인 아일랜드 데프 잼 레코딩스Island Def Jam Recordings와 판권 및 매니지먼트 계약을 맺을 수 있었습니다.

계약 후 싸이는 로스앤젤레스 다저스타디움Dodger Stadium에서 5만 야구팬들이 지켜보는 가운데 '말춤'을 선보였습니다. NBC, BBC 등 주요 방송에도 직접 출연하여 특유의 입담을 과시했습니다.

그 결과 뮤직비디오 공개 52일 만인 2012년 9월 4일 유튜브 조회 수 1억을 돌파했습니다. 이어 9월 19일 2억, 10월 23일 5억, 11월 14일 8억, 12월 22일 10억, 2013년 1월 1일 11억, 1월 16일 12억, 2월 10일 13억, 3월 10일 14억, 4월 6일 15억, 2014년 5월 31일 20억. 공개된 지 채 2년도 되지 않아 20억 조회 수를 돌파했습니다. 모두 유튜브 사상 최초였습니다.

〈강남스타일〉의 연이은 기록 경신 기세에 유튜브는 처음으로 스트리밍 플랫폼 streaming platform 8 시스템까지 바꿔야 했습니다. 조회 수 상한上限을 종전의 억 단위인 21억에서 경 단위인 922경으로 상향 조정한 것입니다.

싸이의 여섯 번째 정규앨범 〈싸이6甲 Part 1〉.
유튜브에서 선풍적 인기를 얻은
〈강남스타일〉이 타이틀곡으로 수록되어 있다.

　〈강남스타일〉 뮤직비디오는 유튜브의 모든 카테고리를 통틀어 가장 많이 본 동영상 1위의 대기록을 달성했습니다. 《기네스북 The Guinness Book of Records》은 공식 홈페이지를 통해 〈강남스타일〉 뮤직비디오를 보고 '좋아요 like'를 누른 사람이 215만 명으로 유튜브 역사상 최다를 기록해 《기네스북》에 등재한다고 발표했습니다. 이때가 2012년 9월 20일. 〈강남스타일〉이 발표된 지 겨우 2달 만이었습니다.

　그해 9월 마지막 주, 〈강남스타일〉은 미국 빌보드 차트 Billboard chart 2위에 등극했습니다. 그 후 7주간 그 자리를 한 번도 놓치지 않았습니다.

　2017년 〈강남스타일〉은 32억 조회 수, 845만 '좋아요'라는 또 다른 기록으로 스스로 《기네스북》 기록을 경신하는 기염을 토했습니다. 디지털 네트워크의 파급력이 얼마나 막강한지 여실히 보여 주는 예입니다.

8　다운로드해서 재생하게 하는 방식과 달리 인터넷상에서 실시간으로 영상이나 음악 등의 서비스를 제공하는 플랫폼.

3) 커뮤니케이션 방식

마지막으로 커뮤니케이션 질質의 문제입니다. 정보가 넘쳐 나는 시대, 커뮤니케이션은 대체로 피상적일 수밖에 없습니다. 그 많은 정보를 인간의 두뇌에 다 담을 수 없기 때문이지요.

바쁜 현대인에게 메시지를 '푸시push'한다는 것은 참으로 어렵고도 허망한 일입니다. '회피avoidance'9로 한 번, '선택적 노출selective exposure'10로 또 한 번, 얼마든지 걸러 낼 수 있기 때문입니다.

메시지를 소비자 쪽으로 '푸시'하는 것이 어렵다면 반대로 소비자를 메시지 쪽으로 '풀pull'하면 됩니다. 어떻게 하냐고요? 메시지를 사람들이 좋아하는 것 자체로 만들면 됩니다.

주의할 것은 좋아하도록 만드는 것이 아니라 좋아하는 것 자체로 만들어야 한다는 것입니다. 음악이 됐든 음식이 됐든 개그gag가 됐든, 사람들이 좋아하는 것을 제시하고 메시지는 거기에 살짝 얹기만 하는 것이죠.

아무리 그래도 전달해야 할 메시지는 명확하게 전달해야 한다고요? 그렇다면 '가랑비에 옷 젖는 줄 모른다'라는 속담을 한번 생각해 봅시다. 가랑비라고 대수롭잖게 생각해 그냥 맞다 보면 나중엔 옷이 다 젖듯이, 재미있게 즐기다 보면 어느새 자신도 모르게 받아들이게 되는 것. 그것이 바로 컨텐츠의 힘입니다.

앞에서 예로 든 '명가녀' 동영상의 경우, 그것이 티저 형식이 아니라 일반적인 광고 형식이었다면 어땠을까요? 아마도 그렇게 폭발적인 반응은 얻지 못했을 것입

---

9 싫은 자극이나 상황이 발생하지 않도록 미리 특정 행동을 하는 것.
10 자신이 지닌 신념이나 믿는 체계에 위배되는 정보를 거부하고 기피하는 현상.

니다. 뭐든지 척척 갈아 버리는 음식물 처리기 광고라는 것이 명확했다면 영상의 목적이 무엇인지에 대한 호기심도, 뜨거운 논쟁도 없었을 것입니다.

이렇게 좋아하는 것 그 자체로 만든 컨텐츠는 피상적, 수동적이 아닌 몰입적, 자발적 커뮤니케이션을 가능하게 합니다. '명가녀' 동영상을 자발적으로 퍼 나른 네티즌의 경우처럼 말이죠. 한마디로 제 좋아서 달려들게 만들 수 있다는 말입니다.

Case Study

마님과 점년이의 환타스띠끄 신문물 체험기_〈씌가렛던〉

최근 금연에 대한 국제사회의 의지와 각국 정부의 정책은 가히 전쟁을 방불케 합니다. 2019년 우리나라 보건복지부는 흡연 경고 그림과 문구의 표기 기준을 한층 강화했습니다. 경고 그림과 문구의 의무 면적을 현재 담뱃갑 총면적의 50%에서 75%로 대폭 확대한 것입니다.

그러나 공포의 수위를 높이는 것이 과연 담배를 끊게 하는 효과적인 방법일까요? 아닐 수도 있습니다. 앞에서도 언급했듯이 '회피'와 '선택적 노출'로 오히려 원천 거부당할 수도 있으니까요.

거부당하지 않기 위해서는 재미있게 접근하는 것이 방법일 수 있습니다. '오라질년' 〈자유부인〉[11]으로 유명한 웹툰webtoon 작가 데니코denico (본명 강무선)가 만든 금연 홍보 브랜드 웹툰[12] 〈씌가렛던〉처럼 말이지요.

---

11 2009년 스카이 홈페이지에서 연재되었던 웹툰으로, 수상한 과거를 뒤로 한 채 신여성으로 거듭나려는 마님과 은근히 윗사람 찜 쪄 먹는 식모 점년이가 펼쳐 가는 괴상한 생활 이야기.
12 홍보와 광고를 위한 웹툰. 주로 브랜드 마케팅의 수단으로 사용되지만 공익적 내용을 담은 것도 있음.

데니코(강무선)의 웹툰 〈씌가렛뎐〉.
금연이라는 메시지를 재미있는 웹툰을 통해
전달했다.

이 웹툰은 작가의 표현을 그대로 빌리자면 "때는 개화기 한양, 백해무익百害無益 씌가렛을 끊기 위한 마님과 점년이의 환타스띠끄fantastic 신문물 체험기"입니다. 영어 'cigarette'과 고전古典에서 사용되는 '전傳'을 합성한 제목 〈씌가렛뎐〉부터가 이색적이고 해학諧謔적입니다. 또한 '환타스띠끄'라는 단어가 재미있는 스토리를 암시합니다.

"식후가 땡 하였으니 씌가렛을 빨고 싶구나. 냉큼 씌가렛을 대령하렸다", "마님의 씌가렛을 꼬나문 자태를 보니 걱정스런 마음 하늘과 같사옵니다" 등의 대사에서 볼 수 있듯이 의고체擬古體13의 고전적 문체와 초현대식 비속어를 섞어 쓰니 그 불일치 때문에 무척 독특하고 재미있습니다. 양반을 비꼬는 마당극처럼 풍자적風姿的인 느낌도 물씬 풍깁니다.

문체나 대화 내용뿐만 아니라 웹툰의 색감도 매우 독특합니다. 가만히 들여다보면 화투장의 색감을 닮았습니다. 화투 놀이를 연상케 하는 이 색감이 웹툰의 전체 분

---

13 고어, 폐어, 혹은 일상 언어에서 사용하지 않게 된 어구를 텍스트에 특별한 수사적 효과를 부여하기 위해 의도적으로 다시 사용하는 것.

위기를 퇴폐적이고 쾌락적으로 만듭니다.

사실 금연이라는 주제는 어쩔 수 없이 계몽적 색채를 띨 수밖에 없습니다. 돌려 말하면 잔소리처럼 들릴 수 있다는 것이죠. 잔소리는 누구나 듣기 싫어합니다. 그래서 작가 데니코는 가볍고 재미있게 푸는 방법을 택했습니다. 거부감을 줄이기 위한 방책이지요. 거기에 앞에서 언급한 것처럼 흡연이 가져오는 문제라는 메시지는 살짝 얹기만 했습니다.

그 방책이 통했을까요? 인터넷에는 〈씩가렛던〉 1화부터 최종화까지를 올리고 받는 글들이 가득합니다.

02

유형

컨텐츠는 그 목적에 따라 크게 상업적 컨텐츠와 비상업적인 사회적 컨텐츠로 나눌 수 있습니다.

1) 상업적 컨텐츠

앞에서도 언급했듯 요즈음 기업들은 큰돈 들이지 않고 만든 다양한 형태의 컨텐츠를 마케팅 수단으로 적극 활용하고 있습니다.

주로 판매를 촉진하거나 기업 이미지를 높이기 위한 것들이죠. 앞에서 예로 든 '멍가녀' 동영상도 음식물 처리기 클리베의 판매를 촉진하기 위한 것입니다.

기업 이미지를 높이기 위한 컨텐츠는 공익적 색채를 띤 경우가 많습니다. 윤리적 경영, 착한 경영이 대세가 되어 가는 요즘에는 더 그렇습니다. 그렇더라도 목적이 기업 PR이라면 상업적 컨텐츠로 봐야 합니다.

나의 소중한 약속_피코크

추석을 앞두고 '피코크'는 웹 드라마Web drama 형태의 동영상 시리즈를 유튜브에 공개했습니다. 첫 번째 편은 '나의 소중한 약속'이라는 부부 이야기입니다.

명절을 앞두고 함께 쇼핑을 나선 젊은 부부. 자동차 창문 밖으로 추운 날씨에도 아랑곳하지 않고 '맛집' 앞에 길게 줄 서 있는 연인들의 모습을 물끄러미 바라봅니다. 아내는 남편과의 연애시절을 떠올립니다. 저렇게 줄 서 있는 시간도 지루하지 않고 재미있던 시절이 있었는데 …. 아내는 못내 아쉽습니다.

부부는 차를 세운 후 이마트에 들어갑니다. 함께 부모님께 드릴 추석 선물을 고릅니다. 진열대에는 부부가 연애시절 즐겨 먹던 단골 음식점의 요리가 '피코크'란 브랜드로 상품화되어 진열되어 있습니다. 아내는 또 과거 연애시절을 회상합니다. 매일 맛있는 걸 만들어 주겠다고 약속했는데 …. 아내는 소리 없이 한숨을 내쉽니다.

세월이 한참 흐른 지금, 남편은 아주 메마른 사람으로 변해 있습니다. 뭘 봐도 건성건성입니다. 뭘 물어봐도 대답이 시큰둥합니다. 스마트폰만 들여다보고 있습니다.

쇼핑을 마치고 집에 도착합니다. 자동차에서 내린 남편은 뭐가 급한지 먼저 엘리베이터를 타고 올라가 버립니다. 헛헛한 표정으로 집에 들어선 아내. 남편이 차려 놓은 식탁을 보고 깜짝 놀랍니다.

먼저 올라온 남편은 피코크로 연애시절 둘이 즐겨 먹던 요리를 직접 만들어 차려 놓은 것입니다. 매일 맛있는 걸 만들어 주겠다던 그 시절 '소중한 약속'을 지킨 것이죠. 아내의 얼굴은 비로소 환하게 밝아집니다.

이 동영상은 두 가지를 알리기 위해 만든 상업적 컨텐츠입니다. 첫 번째, 맛집 음식을 먹기 위해 더 이상 멀리 가거나 장시간 줄을 설 필요 없이 피코크를 사서 해결하면 된다. 두 번째, 피코크만 있으면 아무리 훌륭한 맛집 요리도 엘리베이터로 집에 올라오는 시간만큼 짧은 시간 안에 쉽게 만들 수 있다.

차카차카 놀이터_소나타

'터처블touchable 뮤직 시트'라는 사회공헌 프로젝트로 소비자들에게 좋은 반응을 얻은 현대자동차 소나타. 마침내 두 번째 프로젝트를 선보입니다. 첫 번째 프로젝트가 청각장애인들을 위한 것이었다면 두 번째 프로젝트는 시각장애인들을 위한 것입니다.

'망막색소변성증'[14]이라는 선천적 안질환을 앓고 있는 현준이. 그 또래의 남자 아이들이 대개 그렇듯 현준이도 자동차를 무척 좋아합니다. 현준이는 자동차를 몰고 마음껏 달려 보고 싶다는 꿈을 가지고 있습니다. 그런 현준이를 볼 때마다 현준이 엄마와 아빠는 마음이 아픕니다. 망막색소변성증은 시력을 점차 잃어 가는 병이기 때문입니다. 현준이의 꿈은 과연 이루어질 수 있을까요?

현준이의 꿈은 하늘이 높은 어느 가을날 과천 서울대공원의 한 놀이터에서 이루어졌습니다. 놀이터의 이름은 바로 '차카차카 놀이터'. 현대자동차 소나타가 어린이들을 위해 만든 테마 놀이터입니다.

이 놀이터에서는 장애가 있건 없건 모든 어린이가 앞을 보지 않고도 자유롭게, 안전하게 자동차를 운전할 수 있습니다. 현대자동차의 최첨단 자율주행 기술이 총동원

---

14 망막의 시각세포와 망막색소상피세포가 변성되는 가장 흔한 유전성 망막 질환으로, 시각세포가 손상됨에 따라 초기에 야맹증이 나타나면서 점차적으로 시야가 좁아지고 결국 시력을 잃게 되는 질병.

최첨단 자율주행 기술이
적용된 시각장애 어린이용
미니 소나타.

되었기 때문입니다.

어린이용 미니 소나타에는 '위치인식', '경로생성', 'V2I^{Vehicle to Infrastructure}'15 등의
기술이 적용됐습니다. 먼저 자동차 전면의 레이저 센서가 자동차의 정확한 위치를 파
악합니다. 그런 다음 도로의 위치와 도로 위의 장애물까지 감지하여 주행 가능한 경
로를 찾습니다. 주행 중에는 횡단보도나 경사로와 같은 도로상황도 미리 인식하여 운
전자에게 통신으로 알려 줍니다.

이러한 최첨단 자율주행 기술 덕분에 미니 소나타 운전자는 앞을 보지 않고도 얼
마든지 안전하게 자동차를 몰 수 있습니다. 시각장애인들도 아무 문제없이 운전을 할
수 있게 된 것이죠. '망막색소변성증'을 앓고 있는 현준이도 마침내 자동차를 몰고 마
음껏 달리고 싶다는 꿈을 이루었습니다.

이 캠페인은 장애인과 함께 행복한 세상을 만들어 나간다는 공익적 색채를 띠고
있습니다. 그러나 현대자동차 소나타의 자율주행 기술을 PR하는 목적을 가지고 있습
니다. 당연히 상업적 컨텐츠입니다.

---

15 차량과 인프라 간 정보를 주고받는 기술. 차량과 도로의 정보를 바탕으로 신 체계 등을 제어하여 차량
의 흐름을 효율적으로 관리함.

2) 사회적 컨텐츠

상업적 컨텐츠와는 달리 사회적 문제를 제기하거나 공동체적 가치를 전달하기 위해 만들어진 컨텐츠도 있습니다.

예컨대 지구 환경을 보호하자는 메시지, 굶주리고 아픈 소외지역 어린이들을 도와주자는 메시지, 이웃을 위해 따뜻한 배려를 하자는 메시지 등이 그러한 예입니다. 교육의 중요성과 방법을 알리는 메시지, 건강을 위해 운동을 하자는 메시지도 여기에 속합니다.

앞에서 기업 이미지를 높이기 위한 상업적 컨텐츠가 공익적 색채를 띠는 경우가 많다고 했는데, 그와 달리 이 경우는 순수한 공익적 목적의 컨텐츠입니다.

Case Study

함께하는 사회를 위한 냉장고_**나눔 냉장고**

음식을 보관하기 위한 냉장고가 아니라 음식을 나누기 위한 냉장고가 있습니다. 실내에 들여놓은 냉장고가 아니라 온갖 사람이 다 지나다니는 곳에 내놓은 냉장고가 있습니다. 무슨 냉장고일까요?

바로 '나눔 냉장고'입니다. 끼니 해결마저도 어려운 이웃과 음식을 나누기 위해 만든 냉장고죠. 여기에는 요리를 하고 남은 식재료들을 넣어 놓기도 합니다. 조금 넉넉하게 만든 요리를 덜어서 넣어 놓기도 합니다. 장 볼 때 조금 더 산 식료품들을 나누어 넣어 놓기도 합니다. 텃밭에서 직접 기른 채소와 과일들을 넣어 놓기도 합니다.

이런 것들을 넣어 놓으면 어려운 이웃이 필요할 때 필요한 만큼 가져갑니다. 냉장고 문에는 음식을 가져간 사람들이 쓴 감사의 메모들이 빽빽이 붙어 있습니다. "간식을 배불리 먹을 수 있어 좋아요"라고 쓴 어느 어린이의 글, "고맙습니다. 힘내서 꼭 보답할게요"라고 쓴 가난한 청년의 글….

이 냉장고는 누구나 채워 넣을 수 있고 또 누구나 문을 열고 음식을 가져갈 수 있습니다. 개인은 물론 빵집, 정육점, 야채 가게, 슈퍼 등 인근 가게나 재래시장이 정기적인 후원을 하기도 합니다.

냉장고에는 언제나 음식과 함께 사랑이 가득 차 있습니다. 음식을 가져가는 사람은 음식과 함께 음식을 넣어 놓은 사람들의 사랑까지 가져갑니다. 그 사랑이 그들을 먹이고, 다시 일으켜 세우고, 힘을 내게 합니다.

나눔 냉장고는 대전 동구 주민단체가 소규모 주민활동으로 처음 시작했습니다. 이것이 행정안전부의 '주민생활 혁신사례 확산지원 사업'으로 선정되어 전국으로 확산했습니다. 지금은 대전뿐만 아니라 경기도, 서울 등 전국의 수많은 주민센터와 시장 입구에서 나눔 냉장고를 만날 수 있습니다.

요즘 옆집에 누가 사는지도 모른다는 말들을 많이 합니다. '이웃사촌'이라는 말이 점점 잊혀 간다고들 합니다. 아래윗집 간에 작은 소음 하나로 큰 다툼이 일어나기도 합니다. 이처럼 희미해져 가는 주민 공동체 의식을 회복하기 위한 하나의 방법으로 나눔 냉장고는 좋은 대안이 될 수 있습니다. 예로부터 아이가 태어나면 온 동네가 키운다는 말이 있듯이 말이죠.

남을 돕는다는 차원 외에도 나눔 냉장고는 남은 음식이나 식재료를 나누어 씀으로써 자원을 재활용하고 음식물 쓰레기 문제를 해결하는 방법이 될 수도 있는 좋은 컨텐츠입니다.

03

컨텐츠 테크놀로지

컨텐츠 아이디어를 기획, 제작, 가공, 유통하는 데에는 일정한 테크놀로지가 필요합니다. 테크놀로지가 더해져야 비로소 부가가치가 높아지기 때문입니다. 정보가 IT^{Information Technology}가 되고 문화가 CT^{Culture Technology}가 되어 부가가치가 높아졌듯이 컨텐츠도 컨텐츠 테크놀로지^{Contents Technology}가 될 때 부가가치가 높아집니다.

컨텐츠 테크놀로지를 위해서는 우선 철학, 역사, 문학, 예술, 사회, 심리 등과 관련된 지식과 감성을 두루 연마할 필요가 있습니다. 컨텐츠 자체의 질을 높이기 위해서는 이러한 것들이 기본이 되어야 하기 때문입니다.

그러나 컨텐츠 개발 이후에는 마케팅, 법률, 회계 등 기술적 측면을 체계적으로 보강할 필요가 있습니다. 그래야만 산업적 부가가치를 극대화할 수 있기 때문입니다.

이 두 가지가 모두 갖춰졌을 때 비로소 질과 부가가치를 함께 담보하는 진정한 컨텐츠 테크놀로지가 완성됩니다.

1) 마케팅

마케팅marketing이란 아이디어의 개념을 정립하고 이를 상품화하여 소비자에게 유통시키는 과정을 말합니다. 이는 단순한 전달이나 자발적 확산을 넘어서는 개념입니다.

먼저 개발 단계. 이 단계에서는 스토리story 개발, 아이디어 수정 및 개선, 새로운 용도 개발, 디자인화 등이 필요합니다. 컨텐츠에 잠재적 가능성을 부여하는 작업들이죠.

다음으로 시장 단계. 이 단계에서는 시장 조사, 경쟁 분석, 소비자 분석, 수요 예측, 가격 정책, 유통경로 탐색 등이 필요합니다. 컨텐츠에 본격적인 경쟁력을 부여하는 작업들이죠.

마지막으로 유통 단계. 이 단계에서는 조직 관리, 판매, 홍보, 피드백 등이 필요합니다. 컨텐츠에 최종 상업성을 부여하는 작업들입니다.

(1) OSMU

특히 OSMUOne Source Multi Use는 최소의 투자로 최대의 부가가치를 올릴 수 있는 방법입니다.

OSMU는 하나의 자원Source을 여러 가지 쓰임새Use로 활용하는 전략을 말합니다. 원작 컨텐츠를 영화, 게임, 음반, 애니메이션animation, 출판, 캐릭터character 상품 등 다양한 장르로 변용하여 활용하는 것이죠.

과거 '창구효과window effect'[16]에서는 원작과 똑같은 컨텐츠를 다양한 유통채널을

---

16 문화산업에서 산업 연관효과가 다른 산업에 비해서 매우 큰 것.

통해 수직적으로 확산했습니다. 그러나 OSMU는 원작을 다양한 장르로 변용하여 수평적으로 확장하는 것입니다.

최근 디지털화와 함께 장르 간 장벽이 무너지고 매체 간 이동이 쉬워짐에 따라 OSMU도 한결 쉬워지고 활발해졌습니다. 이제 인기 소재 하나만 있으면 최소한의 추가 비용으로 다양한 장르로 넓혀 갈 수 있습니다.

원작의 명성에 힘입어 확산도 매우 쉽습니다. 관련 컨텐츠를 한꺼번에 관리할 수 있기 때문에 마케팅 비용도 최소화할 수 있습니다. 그야말로 최소의 비용으로 최대의 효과를 낼 수 있는 것이지요.

간혹 아예 기획 단계에서부터 컨텐츠를 OSMU로 개발하는 사례도 있습니다. 이를 미국에서는 미디어 프랜차이즈media franchise, 일본에서는 미디어 믹스media mix 라고 합니다. 다 같은 말입니다.

최근에는 OSMU를 넘어 MSMUMulti Source Multi Use 전략이 사용되기도 합니다. MSMU란 각종 지식 정보, 사회 이슈, 컨텐츠 등을 재가공하여 다양한 경로로 유통하는 것을 말합니다. 일종의 컨텐츠 융합이라고 할 수 있죠.

Case Study

기괴하지만 유쾌한 가족_〈아담스 패밀리〉

〈아담스 패밀리The Addams Family〉는 OSMU의 원조 격입니다.

1932년 찰스 애덤스Charles Addams는 주간지 〈뉴요커The New Yorker〉에 〈아담스 패밀리〉라는 한 칸짜리 만화를 연재합니다. 기괴하지만 유쾌한 '아담스 가족'을 통해 현대 사회 가족상像을 짧고 굵게 풍자한 '유니버설 고딕 호러universal gothic horror'[17]입니다.

1964년 ABC는 이를 64부작 시트콤situation comedy **18**으로 제작, 방영하여 대중적 인기를 끌었습니다. 〈아담스 패밀리〉의 세계관과 플롯plot, 캐릭터character 등은 모두 여기에서 만들어졌습니다. 칼싸움이 특기인 기인奇人 아빠, 바퀴벌레를 사랑하는 괴짜 엄마, 석궁과 고문 전문가 딸, 폭발물 실험이 취미인 아들 …. 모두 기괴하지만 사랑스럽습니다.

특히 이 시트콤의 오프닝 시그널은 당시는 물론 지금까지도 인정을 받습니다. 이후 영화를 비롯한 모든 후속작에서 이 시그널을 편곡하여 사용했습니다. 우리나라 프로야구 팀 두산 베어스도 타자 등장곡으로 이 시그널을 사용하고 있습니다.

시트콤 성공 후 1973년 해나-바베라Hanna-Barbera 프로덕션은 이를 애니메이션으로 제작해 방영합니다. 1977년에는 TV용 영화로도 제작, 방영합니다.

1991년 배리 소넨필드Barry Sonnenfeld 감독은 이를 극장용 영화로 만들어 흥행몰이를 합니다. 비범한 아담스 패밀리에게 오히려 평범한 악당들이 속수무책으로 당하는 코미디 영화로, 제작비 3천만 달러를 들여 무려 1억 9,100만 달러의 수익을 올리는 흥행을 거둡니다. 속편도 3편까지 나왔습니다.

1998년 리부트reboot 19된 시트콤이 방영되기도 했습니다. 2016년에는 뮤지컬로, 2019년에는 3D 컴퓨터 애니메이션 영화로 제작되어 역시 성공을 거둡니다. 메트로 골드윈 메이어 스튜디오Metro-Goldwyn-Mayer Studios는 2021년 속편을 약속했습니다.

무려 89년. 최초의 OSMU 〈아담스 패밀리〉는 아직도 현재진행형입니다.

---

17 음침한 고성(古城)이나 고색창연한 저택을 배경으로 드라큘라 백작(Count Dracula), 프랑켄슈타인의 괴물(The Creature), 지킬 박사와 하이드(Dr. Jekyll and Mr. Hyde) 등 고전 공포영화의 대표적 캐릭터가 등장하는 영화.

18 고정된 등장인물과 동일한 배경을 바탕으로 한 에피소드 중심의 코미디 드라마.

19 전작과의 연속성을 버리고 작품의 주요 골격이나 등장인물만 차용하여 새로운 시리즈로 다시 시작하는 것.

우리나라 캐릭터 산업의 이정표_〈아기공룡 둘리〉

1983년 만화잡지 〈보물섬〉에 김수정의 〈아기공룡 둘리〉가 연재되었습니다. 목판으로 찍은 것 같은 거친 질감의 그림과 빼곡한 말풍선이 전부였던 한국 만화들 사이에서 〈아기공룡 둘리〉는 신선한 충격을 주었습니다. 개성 있는 캐릭터, 간결하고 세련된 필치, 흥미진진한 스토리는 애호가들의 사랑을 듬뿍 받았습니다.

1987년 KBS에서 애니메이션으로 방영되면서 둘리는 대중적인 사랑을 받기 시작합니다. 오프닝 타이틀곡 〈아기공룡 둘리〉는 많은 사람들이 동요로 착각할 정도로 유명합니다. 삽입곡 〈비누방울〉은 음악 교과서에도 실렸습니다.

그러나 작가와 협의 없이 둘리 캐릭터를 왜곡한 일로 KBS에서 50부작 애니메이션을 방영하려던 계획은 무산되고 맙니다. 이후 작가 김수정은 '둘리나라'라는 법인을 설립해 모든 작품 제작에 직접 관여합니다. 2008년 SBS에서 방영한 〈신新 아기공룡 둘리〉는 그가 직접 총감독을 맡았습니다.

1996년 제작된 극장판 애니메이션 〈얼음별 대모험〉은 그해 한국영화 흥행 4위까지 기록합니다. 이를 주목한 워너브라더스Warner Bros.가 둘리나라와 합작 애니메이션 영화를 제작하기로 했으나 때마침 터진 외환위기로 무산되고 맙니다. 2001년에는 뮤지컬로도 제작되어 많은 사랑을 받습니다.

〈아기공룡 둘리〉는 '에듀테인먼트edutainment' 시대를 열기도 했습니다. '에듀테인먼트'란 'education'과 'entertainment'의 합성어로, 즐기면서 공부한다는 의미입니다. EBS에서 〈한글탐정 둘리〉(2002)라는 플래시flash 애니메이션20을 방영하자 아리

---

20 2D 컴퓨터 애니메이션 소프트웨어인 플래시(flash)를 이용해 만든 애니메이션. 주로 벡터 방식을 사

수는 이것을 유아용 학습 프로그램으로 출시했습니다. 웅진씽크빅에서도 〈둘리 학습 만화〉(2009) 시리즈를 펴냈습니다. 〈조선일보〉는 〈둘리 과학여행〉(2010), 〈둘리 호기심 나라〉(2010)라는 학습만화를 연재하기도 했습니다.

다양한 캐릭터 상품도 출시되었습니다. 1985년 롯데삼강 둘리바를 시작으로 과자, 음료, 완구, 유아용품, 의류 등 무려 1,500여 개의 라이선스licence 21 상품들이 쏟아졌습니다. 현재 국산 캐릭터 시장의 25%를 둘리가 차지합니다. 1년 로열티22 수입만도 20억 원이 넘습니다. 캐릭터 라이선싱을 직접 챙기고 있는 작가 김수정은 한국 캐릭터 산업을 한 단계 올려놓았다는 평가를 받습니다.

〈아기공룡 둘리〉의 탄생 30주년인 2013년 4월 22일, 구글Google의 두들doodle 23은 둘리였습니다.

월트 디즈니 사The Walt Disney Company의 애니메이션 영화가 흥행하면 월트 디즈니 사는 해당 캐릭터 상품 사업으로 다시 한 번 막대한 매출을 올립니다. 조앤 롤링Joan Rowling은 《해리포터Harry Potter》 시리즈의 성공을 영화, 게임 등으로 이어가 천문학적 수입을 거두어들이고 있습니다. OSMU가 어마어마한 부가가치를 만들 수 있다는 것을 보여 주는 대표적 예입니다.

용하여 파일 크기가 일반 애니메이션 파일에 비해 매우 작아 인터넷상에서 전송 속도가 빠르고 확대해도 이미지가 깨지지 않는다는 장점이 있어 인터넷 동영상 제작 소프트웨어로 많이 이용함.
21 상표 등록된 재산권을 가지고 있는 개인 또는 단체가 타인에게 대가를 받고 그 재산권을 사용할 수 있도록 상업적 권리를 부여하는 계약.
22 특정한 권리를 이용하는 사람이 권리를 가진 사람에게 지불하는 대가.
23 기념일이나 행사, 업적, 인물을 기리기 위해 구글 홈페이지에 있는 구글 로고를 일시적으로 특별히 바꿔 놓은 로고.

OSMU에서 가장 중요한 것은 원작 컨텐츠가 탄탄한 경쟁력을 갖추고 있어야 한다는 점입니다. 루카스 아츠Lucas Arts의 〈스타워즈Star Wars〉 시리즈가 영화뿐만 아니라 소설, 만화, 비디오 게임, 피규어figure 24 등 다양한 영역에서 큰 성공을 거둘 수 있었던 것은 원작 영화가 워낙 뛰어나기 때문입니다. 〈스타워즈〉는 현대인의 가치관과 잠재의식에까지 큰 영향을 미쳤다는 평가를 받는 뛰어난 작품입니다.

캐릭터의 힘 역시 매우 중요합니다. 우리나라 대표적 캐릭터에 뽀로로가 있습니다. 브랜드 총매출이 약 8,500억 원으로 곰돌이 푸우Winnie the Pooh나 헬로 키티 Hello Kitty에 버금갑니다. '뽀통령'이라는 별명을 얻을 정도로 인기도 대단합니다.

성공의 요인이 무엇일까요? 바로 상품화가 쉬운 캐릭터 디자인입니다. 조종사 헬멧과 고글을 쓴 뽀로로는 아이들의 눈에도 금방 차별화됩니다. 물론 이야기가 끊임없이 생성되는 다자多者 캐릭터 구조도 큰 몫을 했습니다.

Case Study

스마트폰 게임의 전설_〈앵그리버드〉

스마트폰 게임의 전설 〈앵그리버드Angry Birds〉. 핀란드 회사 로비오 모바일Rovio Mobile 의 작품입니다. 작은 게임 개발 하청업체로 시작한 회사입니다. 〈앵그리버드〉를 만들 당시 직원은 고작 17명에 불과했습니다. 그러나 그들이 만든 〈앵그리버드〉는 iOS 와 안드로이드Android 플랫폼을 통해 무려 20억 이상의 다운로드를 기록했습니다. 과연 우연한 '대박'이었을까요?

〈앵그리버드〉는 그들의 52번째 작품입니다. 그들은 독자적인 컨텐츠를 만들기 위

---

24 유명 인사나 영화, 만화의 등장인물을 본떠 플라스틱, 금속, 밀랍 따위로 제작한 것.

우스꽝스러운 캐릭터와
직관적인 사용법으로 세계적인
인기를 누린 스마트폰 게임,
〈앵그리버드〉.

해 무수히 많은 게임을 개발하고 또 실패했습니다. 그들은 아이폰iPhone 사용자들을
심층 조사했습니다. 그 결과 사용자들은 터치 기술을 활용하며 긴 설명 없이 조작법
을 빠르게 습득할 수 있는 게임을 원한다는 것을 발견했습니다.

　게임의 캐릭터를 물색하면서 그들은 마스코트로만 쓰이는 일회성 캐릭터가 아니
라 이후 여러 사업에 활용할 수 있는 '힘 있는' 캐릭터를 찾았습니다. 그러던 중 디자
이너 야코 이살로Jaakko Iisalo가 그린 '날개 없는 새'에 주목했습니다. 어딘지 매우 화가
난 표정의 이 날개 없는 새. 그들은 이 새가 화가 난 이유를 어떻게 설명할지 고민했
습니다. 여기에서 게임이 시작되었습니다.

　〈앵그리버드〉는 새의 알을 훔쳐 간 돼지들을 새총으로 물리치는 퍼즐 게임입니
다. 우스꽝스러운 캐릭터, 텍스트 없이 그림으로 된 스토리 설명, 터치만으로 조작할
수 있는 직감적인 게임 디자인, 클리어clear는 쉽지만 정복은 어려운 절묘한 레벨level
디자인까지 합세하여 〈앵그리버드〉는 엄청난 중독성을 발휘했습니다.

　스마트폰 게임으로서는 전례 없는 큰 성공을 거두며 게임 업계에서는 〈앵그리버
드〉의 성공 요인을 분석하여 그것을 적용해 게임을 만드는 것이 정석이 되었습니다.

　〈앵그리버드〉의 성공 요인 중 또 하나는 꾸준한 업데이트입니다. 본편의 업데이
트는 물론 다양한 시리즈도 선보였습니다. 영화 〈리오Rio〉를 바탕으로 한 〈앵그리버

드 리오*Angry Birds Rio*〉, 세계의 축제로 스테이지를 구성한 〈앵그리버드 시즌*Angry Birds Season*〉, 우주를 배경으로 한 〈앵그리버드 스페이스*Angry Birds Space*〉, 〈스타워즈〉 설정에 앵그리버드 캐릭터를 적용한 〈앵그리버드 스타워즈*Angry Birds Star wars*〉, 피규어를 게임 내로 전송하는 텔레포트teleport 25 기술이 접목된 〈앵그리버드 스타워즈 2〉 등의 시리즈가 그것입니다.

원작의 성공에 힘입어 애니메이션 영화 〈앵그리버드 툰즈*Angry Birds Toons*〉, 극장용 영화 〈앵그리버드 더 무비*The Angry Birds Movie*〉, 〈앵그리버드 2: 독수리 왕국의 침공*The Angry Birds Movie 2*〉도 큰 인기를 모았습니다.

캐릭터 상품들도 불티나게 팔려 나갔습니다. 심지어 새알을 훔쳐 간 돼지들을 소재로 한 달걀 요리책까지 등장했습니다. 〈앵그리버드〉 테마파크도 개장했습니다. 2012년 현재 로비오 모바일 수익 중 45%는 캐릭터 상품에서 나옵니다.

---

(2) 트랜스 미디어

OSMU와 비슷한 개념으로 헨리 젠킨스Henry Jenkins가 제안한 '트랜스 미디어 trans-media'가 있습니다. 이것은 여러 개의 미디어 플랫폼들media platforms을 통해 전체적으로 하나로 이해될 수 있는 큰 스토리를 전달하는 방법을 말합니다. 기기의 융합, 즉 디지털 컨버전스digital convergence라고 할 수 있습니다.

이때 각각의 텍스트text는 독립적이고 가치 있는 기여를 하며 스토리를 확장해 갑니다. 게임을 즐기기 위해 꼭 영화를 볼 필요는 없다는 말입니다. 미디어를 통한 외연의 확장뿐 아니라 스토리를 통한 내연의 확장까지 기하는 것입니다.

---

25 보통 공상과학소설에서 특수장비를 이용하여 순간 이동시키는 것.

샐러리맨의 교과서_〈미생〉

트랜스 미디어의 대표적인 사례가 바로 〈미생〉입니다. 웹툰을 시작으로 웹드라마, TV드라마로 외연을 넓혔습니다.

바둑에 인생을 걸었지만 결국 입단하지 못하고 중간에 포기하고 만 장그래. 후원자의 소개로 대기업에 들어가지만 고등학교 검정고시가 학력의 전부인 그는 그곳에서도 설 자리가 없습니다.

그의 과거를 알게 된 김 대리. 바둑알 4개로 한 집을 만들고는 우리가 뭉치면 이길 수 있다고 격려하지만 장그래는 말합니다. "미생未生이네요." 바둑에서는 두 집이어야 완생完生이기 때문입니다.

아직 살아 있지 못한 자 미생. 윤태호 작가의 웹툰 〈미생〉은 미생 장그래가 살아남기 위해 한 수 한 수 고민해 가며 돌을 이어 가는 이야기입니다. 애초 출판사의 컨셉은 바둑 고수가 처세술을 알려 주는 것이었지만 윤태호의 생각은 달랐습니다. 바둑의 향기는 나지만 바둑은 등장하지 않는 만화를 그리고자 했습니다.

〈미생〉은 직장인들의 심리와 처세를 날카롭게 묘사하여 '샐러리맨의 교과서', '현대판 《손자병법》'으로 불렸습니다. 다음Daum 연재 당시 1억 조회 수를 넘기며 큰 신드롬을 일으켰습니다. 만화가 올라오는 화요일과 금요일 아침에는 사무실에 조용히 마우스 휠 굴러가는 소리만 들릴 정도였습니다.

tvN에서 방영된 드라마 〈미생〉은 원작의 탄탄한 스토리를 바탕으로 김원석 감독과 정윤정 작가의 뛰어난 '디테일'까지 더해져 큰 인기를 모았습니다. 사회 초년병의 눈으로 본 직장생활을 사실적으로 그려 내 케이블TV로서는 이례적으로 10% 가까운 시청률을 올리는 성공을 거두었습니다.

샐러리맨의 교과서,
tvN 드라마 〈미생〉.

드라마 방영에 앞서 웹드라마 〈미생 프리퀄〉이 다음에서 연재되었습니다. 프리퀄prequel이란 영화 등에 나온 내용과 관련하여 그 이전의 이야기를 다루는 속편을 말합니다.

각 캐릭터들의 과거 이야기가 스토리를 확장하고 더욱 깊이 있게 만들어 줍니다. 제국의아이들 보컬 임시완이 웹드라마와 TV드라마 모두에서 주인공으로 나오는데 두 캐릭터의 현재와 과거를 비교하며 보는 재미도 있습니다.

2) 법률

법은 권리를 찾을 수 있는 방법입니다. 법을 모르면 응당히 누려야 할 것을 누리지 못하는 우愚를 범할 수도 있습니다. 또한 법은 지켜야 할 것이 무엇인지도 알려 줍니다. 법을 모르면 의도치 않게 남에게 피해를 줄 수 있습니다. 물론 그것이 나에게 피해로 돌아오기도 하지요. 따라서 컨텐츠에 관련된 기본적인 법률 지식은 알아 둘 필요가 있습니다.

한편 최근 대중들에게 강력한 영향을 미치는 인플루언서influencer로 떠오르는 컨텐츠 크리에이터들이 많아짐에 따라 이들의 활동 지원과 함께 법적 권리의 관리까지 함께 해주는 일명 '다중 채널 네트워크Multi Channel Network'가 속속 등장하고 있습니다. 줄여서 MCN이라고 합니다. 말하자면 연예기획사와 같은 것이죠.

그런데 이들과 맺는 계약 역시 법적 구속력이 있으므로 신중할 필요가 있습니다. 기본적인 법률 지식을 숙지하여 불공정 계약으로 인한 피해를 보지 않도록 주의해야 합니다.

(1) 계약

계약에는 여러 가지 형태가 있습니다. 여기서는 앞에서 말한 MCN과 계약할 때 계약서에 명시해야 할 사항들을 중심으로 살펴보겠습니다.

첫째, 계약 기간. 공정거래위원회가 공표한 표준전속계약서는 계약 기간을 7년으로 정하였습니다. 부득이 7년을 초과하는 계약 기간을 정해야 한다면 자동연장 기간을 합의해 명시하는 것이 좋습니다.

둘째, 지원 내용. 앞에서 말한 표준전속계약서에는 계약 상대의 권한 및 의무에 대한 조항이 있습니다. 이를 바탕으로 상대가 지원하는 활동의 구체적인 내용을 명시하는 것이 좋습니다.

셋째, 수익 배분. 발생하는 수익에 대한 배분 비율을 명시합니다. 또한 배분의 기준이 되는 수익이 총수입인지, 순수익인지를 명확히 할 필요가 있습니다. 기준에 따라 액수가 크게 달라질 수도 있기 때문입니다. 배분에 대한 이견이 있다면 계약 기간별로 비율을 조정할 수도 있습니다.

넷째, 지적 재산권 귀속. 계약이 종료된 이후의 수익이나 권리 행사와 관련된 중요한 부분입니다. 지적 재산권이 누구에게, 얼마나 귀속되는지 명확히 명시해야 합니다. 기여도를 잘 따져 보고 그에 따라 적절히 배분하는 것이 좋습니다.

다섯째, 플랫폼 계정 관련 내용. 크리에이터의 활동이 주로 이루어지는 플랫폼의 계정을 누가 소유하는지 명시합니다. 소유와는 별개로 접근 권한이 없으면 활동에 문제가 생기므로 접근 권한의 설정과 변경을 어떻게 하는지도 구체적으로 명시해야 합니다.

그 외, 위약 관련 내용도 상황에 맞춰 구체적으로 명시하는 것이 필요합니다. 계약서를 구체적으로 작성하지 않으면 후에 계약이 족쇄가 되어 창작자로서의 당연한 권리를 빼앗기거나 제한당할 수도 있습니다.

또한 내용이 현행법에 위배되지는 않는지 법률 자문을 받는 것도 필요합니다.

Case Study

내 이름은 나의 것_김덕수 사물놀이 패

1978년 징과 꽹과리, 북, 장구로 한판 신나게 노는 연주팀이 생겼습니다. 바로 김덕수 사물놀이 패. 대중매체를 통해 널리 알려졌고 각종 행사에서 공연을 하면서 김덕수는 대표적인 전통예술인으로 떠올랐습니다.

그는 패를 이끌고 한울림이라는 단체로 들어가 공연을 이어 갔습니다. 그러던 중 난장컬쳐스라는 새로운 법인을 설립하고 대표이사는 그가, 대주주는 투자자가 맡기로 계약을 했습니다.

계약서엔 '김덕수 사물놀이 패'라는 표지를 법인이 독점 사용한다는 조항이 들어갔습니다. 또한 이 계약과 유사한 계약을 할 수 없도록 못 박았습니다. 난장컬쳐스는 그의 이름을 내건 공연으로 해마다 수억 원의 수익을 올렸습니다.

문제는 그가 퇴임하면서 생겼습니다. 그는 난장컬쳐스 설립 이후에도 한울림과 100여 회 넘는 공연을 하면서 '김덕수 사물놀이 패'라는 이름을 사용했는데 그것을 난장컬쳐스에서 문제 삼은 것입니다.

난장컬쳐스는 법원에 독점 계약을 맺은 '김덕수 사물놀이 패'라는 표지를 그와 한울림이 무단 사용하는 부정 경쟁행위를 금지하고 손해액을 배상하라는 소송을 제기했습니다.

그러나 그는 '김덕수'라는 자연인의 이름과 '사물놀이 패'라는 보통명사의 소유권을 난장컬쳐스가 주장할 수 없다고 맞섰습니다. 그는 또 난장컬쳐스와의 계약은 법인 설립 전 작성된 '양해각서'에 불과해 법적 구속력이 없다고 주장했습니다.

1심 법원은 난장컬쳐스의 '김덕수 사물놀이 패'라는 표지의 독점 사용 권한을 인정했습니다. 또한 계약도 부당한 것이 아니며 법적 구속력이 있다고 판결했습니다.

만일 2, 3심에서도 같은 판결이 난다면 그는 자신의 이름을 내걸고 공연을 할 수 없게 됩니다. 이뿐만 아니라 표지의 부정사용에 대한 배상금까지 내야 할 입장이 되었습니다. 많은 사람들이 그의 항소에 관심을 갖는 이유입니다.

---

(2) 지적재산권

국가는 학문이나 예술과 같은 정신문화 영역에 속하는 창작물을 만드는 사람의 노력과 가치를 인정하여 그 권리를 법으로 보호하고 있습니다. 그것이 바로 저작권 copyright입니다.

법으로 보호받는 지적재산권에는 저작권과 산업재산권이 있습니다. 저작권은 앞서 언급한 것처럼 정신문화 영역의 지적재산권이고 산업재산권은 산업 영역의 지적재산권입니다. 산업재산권은 따로 심사를 거쳐야 인정되고 보호기간도 10~20년 징도로 비교적 짧은 반면, 저작권은 출판과 동시에 인정되고 사후死後 30~70년까지 길게 보호됩니다.

저작권이란 문학, 학술, 예술 범위의 창작물에 대하여 일정 기간 창작자가 독점적 지위를 누릴 수 있는 권리입니다. 저작물을 공중公衆에 공개할 것인지 결정할 수 있는 공표권, 저작물에 이름을 표기할 수 있는 성명표시권, 저작물의 내용이나 형식의 동일성을 유지할 수 있는 동일성유지권 등이 창작자에게만 주어집니다. 이 '인격권'은 양도, 상속이 되지 않습니다.

또한 저작물을 재산으로 간주하여 다른 사람이 무단으로 복제, 공연, 방송, 전시, 배포하거나 2차 저작물을 만들 수 없도록 제한합니다. 이 '재산권'은 양도, 상속까지 가능합니다.

한편 저작인접隣接권이라는 권리도 있습니다. 실연實演자가 저작물을 실연한 때, 음반 제작자가 저작물의 음을 맨 처음 유형물에 고정한 때, 방송 사업자가 저작물을 방송한 때 저작인접권을 갖습니다.

출판권도 있습니다. 저작권자가 저작물을 문서 또는 도화圖畵로 발행하고자 하는 자에게 설정하는 권리입니다. 출판권자는 저작물을 원작原作 그대로 출판할 권리를 가집니다. 앞에서 말했듯 KBS가 김수정 작가와 협의 없이 둘리 캐릭터를 왜곡한 것처럼 원작을 바꿔서는 안 된다는 말입니다. 작가와 협의 없이 양도할 수도 없습니다.

저작권은 협의狹義로는 저작재산권과 저작인격권만을 가리킵니다. 그러나 광의廣義로는 저작인접권과 출판권 등 저작권법에 규정되어 있는 모든 권리까지 포함합니다.

저작권의 대상은 소설, 시, 시나리오, 노래, 작사, 작곡, 춤, 그림, 서예, 도안, 조각, 공예, 사진, 영상, 건축물, 지도, 논문, 강연 등 매우 광범위합니다. 디지털화된 것도 포함됩니다. 컴퓨터 프로그램이나 데이터베이스DB도 포함됩니다. 캐릭터도 당연히 포함됩니다. 흔히 인터넷으로 다운받아 사용하는 폰트font나 이미지도 저작권 보호 대상입니다. 무료배포본일지라도 일정 기간이 지나면 저작권 보호 영역에 들어가는 수가 있으니 반드시 잘 확인하고 사용해야 합니다.

저작권 등 지적재산권 침해는 형사처벌 대상입니다. 손해배상 청구 대상이 될 수도 있습니다.

Case Study

저작권에 대한 다른 입장_〈동백꽃 필 무렵〉

최고 시청률 23.8%. KBS 연기대상 12관왕. 바로 KBS2에서 방영된 드라마 〈동백꽃 필 무렵〉의 기록입니다.

이 커다란 수확 앞에서 잔치 분위기여야 마땅할 제작사 팬 엔터테인먼트와 방송사 KBS2는 법적 소송에 휘말리고 맙니다. 저작권에 대해 양측이 서로 다른 입장을 보였기 때문입니다.

방송 영상은 유통 수익이 계속 발생하기 때문에 저작권의 귀속이 매우 중요한 관건입니다. 방송사 측은 외주 제작의 경우 발주사에 저작권이 귀속되어야 마땅하다고 주장합니다. 반면 제작사 측은 막대한 투자와 함께 제작의 전 과정에 개입하는 창작자에게도 저작권이 귀속되어야 한다고 주장합니다.

이번 소송에서도 KBS2 측은 관행대로 총제작비의 10%를 외주 제작비로 추가 지급하고 저작권을 독점하겠다고 주장했습니다. 반면 제작사인 팬 엔터테인먼트 측은 제작비 110억 원을 투자하여 기획부터 작가진 구성, 연기자 캐스팅casting 까지 전 과정에 자사가 개입했으니 저작권을 방송사가 독점하는 것은 부당하다고 주장했습니다.

그런데 방송사가 외주 제작을 하루 이틀 한 것도 아닌데 왜 아직 이 부분이 명확히 정리되지 않았던 걸까요? 분명히 저작권 귀속에 대한 기준은 마련돼 있습니다. '방송

표준계약서'에 따르면 저작권은 방송사와 제작사의 기여도에 따라 분배하도록 되어 있습니다.

그러나 문제는 제작사와 방송사 간 계약서가 드라마 종영終映 시까지도 작성되지 않았다는 데 있습니다. 영국 BBC의 경우 제작사에 제작을 의뢰할 때 계약서를 작성하고 즉시 사전제작비를 지급합니다. 그러나 우리나라에서는 대개 종영 전후에야 계약서를 씁니다. 이른바 '선 송출 후 정산' 관행입니다. 시청자 반응에 따라 계약 조건을 조절하기 위해서입니다.

이러한 제작사와 방송사 간 부조리한 관행에 대한 논의는 2017년 EBS 남아프리카 공화국 다큐멘터리 프로그램 제작 도중 제작사의 두 PD가 숨지는 사건을 계기로 본격화된 바 있습니다. 두 PD는 부족한 제작비로 무리한 촬영을 강행하다 사고사한 것입니다.

그러나 이 논의는 '방송프로그램 외주제작 거래 가이드라인'이라는 권고 수준의 가이드라인을 제시하는 것으로 일단락되고 맙니다. 가이드라인은 말 그대로 안내를 한다는 것이지 의무가 아니니 구속력이 없습니다. 당연히 지켜지지 않겠죠.

이런 와중에 제작사 팬 엔터테인먼트와 방송사 KBS2의 소송전이 일어난 것입니다. 소송의 결과가 어떻게 나오든 방송계에 미칠 파장은 매우 클 것으로 예상됩니다.

Case Study

뽀로로의 진짜 아빠는 누구?_〈뽀롱뽀롱 뽀로로〉

애니메이션 제작사 오콘과 마케팅 전문회사 아이코닉스는 〈뽀롱뽀롱 뽀로로〉라는 방송용 애니메이션을 공동 제작하기로 합의하고 공동사업약정을 체결했습니다. 당시

한국 애니메이션계의
기념비적인 작품,
〈뽀롱뽀롱 뽀로로〉.

오콘은 캐릭터 디자인과 시나리오, 연출 등 주로 애니메이션 제작 업무를 맡기로 했습니다. 아이코닉스는 자금 조달과 기획, 후반 제작, 마케팅, 상표등록 업무 등 주로 관리 업무를 맡기로 했습니다. 저작권은 양측이 공동으로 소유하기로 합의했습니다.

〈뽀롱뽀롱 뽀로로〉는 EBS를 통해 방영되면서 큰 인기를 얻었습니다. '뽀통령'이라고 불릴 정도로 인기가 치솟았습니다. 후속 시리즈도 연이어 제작되었습니다. 영화, 뮤지컬, 인형극, 그림책 등 프랜차이즈도 연이어 성공을 거둬 한국 애니메이션의 기념비적인 작품이 되었습니다. 뽀로로의 브랜드 가치는 수천억 원에 이르렀습니다.

한국콘텐츠진흥원이 주관하는 '대한민국 캐릭터 대상'에 아이코닉스가 단독으로 후보 신청을 하면서 양측의 갈등이 불거지기 시작했습니다. 마침내 오콘 측은 법원에 저작권 확인 소송을 제기했습니다. 소송에서 오콘은 아이코닉스 대표가 자신을 '뽀로로 아빠'라고 소개하는 등 마치 뽀로로 창작자인 것처럼 행세해 왔다고 지적했습니다. 오콘은 원화를 창작한 자사가 뽀로로의 단독 저작권을 갖도록 해달라고 법원에 요청했습니다.

이에 대해 아이코닉스 측은 정반대 입장을 보였습니다. 뽀로로와 관련해서 자사는 항상 공동 제작자로 표시해 왔다고 맞선 것입니다. 아이코닉스는 후반 작업을 한 자사에게도 뽀로로의 저작권이 있다고 주장했습니다.

　　법원은 우선 오콘 측의 저작권을 인정했습니다. 애니메이션의 원화를 창작했다는 것은 이론의 여지가 없다는 뜻이지요. 또한 아이코닉스에도 저작권이 있다고 판결했습니다. 애니메이션의 음악과 음향, 더빙을 담당한 점, 시나리오와 대본 작업에 참여한 점, 캐릭터 디자인에 대해 가이드라인을 제시하고 이를 토대로 캐릭터가 수정된 점 등을 근거로 들었습니다. 단순히 관여한 정도를 넘어서므로 저작권을 갖는다는 것입니다. 결국 이 소송은 양측 모두에게 저작권이 있다는 판결로 마무리되었습니다.

　　한편 현재 뽀로로에 대한 저작권은 오콘과 아이코닉스 외에도 EBS, SK브로드밴드 등 4개 사가 갖고 있습니다.

　　저작권 외에도 법으로 보호를 받는 지적재산권에는 산업재산권이 있습니다. 특허권, 실용신안권, 디자인권, 상표권 등이 여기에 속합니다.

　　특허권은 새로운 기술의 창작에 대한 재산권입니다. 예컨대, 새로운 요리법은 특허권 대상입니다. 물품성物品性을 수반할 경우 실용신안권 대상입니다. 특허권은 기술 공개의 대가로 약 20년간, 실용신안권은 약 10년간 독점적 지위를 부여받습니다.

　　그러나 새롭지 않은 기술, 쉽게 창작될 수 있는 기술은 독점권을 줄 이유가 없기 때문에 특허권이든 실용신안권이든 대상이 되지 않습니다. 또한 예술가의 연주 능력과 같이 전달이 불가능한 기능, 쓰레기 처리방법과 같이 사람들 사이에 존재하는 약속 등은 기술적 사상이 아니므로 역시 대상이 되지 않습니다.

　　기술이 아닌 기호, 도형 등에 대한 재산권은 상표권입니다. 이는 타 상품과 식별할 수 있는 것이야 합니다. 심미감을 느낄 수 있는 모양일 경우 디자인권 대상입니다. 상표권은 기업이나 개인이 특허청에 출원 신청을 하면 심사를 거쳐 공고를 한 후 등록됩니다. 이 과정이 짧게는 6개월에서 길게는 1~2년 소요됩니다. 또한 분야에 특정해서 인정됩니다. 분야는 현재 50개가량 됩니다. 특정 분야에 등록된 상표권은 해당 분야에서는 보호받을 수 있지만 다른 분야에서는 보호받지 못합니다. 즉, 그 상표를 사용해도 이를 제지할 수 없습니다.

최근 펭수가 인기를 끌면서 펭수의 이름을 선점해 상표권 등록을 하려는 행위들이 적발돼 사회적 이슈가 되기도 했습니다. 그러나 유명인의 성명, 예명, 명칭 등은 상표권 인정이 되지 않습니다. 보편적 소유권이 우선이기 때문입니다.

최근 증가 추세에 있는 유튜브 개인방송, 온라인 쇼핑몰 등도 미리 상표권 등록을 하지 않으면 이른바 '상표권 브로커'의 표적이 될 수도 있습니다. 일반인들이나 소상공인들은 앞서 말한 펭수의 경우처럼 보편적 소유권을 인정받기 힘들기 때문입니다.

Case Study

보편적 소유권_BTS

아이돌 그룹 BTS가 이름을 뺏길 뻔했습니다. 무슨 사연일까요?

신한코퍼레이션이라는 한 중소 의류업체가 특허청에 BTS라는 상표를 등록합니다. '백 투 더 스쿨Back To the School'이라는 의미입니다. 의류 분야에 대한 상표권이 인정됩니다.

그로부터 3년 후 아이돌 그룹 BTS가 데뷔합니다. 소속사 빅히트엔터테인먼트는 BTS에 대한 상표권을 출원합니다. 상표권은 인정됩니다. 그러나 의류 분야에 대한 상표권만은 인정되지 않습니다. 의류 분야에 대한 상표권은 이미 신한코퍼레이션이 갖고 있기 때문입니다.

그로부터 4년 후 신세계백화점이 의류 사업에 진출하면서 BTS라는 상표에 대한 상표권을 출원합니다. 의류 편집숍26 분더샵BOON THE SHOP의 머리글자를 딴 것입니다. 그러나 이 역시 신한코퍼레이션이 이미 의류 분야에 대한 상표권을 갖고 있기 때문에 인정되지 않습니다. 그러자 신세계백화점은 신한코퍼레이션이 갖고 있던 BTS 의류 분야 상표권을 사들입니다.

이에 빅히트엔터테인먼트는 특허청에 이의를 제기합니다. 그룹 BTS의 보편적 소유권을 인정해 달라는 것입니다. 앞서 말한 대로 유명인의 성명, 예명, 명칭 등은 상표권 인정이 되지 않습니다. 이의 제기는 받아들여집니다. 신세계백화점의 상표권은 인정되지 않습니다.

다음 해 신세계백화점은 다시 특허청에 재심사를 신청합니다. 그룹 BTS의 유명성 판단은 애초 신한코퍼레이션이 상표권을 출원할 당시를 기준으로 해야 한다는 것입니다. 그때는 그룹 BTS가 데뷔도 하기 전이죠.

하지만 특허청은 신세계백화점의 심판 청구를 기각합니다. 다음 해 신세계백화점은 빅히트엔터테인먼트와 합의하고 심판 청구를 취하합니다. 신세계백화점은 그 이유를 이렇게 밝혔습니다. "한류 문화를 대표하는 BTS의 활동을 응원합니다. BTS와 관련 있는 모든 상표권을 포기합니다." 그야말로 멋진 패배입니다.

---

26 한 매장에 2개 이상의 브랜드 제품을 모아 판매하는 유통 형태. 멀티숍 혹은 셀렉트숍이라고도 함.

(3) 카피레프트

한편 일각에서는 저작물 이용을 자유롭게 허용함으로써 지식 공유를 통한 새로운 지식 생성 활성화를 유도하자는 움직임도 있습니다.

미국 자유 소프트웨어 재단Free Software Foundation의 리처드 스톨먼Richard Stallman이 대표적인 인물입니다. 그는 인류의 지적 자산인 지식과 정보는 소수에게 독점되어서는 안 되며 모두가 자유롭게 사용할 수 있어야 한다고 주장합니다. **27** 지식과 정보는 기존에 이미 형성된 지식들에 기반하여 생겨난 것이므로 개인이 소유하거나 사적 영리를 추구해서는 안 된다는 것이죠. 지적 재산은 사회 구성원 공동의 자산으로 봐야 한다는 것입니다.

그는 창작자가 힘들여 만든 창작물을 무분별하게 도용하자는 것이 아니라 여러 사람의 의견을 수렴할 수 있는 개방형 생태계를 만들어 더 가치 있는 성과물로 발전시키자고 제안합니다. 이런 움직임을 저작권copyright과 반대되는 의미로 카피레프트copyleft라고 부릅니다.

이 운동이 확산되면서 기업들도 저작권만을 고집하지 않고 공유를 통해 이익을 극대화하는 방향으로 길을 모색하고 있습니다. 예컨대 소프트웨어software를 무상으로 나누어 준 뒤 그에 필요한 장비 시장을 공략하는 것과 같은 것입니다. 공유가 주기만 하는 것은 아닙니다. 얻는 것도 있습니다. 다수의 사람들에 의해 결함이나 부족한 점 등이 발견되어 개선할 수도 있습니다. 아주 경제적이고 신속하게 고품질 소프트웨어를 완성할 수 있는 것이지요.

저작물의 자유로운 이용을 허락하고자 할 때는 GPLGeneral Public Licence **28**이나

---

27 공병훈(2017), 《자유 소프트웨어 운동의 영원한 지도자, 리처드 스톨먼》, 세계와 나.
28 자유 소프트웨어 재단에서 만든 자유 소프트웨어 라이선스.

CCL^Creative Commons License **29** 등의 표기를 해 두면 됩니다. 이 표기들은 말하자면 카피레프트 라이선스와 같은 것입니다. 이 표기가 되어 있으면 굳이 창작자에게 개별적으로 연락하여 사용 허락을 구할 필요가 없습니다. 표기된 조건에 맞게만 사용하면 됩니다.

카피레프트에는 일정 조건이 붙습니다. 카피레프트를 이용해 만든 저작물에는 원 저작자의 이름과 출처를 반드시 표시해야 합니다. 또한 원 저작물과 동일한 라이선스를 적용해야 합니다. 다시 말해 영리 목적으로 이용할 수 없다는 말입니다.

Case Study

퍼스트 펭귄_리눅스

펭귄 심벌symbol로 유명한 컴퓨터 운영체제 리눅스Linux. 왜 펭귄일까요?

리눅스는 운영체제 자체보다 오픈 소스open source로 더 유명합니다. 오픈 소스란 소프트웨어 등을 만들 때 그것이 어떻게 만들어졌는지 알 수 있도록 '소스코드source code'를 모두 공개하는 것을 말합니다.

소스코드란 소프트웨어를 개발할 때 그 안에 들어간 모든 동작의 코드를 말합니다. 인간이 읽고 쓰는 언어는 컴퓨터가 이해할 수 없으므로 컴퓨터가 이해할 수 있는 언어로 변환하여 입력한 것이죠. 소스코드에는 소프트웨어의 구조나 작동 원리, 알고리즘algorithm **30** 등이 모두 담겨 있습니다. 이것을 알면 프로그램을 수정, 변형할 수

---

29 저작물 사용 조건을 미리 제시해서 사용자가 저작권자에게 따로 허락을 구하지 않고도 창작물을 사용할 수 있게 한 일종의 오픈 라이선스.

30 어떤 문제를 해결하기 위한 절차, 방법, 명령어들의 집합.

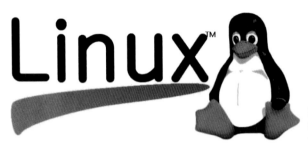

오픈 소스 운영체제
리눅스의 심벌, 펭귄

있습니다. 응용도 가능합니다. 이렇게 되면 비밀이 모두 드러나기 때문에 당연히 개발자 측에서는 이를 애써 보호하려고 하겠죠.

1991년 11월 핀란드 헬싱키대에 재학 중이던 리누스 토르발스Linus Torvalds는 자신이 개발한 운영체제 리눅스의 소스코드를 일반에 무료로 공개합니다. 자신의 중요한 자산이자 큰돈을 벌 수 있는 기회를 과감히 포기한 것이지요.

이로써 리눅스는 무려 500만 명이 넘는 프로그램 개발자 그룹을 확보할 수 있었습니다. 전 세계에 흩어져 있는 프로그램 개발자들에 의해 지속적인 업그레이드가 이루어졌습니다. 무료로 안정적인 시스템을 구축하게 된 것이죠. 앞에서 말한 대로 주기만 한 것은 아니었던 것입니다.

무료라는 장점 때문에 리눅스는 자본력이 없는 개인 개발자나 학교를 중심으로 급속하게 보급됩니다. 이어 기업이나 연구소로도 빠르게 확산되어 갔습니다. 현재 스마트폰에 사용되는 안드로이드도 리눅스 기반의 오픈 소스 운영체제입니다.

'퍼스트 펭귄first penguin'이라는 말이 있습니다. 남극에 사는 펭귄들. 사냥을 위해서는 바다로 뛰어들어야 하지만 처음엔 모두 두려워합니다. 그러나 한 마리가 용기를 내 뛰어들면 나머지는 따라서 뛰어듭니다. 그래서 선구자라는 의미로 사용되는 관용어죠. 리눅스의 펭귄을 보면 퍼스트 펭귄을 떠올리게 됩니다.

(4) 라이선싱

한편 재산권을 가지고 있는 사람은 대가를 받고 타인에게 그 재산권의 일부를 사용할 권리를 양도할 수 있습니다. 이 계약을 라이선싱Licensing이라고 합니다.

원래 재산권을 가지고 있던 사람을 라이선서Licensor, 사용 권리를 양도받은 사람을 라이선시Licensee라고 합니다. 라이선시에게는 라이선서가 가진 지적 재산의 생산, 사용, 판매, 전시 등의 권리가 법적으로 주어집니다. 이렇게 부여받은 권리는 계약 기간 동안은 독점적, 배타적입니다. 자신 외에는 아무도 사용할 수 없다는 뜻입니다. 이중으로 계약할 수도 없다는 뜻이죠.

Case Study

제 2의 BTS_BT21

라이선스계에도 오스카상이 있습니다. 바로 아시아 전역에서 성공적인 라이선스 사업을 펼친 브랜드에 수여되는 '리마 아시안 라이선싱 어워즈LIMA Asian Licensing Awards'.

2019년 시상식장에서는 특별한 이름이 호명되었습니다. 바로 '아시아 아웃스탠딩 영 프로퍼티Outstanding Young Property in Asia' 부문 수상자로 라인 프렌즈LINE FRIENDS와 함께 호명된 BTS. BTS 멤버들은 라인 프렌즈와 콜라보레이션collaboration [31]하여 메신저Messenger 스티커 캐릭터 BT21을 탄생시켰습니다. TATA, COOKY, SHOOKY, CHIMMY, KOYA, MANG, RJ, VAN. BTS처럼 BT21도 그룹입니다.

캐릭터 스케치sketch부터 세계관 설정, 성격 부여, 스토리 개발, 제품 기획 등 전 과정에 뷔V, 지민JIMIN, 제이홉J-HOPE, 슈가SUGA, 진JIN, 랩몬스터RM, 정국 등 BTS

---

[31] 일정한 목표를 달성하기 위해 공동으로 출연·경연·작업하는 일.

제 2의 BTS,
BT21 캐릭터들.

멤버들이 직접 참여했습니다. 캐릭터 탄생 과정은 애니메이션 영상으로 만들어 SNS 에 공개했습니다.

BTS 팬들은 BT21 캐릭터들을 '제 2의 지민', '제 2의 RM' 등과 같이 자신이 좋아 하는 BTS 멤버와 동일시同一視**32**합니다. 덕분에 BTS의 인기와 함께 BT21의 인기도 급상승하여 BT21이 그려진 수십 종에 이르는 라이선싱 상품들이 미국, 일본, 중국 등의 온·오프라인 상점에서 불티나게 팔려 나갔습니다. BT21 캐릭터들이 퍼즐이 되어 맞춰지는 게임 〈퍼즐 스타 BT21〉 등 다양한 컨텐츠로도 확장되었습니다. BTS 의 인기에 힘입어 라인 프렌즈의 매출은 전년 대비 55%나 증가했습니다.

한편 '베스트 라이선시' 부문 수상자는 데톨Dettol 홍콩이 차지했습니다. 손세정제 데톨은 라인 프렌즈와 라이선싱을 맺고 세계 젊은이의 사랑을 받는 '브라운 앤 프렌즈 BROWN & FRIENDS'를 패키지에 3D로 새겨 넣어 큰 사랑을 받았습니다.

---

32 타인을 자기의 대신이라고 보는 경우로서, 이를테면 자기를 마치 문학작품이나 연극 중의 인물처럼 느끼거나 어머니가 스스로 이루지 못한 소원을 자식을 통해서 이루려는 경우.

3) 회계

앞에서 법은 권리를 찾을 수 있는 방법이라고 했습니다. 법을 모르면 응당히 누려야 할 것을 누리지 못할 수 있다고 했습니다. 회계도 마찬가지입니다. 회계 또한 경제적 권리를 찾을 수 있는 방법입니다.

회계를 모르면 마땅히 차지해야 할 경제적 이익을 차지하지 못할 수도 있습니다. 회계를 알면 안정적인 창작활동을 할 수 있습니다. 경제적인 어려움 없이 창작활동에 몰두할 수 있다는 것이지요.

(1) 로열티

앞에서 언급한 라이선시가 라이선서에게 지불하는 재산권 사용의 대가를 바로 로열티royalty라고 합니다.

원래 로열티는 특허 사용료를 일컫는 용어였습니다. 그러나 최근에는 그 개념이 확대되어 재산권 사용의 대가를 크게 아울러 로열티라고 합니다. 도서의 인세[33]나 예술작품, 컴퓨터 게임 등의 사용료도 로열티라 부르기도 합니다.

기술 발전과 함께 미디어도 발달하고 경제 규모도 커짐에 따라 로열티의 규모도 점점 커지고 있습니다. 로열티를 둘러싸고 벌어지는 크고 작은 분쟁도 급증하는 추세입니다.

앞에서 언급한 〈동백꽃 필 무렵〉 제작사와 방송사 간 소송도 사실 로열티 분쟁입니다. 겉으로 보기에는 저작권 싸움인 것 같지만 저작권 귀속 향방에 따라 로열티 수익이 크게 차이 나기 때문에 사실은 로열티 싸움이라고 할 수 있습니다. 결국

---

[33] 저작물의 출판을 조건으로 발행자인 출판사가 저작자 또는 저작권자에게 지불하는 저작권 사용료.

수익 배분의 싸움이죠. 방송 영상처럼 컨텐츠의 1차 노출 수익보다 이후 2차, 3차 유통 수익이 더 클 경우 저작권과 로열티를 두고 벌어지는 대립은 더 첨예합니다.

로열티의 요율이나 한도는 따로 정해진 것이 없습니다. 계약 당사자 간 협의로 정하면 됩니다. 일반적으로 매출액34의 일정 퍼센트로 정합니다. 매출액 이외에 영업이익35이나 순이익36을 기준으로 하는 경우도 있습니다. 기준에 따라 액수가 크게 차이 나므로 신중히 정할 필요가 있습니다.

로열티 수입에 대한 세율은 소득세율을 적용합니다. 세금 면에서 볼 때 로열티는 과세 대상을 줄이는 효과가 있습니다. 세금은 총매출에서 총지출을 제외한 영업이익에 부과됩니다. 영업이익의 24.2%(지방세 포함)를 세금으로 납부합니다. 이때 로열티는 지급 수수료, 즉 비용에 해당하므로 총지출에 포함됩니다. 따라서 로열티 액수만큼 영업이익이 줄어들어 세금을 그만큼 덜 내게 되는 것이죠. 다시 말해 과표課標를 줄이는 효과를 가져옵니다.

Case Study

추가 로열티 소급_유한킴벌리

'우리강산 푸르게 푸르게.' 30년 이상 지속되는 나무 심기 캠페인으로 우리에게 아주 친숙한 기업 유한킴벌리. 한국 유한양행과 미국 킴벌리클라크Kimberly-Clark가 3 대 7로 합자한 회사입니다. 킴벌리클라크 해외 자회사 가운데 현지 합자회사 이름을 붙여 쓰

---

34 상품 판매나 용역 제공 등 기업의 활동 결과로 실현된 금액.
35 매출액에서 원가와 인건비, 복지비, 임차료, 접대비, 연구개발비, 광고비 등 판관비를 제외한 금액.
36 영업이익에서 이자손익, 주식투자손익, 외환손익 등의 금융손익, 유형자산변동이나 태풍 등 갑자기 생긴 기타손익, 법인세 등을 가감한 금액.

는 경우는 한국의 유한킴벌리가 유일합니다. 그만큼 유한양행의 브랜드 자산이 크다는 의미입니다.

아기 기저귀 '하기스', 화장지 '뽀삐', 생리대 '화이트', 미용 티슈 '크리넥스', 성인 기저귀 '디펜드'…. 아기에서 노인이 되기까지 꾸준히 우리 곁을 지켜 주는 친숙한 위생용품들이죠. 모두 시장에서 1등 하는 제품들입니다. 이 제품들에 킴벌리라는 브랜드를 사용하는 대가로 유한킴벌리는 킴벌리클라크에 매년 막대한 로열티를 지불하고 있습니다.

2010년 미국 국세청은 킴벌리클라크 측에 유한킴벌리가 내는 로열티가 정상가에 못 미친다며 조정할 것을 요구합니다. 당시 유한킴벌리가 내고 있던 로열티 요율은 매출액의 2%였습니다. 미국 국세청은 다른 나라의 3~5%에 비해 우리나라의 요율이 현저하게 낮아서 형평에 어긋난다고 지적했습니다.

한국 국세청은 이를 받아들여 미국 국세청과 협의를 진행했습니다. 통상적으로 국제 거래에서 조세 문제가 발생하는 경우 두 나라는 상호 협의를 하고 있기 때문입니다. 협의 결과 로열티 요율을 2%에서 2.45%로 올리고 이를 2004년까지 소급 적용하기로 했습니다.

유한킴벌리는 2004~2009년 소급분 추가 로열티로 263억 원을 킴벌리클라크에 지불했습니다. 이어 유한킴벌리는 이 추가 로열티와 관련해 한국에서 납부한 2004~2009년 법인세 중 73억 원을 환급받았습니다. 본세와 이자 성격의 가산금까지 합쳐서 청구한 금액이 받아들여진 것입니다.

앞서 언급한 대로 추가 로열티 소급 지급으로 해당 기간 영업이익이 추가 로열티 지불 액수만큼 줄었으니 세금도 줄어야 한다는 것이었습니다. 유한킴벌리는 이어 지방세 환급도 추진하고 있습니다.

로열티 20배 인상_홈플러스

홈플러스는 한국 삼성물산과 영국 테스코TESCO의 합자회사로 출발했습니다. 그러나 2011년 삼성물산이 모든 지분을 테스코에 넘기고 철수하면서 100% 영국 자본이 되었습니다.

테스코는 한국 이외에도 중국, 인도, 태국, 말레이시아, 체코, 헝가리, 터키, 슬로바키아, 아일랜드, 폴란드 등 세계 11개국(미국, 일본에서는 최근 철수)에서 영업을 하며 로열티 수익을 올리고 있습니다.

테스코는 현지 합자 회사에 테스코 차이나, 테스코 폴란드 등 자사 브랜드명을 사용합니다. 그러나 한국에서는 테스코라는 브랜드명을 사용하지 않습니다. 한국 회사 브랜드명과 자사 브랜드명 모두 아예 빼 버리고 새로운 브랜드명을 썼습니다. 매우 예외적인 경우죠.

그래도 홈플러스는 2003년부터 매년 로열티를 꼬박꼬박 지불해 오고 있습니다. 영업 노하우와 기술을 자문받는다는 이유에서입니다. 2012년까지 매출액의 0.05%를 로열티로 지불했습니다. 2012년 지불액은 약 38억 원이었습니다.

그러나 2013년에는 무려 20배가량 인상된 759억을 로열티로 지불했습니다. 이는 해당 년도 매출액의 0.86%에 해당하는 액수입니다. 다시 말하면 소비자가 홈플러스에서 10만원어치 물건을 사면 그중 860원은 우리나라에 세금 한 푼 내지 않고 고스란히 영국 테스코 본사로 건너간다는 말입니다. 이 액수는 해당 연도 영업이익의 무려 4분의 1에 이르는 어마어마한 금액입니다.

앞서 본문에서 언급한 대로, 로열티는 비용으로 처리되어 총지출에는 포함되고 영업이익에서는 빠집니다. 따라서 홈플러스의 2013년 영업이익에서 로열티 인상분인 721억 원가량이 빠졌습니다. 그에 따라 국세청에 납부하는 세금도 170억 원가량 줄었습니다.

---

(2) 수수료

재산권 사용의 대가로 지불하는 돈을 로열티라고 하는 한편, 거래업무 대리수행의 대가로 지불하는 돈은 수수료 혹은 영어 그대로 커미션^{commission}이라고 합니다.

일반적으로 시설 이용에 대한 대가는 사용료, 인적^{人的} 사무에 대한 대가는 수수료라고 합니다. 시설 이용과 인적 사무가 동시에 이루어지는 경우 통상 수수료라고 합니다. 거래 과정에서 발생하는 자문^{諮問}에 대한 대가는 따로 컨설팅^{consulting} 커미션이라고 합니다.

수수료 요율이나 액수는 거래 형태나 규모에 따라 차이가 있을 수 있습니다. 일반적으로 업무가 복잡하고 전문적일수록 수수료도 높아집니다. 컨설팅 커미션이 일반 수수료보다 높은 이유도 여기에 있습니다. 또한 거래 액수가 클수록 수수료도 커집니다.

경제 규모가 커짐에 따라 로열티와 마찬가지로 수수료의 규모도 점점 커지고 있습니다. 따라서 수수료를 둘러싸고 벌어지는 분쟁도 늘어나고 있습니다. 분쟁이 커져 결국 법원까지 가는 경우도 드물지 않습니다.

분쟁이 생기는 이유는 업무 영역에 대한 이해 충돌이 있기 때문입니다. 따라서 계약 후 거래를 진행할 때는 상호 신뢰를 바탕으로 해야겠지만 거래 전 계약을 체결할 때는 업무 영역에 대해 명확하게 정리할 필요가 있습니다. 판례를 통해 수수료 분쟁 사례들을 살펴보는 것도 좋은 방법입니다. 분쟁이 생기기 전에 미리 꼼꼼하게 체크하면 분쟁으로 인한 시간과 에너지 낭비를 막을 수 있습니다.

불합리한 수수료_소상공인연합회

〈아시아경제〉**37**에 따르면 소상공인연합회는 외식업, 개인서비스업, 도·소매업 등에 종사하는 소상공인들 1,017명을 대상으로 '유통시장 변화에 따른 소상공인 실태조사'를 실시했습니다. 조사 결과 소상공인 5명 중 2명은 최근 유통채널의 온라인화로 계약 조건, 수수료 등에서 어려움을 겪고 있는 것으로 나타났습니다.

소상공인의 46.0%는 대형 온라인 쇼핑몰이나 플랫폼과의 거래가 불만족스럽다는 반응이었습니다. 45.3%는 계약 조건이 소상공인들에게 불합리하다고 호소했습니다. 특히 43.5%는 수수료가 불합리하다고 호소했습니다.

또한 온라인 판매 매출에 대해서도 만족도가 낮았습니다. 현재 온라인 플랫폼을 사용하든(21.1%), 자체 온라인 판매를 하든(20.6%), 온라인 커뮤니티 공동판매를 하든(16.0%) 매출에는 만족하지 못하는 것으로 나타났습니다.

총매출에서 차지하는 비중을 보면, 온라인 플랫폼 사용(6.9%)이나 자체 온라인 판매(6.7%)보다 매장 직접 판매(52.7%) 비중이 훨씬 높았습니다. 그들은 현재처럼(81.7%) 앞으로도(67.3%) 매장에서 직접 판매하는 쪽을 택하겠다고 응답했습니다.

그러나 온라인 플랫폼 자체의 필요성에 대해서는 대체로 공감하였습니다. 온라인, 모바일 판매 채널 확대가 매출 증대에 미치는 영향에 대해서도 긍정적(49.0%)으로 보는 견해가 부정적(24.4%)으로 보는 견해보다 2배가량 많았습니다. 결국 온라인이나 모바일 플랫폼에 대한 필요성은 모두 공감하지만 현행 거래 조건이나 환경이 그것을 뒷받침하지 못하고 있다는 말입니다.

---

37 〈아시아경제〉(2019), "소상공인 43% '온라인 쇼핑몰 수수료 불합리하다'", 2019. 12. 26.

관건은 관계기관의 지원이었습니다. 소상공인 10명 중 6명은 현재 온라인 유통 관련 정책이 대형 쇼핑몰이나 플랫폼 등 대기업 위주라고 응답했습니다. 과도하게 책정된 대형 온라인 쇼핑몰이나 플랫폼의 수수료를 관계기관이 나서서 규제해야 한다고 입을 모았습니다(65.8%). 소상공인 66.2%는 대형 플랫폼과의 분쟁 시 약자의 입장에 놓이게 되는 소상공인에 대해 관계기관이 법률 지원을 해야 한다고 응답했습니다.

part 2

•

컨텐츠를 어떻게 만들까?

•

앞에서 컨텐츠가 재미있기만 하면 큰돈 들이지 않아도 커뮤니케이션에 성공할 수 있다고 했습니다. 디지털 네트워크를 통해 삽시간에 퍼진다고 했습니다. 몰입적, 자발적 커뮤니케이션을 가능하게 한다고 했습니다.

문제는 재미있어야 한다는 것입니다. 어떻게 하면 재미있는, 기발한, 좋아서 달려들게 하는 컨텐츠를 만들 수 있을까요? 그 방법에 대해 생각해 봅시다.

01

벗어나기

어떤 일을 좀 하다 보면 '○○은 이렇게 하는 것이다'라고 하는 일종의 틀이 생기기 마련입니다. 회화에서 원근법1이나 황금비율2 같은 것, 작곡에서 대위법3이나 화성4 체계 같은 것도 그런 것들이겠죠.

이런 것들을 알지 못하면 '기본이 안 돼 있다'는 말을 듣습니다. 문외한 취급을 받습니다. 예컨대 자동차 광고 영상은 유려한 차체와 미끄러지듯 질주하는 모습을 잘 찍어야 전문가 대접을 받습니다. 자동차 광고가 다 그게 그거 같은 이유도 바로 여기 있습니다.

기본基本은 문자 그대로 그 근본. 거기서부터 시작하는 것입니다. 모두가 거기서부터 …. 모두가 다 하는 것은 안전합니다. 기본은 됩니다. 그러나 재미있지 않습니다. 기본을 벗어날 때 거기서부터 재미는 시작됩니다. 마치 교실을 벗어날 때 학생의 재미가 시작되는 것처럼, 부엌을 벗어날 때 주부의 재미가 시작되는 것처럼

1　일정한 시점에서 본 물체와 공간을 눈으로 보는 것과 같이 멀고 가까움을 느낄 수 있도록 평면 위에 표현하는 방법.
2　가장 조화로운 비율. 약 1.618 대 1.
3　독립성이 강한 둘 이상의 멜로디를 동시에 결합하는 작곡 기법.
4　몇 개의 화음이 연결되어 독자적인 모양을 갖춘 형태.

말이죠.

재미있는 컨텐츠를 만들기 위해서는 벗어나야 합니다. '○○은 이렇게 하는 것이다'라고 하는 생각에서 과감하게 벗어나야 합니다. '○○을 이렇게 해도 되나?' 할 정도로 과감하게. 방법, 형식, 목적은 물론 본질本質마저도 벗어나야 합니다.

마그리트Magritte는 물고기 머리에 사람 다리를 한 이상한 인어를 그림으로써 우리에게 물었습니다. '왜 인어는 금발 미녀 상체와 물고기 하체를 가진 아름다운 여성이어야 하지?' 그의 인어 그림이 아직도 유명한 것은 그의 그림 솜씨 때문이 아닙니다. 인어에 대한 전형적 묘사 방법을 벗어난 그의 파격破格 때문입니다.

뒤샹Duchamp은 시장에서 구입한 남성 소변기에 〈샘fountain〉이라는 새로운 의미를 붙여 미술작품으로 전시했습니다. 이로써 회화로 일관된 근대미술의 문은 닫히고 현대미술의 문이 활짝 열렸습니다. 미술사에 큰 획을 긋는 이 엄청난 사건은 기존의 평면적인 표현 형식을 벗어나 오브제objet 5라는 새로운 표현 형식을 선택한 그의 파격 하나로 이루어졌습니다.

워홀Warhol은 고상함이라는 예술의 본질마저도 과감하게 벗어 던졌습니다. 그는 어린이 만화의 주인공, 슈퍼마켓 선반에나 있을 법한 공산품, 대중잡지 표지모델 같은 배우들을 캔버스canvas 6로 끌어들였습니다. 화실을 '공장factory'이라 부르며 예술작품을 마치 공산품 찍어내듯 대량 생산했습니다. '팝아트pop art 7'라고 하는 현대미술의 큰 조류潮流는 예술의 본질을 거스르는 그의 발칙한 파격으로 탄생했습니다.

예술뿐만 아닙니다. 우리는 정원이라고 하면 보통 마당을 일구어 가꾼 꽃이나

---

5 생활에 쓰이는 갖가지 물건들을 작품에 그대로 이용한 것.
6 유화를 그릴 때 쓰는 화포.
7 매스미디어와 광고 등 대중문화적 시각이미지를 미술의 영역 속에 적극적으로 수용하고자 했던 구상미술의 한 경향.

나무를 상상합니다. 그러나 브라질의 디자인 스튜디오 로젠바움Rosenbaum은 벽에 정원을 만들었습니다. 빈 페트PET 병을 화분으로 재활용해 벽에 매단 것입니다. 정원에 대한 일반적 개념을 벗어났기에 가능한 일이었습니다.

식품 중에도 있습니다. 대한민국에서 밥을 즉석식품으로 만들어 대성공을 거둔 햇반. 다른 건 다 사 먹어도 밥만은 직접 해먹어야 한다는 한국 사람의 통념을 벗어난 것입니다. 전자레인지에 음식을 데우면 맛이 없어진다는 통념에서도 과감하게 벗어난 것입니다. 햇반이 직접 지은 밥보다 더 맛있다는 사람도 많습니다. 햇반은 단순한 식품이 아니라 통념과 고정관념을 깬 하나의 컨텐츠입니다.

1) 기대 위반

이러한 벗어남은 방법에 대한, 형식에 대한, 본질에 대한 우리의 기대와 예상을 가차 없이 깨버립니다. 그러한 기대 위반이 '놀람'과 '긴장'을 만들고 그것이 곧 컨텐츠의 임팩트impact 8와 재미를 만듭니다. 마치 예상치 못한 선물이 우리를 더 기쁘게 만들고 계획된 파티보다 서프라이즈surprise 파티9가 더 짜릿한 것처럼 말이죠.

---

8   볼이 배트에 맞는 순간의 충격.
9   깜짝 파티.

로모그래피_로모

"로모그래피의 세상에 오신 것을 환영합니다. 달콤한 로모그래피의 바다에 빠지는 것과 비교할 수 있는 일은 어디에도 없습니다. 로모그래피한 눈으로 본 어지러운 당신 주변을 저희에게도 보여 주세요. 운 좋게 잡은 순간들, 이상한 사람들, 흔들려 찍혀 아무것도 아닌 것이 된 형상들 … . 로모그래피는 이 모든 것을 모으고, 아끼고, 보여 줍니다." 로모그래피 사이트의 인사말입니다. 로모그래피가 뭐길래?

로모는 1984년 러시아(당시 소련) 레닌그라드 광학기기 조합Ленинградское Оптико-Механическое Объединение이 만든 값싼 국민 카메라입니다. 표준렌즈보다 초점거리가 짧은 광각廣角렌즈를 쓰다 보니 피사체의 이미지가 곡면이 됩니다. 끝부분에 도달하는 광량이 그만큼 줄어들겠죠. 그래서 사진의 주변 부분이 어둡게 나올 수밖에 없습니다. 그런데 이 왜곡된 색감이 오히려 독특한 감각을 만들어 냈습니다. 사진을 매우 감성적으로 느껴지게 했죠.

1980년대 후반 소련이 무너지면서 이 카메라도 한동안 자취를 감췄습니다. 그런데 1990년대 초 오스트리아의 두 대학생이 우연히 이 독특한 색감을 발견했습니다. 이들은 주변 친구들에게 이를 전파했고 곧 유럽 전역에 퍼졌습니다.

유럽 젊은이들은 이 현상을 '비네팅Vignetting', '터널 효과tunnel effect'라며 열광했습니다. 비네트vignet란 책의 장章 머리나 맨 끝의 장식 무늬를 말합니다. 주변 어두운 부분이 장식과 같은 역할을 한다는 뜻이죠. 터널이라는 것도 주변 어두운 부분이 마치 어두운 터널과 같다는 뜻입니다.

로모는 새로운 유행이 되었습니다. 전 세계적으로 '로모그래피Lomography' 열풍이 불었습니다. 로모로만 사진을 찍는 이들이 생겨났고 이들을 '로모그래퍼'라고 불렀습

부족한 광학성능을 독특한 매력으로 치환한
발상의 전환, 로모 카메라.

니다. 일본 애니메이션 〈케이온! けいおん!〉10의 아키야마 미오秋山 澪가 사용하는 카메
라도 바로 로모입니다. 로모그래퍼들 덕분에 디지털에 밀려 점점 설 자리를 잃어 가
던 필름film도 명맥을 유지할 수 있게 되었습니다.

　일반적으로는 카메라의 결함이 될 법한 부족한 광학성능을 독특한 매력으로 치환
하는 과감한 발상이 있었기에 가능한 일이었습니다.

트랜카디스_안토니 가우디

바르셀로나 구엘 공원Parque Güell의 벤치, 카사 밀라Casa Milla 11의 지붕, 성 가족 대성
당Sagrada Familia의 탑 … . 가우디Caudi가 디자인한 건축물들은 모두 독특한 색감과 디
테일로 우리에게 색다른 감동을 줍니다.

10　만화 작가 카키후라이 (かきふらい) 의 4컷 만화에서 파생된 TV 및 극장판 애니메이션.
11　바르셀로나를 상징하는 고품격 맨션. 1984년 유네스코 세계문화유산으로 지정되었다.

바르셀로나 구엘 공원에서
볼 수 있는 가우디의
창조적 기법, 트랜카디스.

　과연 무엇이 다른 걸까요? 많은 전문가들은 가우디만의 '트랜카디스trencadis'를 꼽습니다. 트랜카디스란 깨진 세라믹 조각을 이용해 모자이크를 만드는 기법을 말합니다. '깨뜨리다'라는 뜻을 가진 카탈루냐Catalonia어 'Trencar'에서 유래한 말이죠.

　에우세비 구엘Eusebi Güell의 후원으로 구엘 공원 리모델링remodeling 공사를 하던 중 가우디는 타일이 모자라 어려움을 겪습니다. 펠라다산Muntanya Pelada 일대에 복합 주택단지를 조성하는 방대한 공사였기 때문에 그 많은 타일을 다 조달하기가 어려웠기 때문이죠.

　고민하던 그는 어느 날 인근 도자기 공장에서 버려져 나뒹구는 도자기 파편을 발견합니다. 파편들은 빨간색, 노란색, 녹색 등 색색이 섞여 있었습니다. 도자기가 깨진 것들이기 때문에 유약 처리까지 되어 있었습니다. 그는 공사장 인부들에게 그 파편들을 모두 주워 오도록 지시했습니다. 색색의 파편을 이어 붙여 그는 새로운 디자인을 완성했습니다. 가우디만의 트랜카디스는 이렇게 탄생했습니다.

　최고급 별장을 건축하면서 버려진 재료를 재활용한다는 것은 상식적으로 말이 안 되는 일입니다. 땅에 나뒹구는 쓰레기가 디자인 모티브와 소재가 될 수 있다는 것은

70

더더욱 상상할 수 없는 일입니다.

그러나 가우디는 깨진 타일 조각을 이리저리 이어 붙이면 더욱 생동감 있는 패턴이 될 거라 생각했습니다. 제각각 다른 색깔의 조각을 맞추어 붙이면 더욱 화려하고 독특한 색감이 될 거라 생각했습니다.

지중해 태양 빛 아래 춤추는 듯 밝고 화려하게 빛나는 트랜카디스. 바로 기대 위반이 낳은 기적입니다.

아름다운 장애물_훈데르트바서 하우스

1986년 오스트리아 빈Wien시 의회는 구舊 중심가에 넓게 자리 잡은 제3구역에 공공주택을 짓기로 결정했습니다. 당대 최고의 건축가 프리덴슈라이히 훈데르트바서 Friedensreich Hundertwasser를 찾아가 가장 이상적인 공공주택을 지어 줄 것을 부탁했습니다.

훈데르트바서가 지어 준 주택은 삐뚤빼뚤, 들쭉날쭉, 울퉁불퉁, 알록달록한 건물이었습니다. 이상적인 주택에 대한 모두의 기대와 예상을 깬 것이죠.

그는 복도를 일직선으로 만들지 않고 일부러 삐뚤게 만들었습니다. 바닥도 평평하게 만들지 않고 오르락내리락하게 만들었습니다. 이것들이 바로 그가 '아름다운 장애물'이라고 부르는 것들입니다. 창문의 위치도 규칙적이지 않고 아래위로 불규칙합니다. 모양도 제각각입니다. 외벽은 작은 단위로 쏘개서 서로 다른 색깔과 질감으로 칠을 했습니다. 벽 자체도 어떤 부분은 툭 튀어나오고 어떤 부분은 움푹 들어가 있습니다.

'자연에는 직선이 없다The straight line is ungodly.' 이것이 훈데르트바서의 건축 철학입니다. 그는 인간은 자연과 조화를 이루며 공존해야 한다고 주장합니다. 인간이 만든 경직된 기하학적 형태와 획일적 규칙을 일절 거부합니다. 그는 또한 전통적인 색 조합에서 벗어나 자유롭고 대담한 색을 사용합니다. 생명의 다양함과 무한함을 색채를 통해 표현하는 것입니다. 물감도 대부분 직접 만들어 사용합니다. 그래서 그를 '색채의 마술사'라고 부릅니다.

아름다운 장애물, 훈데르트바서 하우스

그 스스로 개명改名한 프리덴슈라이히 훈데르트바서라는 이름도 '평화롭고 풍요로운 곳에 흐르는 백 개의 강'이라는 뜻입니다. 그 강은 그의 삶과 예술 구석구석 면면히 흐릅니다. 그의 건축물은 '건축은 네모다'라는 고정관념을 깨고 마치 흐르는 물처럼 부드럽게 움직입니다.

그는 작업실을 따로 두지 않고 집, 공원, 기차, 비행기 등 자신이 머무는 곳 어디서나 작업을 합니다. 이젤easel 12을 사용하는 대신 종이나 천 조각을 펼쳐 놓고 작업을 합니다. 포장지, 나무 판, 버려진 종이에 그리기도 합니다.

이상적인 주택에 대한 일반 상식을 과감하게 깬 훈데르트바서 하우스Hundertwasser House. 지금은 세계인이 찾는 명물이 되어 있습니다.

---

12 그림을 그릴 때 캔버스나 화판을 안정시키기 위한 받침대.

고정관념을 뒤집다_**포스버리 플롭**

올림픽 육상 경기장. 힘껏 도약해 2미터 상공에서 몸을 180도 회전해 등으로 아슬아슬하게 크로스바crossbar를 넘은 후 머리부터 착지하는 높이뛰기 선수. 그 역동적 동작에 관중들은 박수갈채를 보냅니다.

50년 전에도 과연 이런 광경이었을까요? 그렇지 않습니다. 당시에는 착지 지점에 안전을 위해 모래나 톱밥을 깔아 놓았습니다. 선수들은 다치지 않기 위해 엎드린 자세로 크로스바를 넘은 후 손발을 바닥에 짚으며 착지했습니다. 1960년대 중반, 모래나 톱밥 대신 두꺼운 발포고무 매트를 깔아 착지할 때 받는 충격이 거의 없어졌음에도 불구하고 선수들은 엎드린 자세를 고수했습니다. 그동안 해오던 대로 한 것이죠.

그러나 1968년 멕시코시티올림픽 높이뛰기 결승. 21살의 젊은 미국 선수가 공중에서 갑자기 자세를 바꿔 등으로 크로스바를 넘은 후 머리부터 착지했습니다. 순간 관중들은 처음 보는 광경에 깜짝 놀라 모두 숨을 멈췄습니다.

기록은 더 놀라웠습니다. 2.24미터. 올림픽 신기록. 아무도 넘지 못했던 마魔의 높이를 이 '실험적인' 자세가 넘은 것입니다. 물론 결과는 실험이 아니었습니다. 금메달을 획득했지요.

이 선수가 바로 미국 딕 포스버리Dick Fosbury입니다. 그가 뒤집은 것은 크로스바를 넘는 자세만이 아니었습니다. 높이뛰기에 대한 그간의 모든 지식과 기술, 고정관념을 뒤집은 것입니다. 이 '배면背面뛰기'를 영어로는 '포스버리 플롭Fosbury flop'이라고 합니다. 딕 포스버리에 대한 육상인들의 경의가 담긴 명칭이지요.

처음에는 이 포스버리 플롭에 대해 반대 여론이 들끓었습니다. 그러나 4년 후인 1972년 뮌헨올림픽. 40명의 높이뛰기 선수들 중 28명이 이 포스버리 플롭을 사용하

고정관념을 깨뜨린
높이뛰기의 혁명,
포스버리 플롭.

였습니다. 포스버리 등장 이후 2000년까지 총 36명의 올림픽 메달리스트들 중 무려 34명이 포스버리 플롭을 사용하였습니다. 현재 포스버리 플롭은 높이뛰기의 정석이 되었습니다.

높이뛰기의 역사는 그의 출연 이전과 이후로 나뉩니다. 어떤 이들은 그의 새로운 시도를 발명 혹은 혁명이라고까지 말합니다. 지금까지도 그는 올림픽 역사상 가장 큰 영향을 미친 선수 중 하나로 꼽힙니다.

Case Study

새 옷보다 낡은 옷_파타고니아

기업의 목표는 이윤 창출. 기본적인 상식입니다. 그러나 이 상식을 뒤집은 기업이 있습니다. 바로 파타고니아Patagonia. 창업자인 이본 쉬나드Yvon Chouinard는 파타고니아의 목표는 이윤 창출이 아니라 지구를 되살리는 것이라고 선언합니다. 인간이 무언가를 만드는 행위 자체가 자연을 해치는 일이기 때문에 기업은 자연을 되살리기 위한 노력을 기울여야 한다는 것입니다.

파타고니아는 의류 회사로서는 전혀 뜻밖의 제안을 합니다. 바로 새 옷을 사지 말고 고쳐서 입으라는 것. 간혹 보여 주기식 이벤트로 이런 행사를 하는 기업들도 있지만 이 기업만큼은 아닙니다.

먼저 파타고니아는 '새 옷보다 낡은 옷WORN WEAR: better than new' 캠페인을 꾸준히 진행하고 있습니다. 자사 제품의 중고와 재고를 사들여 잘 수선한 다음 상태에 따라 'excellent', 'good' 등의 등급을 매깁니다. 이것을 고객에게 새 제품보다 훨씬 저렴한 가격에 파는 것이죠. 새 제품 버금가는 품질의 제품을 아주 저렴한 가격에 살 수 있기 때문에 없어서 못 팔 정도로 고객 반응이 좋습니다.

또한 트럭에 수선장비를 싣고 전국 방방곡곡을 돌아다니며 자사 제품을 직접 수선해 줍니다. 바로 '찾아가는 낡은 옷 투어Mobile Worn Wear Tour' 캠페인입니다. 수선 서비스를 할 때 수선 방법과 오래 입는 방법을 전수하기도 합니다.

'wornwear. patagonia. com'이라는 캠페인 사이트에서는 낡은 파타고니아 제품의 사진과 그에 얽힌 사연을 접수받습니다. 오래 돼 닳고 바랜 옷에 담긴 소중한 추억과 감동을 고객들이 서로 공유할 수 있도록 하는 것이죠. 심지어는 '이 재킷을 사지 마세요Don't Buy This Jacket'라는 광고 캠페인까지 합니다. 새 제품을 사지 말고 위와 같은 방법으로 바꿔 입고 고쳐 입으라는 말입니다.

그래서 이윤 창출은 포기해야 했을까요? 파타고니아는 상장기업이 아니기 때문에 정확한 매출은 알 수 없습니다. 그러나 전문가들의 추정에 따르면 2017년 매출액은 대략 10억 달러, 한화로 약 1조 원입니다. 이는 노스페이스North Face 다음가는 엄청난 매출 규모입니다. 이본 쉬나드의 진심이 소비자들에게 제대로 전달된 것이죠.

휴대용 화장실_피푸백

'아름다운 화장실' 하면 뭐가 떠오르세요? 밝고 환한 조명, 우아한 음악, 깨끗한 세면대, 예쁜 장식물…. 이런 것들이 가장 먼저 떠오르시죠? 그러나 스웨덴에 사는 세 명의 디자이너 안데스anders, 카밀리아camila, 페터peter는 전혀 다른 것을 상상했습니다. 바로 '들고 다닐 수 있는' 화장실.

세계 인구의 약 40%는 화장실이 없는 곳에 삽니다. 놀라운 일이죠. 불편함은 말할 것도 없고 땅과 물 오염으로 인한 질병 문제도 심각합니다. 그렇다고 세계 인구 절반에 가까운 사람들에게 모두 화장실을 지어 준다는 것은 현실적으로 어려운 일입니다. 그래서 생각해 낸 것이 필요할 때 꺼내서 사용하고 간단히 버릴 수 있는 비닐 백. 그래서 이름도 '피푸백PeePoo bag'.

사용 방법은 간단합니다. 속 비닐을 넓게 펼치고 용변을 봅니다. 용변 후 속 비닐과 겉 비닐을 꼭 묶어서 땅에 묻으면 그걸로 끝. 오염 문제, 냄새 문제가 생기지 않느냐고요? 피푸백 비닐에는 천연 향신료가 들어 있기 때문에 묶기만 해도 냄새 걱정은 안 해도 됩니다. 또한 비닐의 소재는 바이오 플라스틱bio plastic. 2~3주면 자연 분해되므로 오염은커녕 땅속에서 천연비료 역할까지 합니다.

아무리 좋은 아이디어라도 값이 비싸면 그림의 떡이겠죠? 피푸백은 단가가 높은 천연재료로 만들어졌지만 디자인을 단순화하여 가격을 장당 30원 정도로 맞추었습니다. 저개발 국가 사람들도 그 정도면 살 수 있겠죠?

이제 이것을 과연 화장실로 인정할 수 있을까 하는 문제가 남습니다. 물론입니다. 2011년 인테리어 전문가들이 뽑은 '세계의 화장실' 5위에 바로 피푸백이 선정되었습니다.

화장실을 만들기 위해서는 부지 확보, 건물 축조, 시설 설치가 필요하다는 고정관념을 훌쩍 뛰어넘어 소외된 사람들에게 진정 아름다운 화장실을 선물해 준 피푸백. 인류의 반을 고통과 질병으로부터 해방시킴으로써 인류 전체의 격을 높인 훌륭한 컨텐츠입니다.

그러나 기대를 깬다는 것은 결코 쉬운 일이 아닙니다. '백색白色가전'이라는 말이 있죠? 세탁기, 냉장고, 에어컨 등 생활가전이 주로 흰색을 띤다고 해서 붙여진 이름입니다. 제품 특성상 청결한 이미지를 강조해야 하기 때문에 개발 초기부터 흰색을 사용해 왔습니다.

이 '흰색'을 벗어나는 데 무려 30년이 걸렸습니다. 20세기 후반에 들어와서야 그린 등의 컬러 제품이 나왔으니까요. 사람들의 기대를 깨는 게 얼마나 어려운지를 보여 주는 예입니다.

기대위반이 모두 환영받는 것도 아닙니다. 세계적인 설치미술 작가 이불李昢. 그녀는 한국 미술계를 장악하고 있던 관습화된 아카데미즘에 반발, 1980년대 말부터 도발적인 퍼포먼스와 설치, 오브제 등을 선보였습니다. 사회·정치적 권력이 어떻게 가부장적 문화를 구축하는지를 대중 앞에 표현한 것이죠.

1989년 서울 동숭아트센터. 25살의 그녀는 완전히 벗고 객석 천장에 거꾸로 매달렸습니다. 그러나 채 1분도 되지 않아 관객들이 나서서 그녀를 끌어내리고 말았습니다. 1990년 도쿄. 그녀는 샤먼 분장에 거대한 촉수가 여럿 달린 핏빛 괴물 의상을 입고 거리를 활보했습니다. 그러나 곧 일본 경찰이 와서 그녀를 연행했습니다. 1997년 뉴욕 현대미술관MoMA. 그녀는 초대전을 위해 〈화엄華嚴〉을 전시했습니다. 생선을 직접 전시해 부패하는 과정을 보여 주는 작품이었죠. 그러나 개막 직전 미술관 측은 냄새가 지독하다고 그만 철거하고 말았습니다.

지금은 세계적 작가로 당당히 섰지만 한동안 그녀에게는 '문제적'이라는 수식어가 늘 따라다녔습니다.

2) 정확한 앎

벗어난다는 것은 '○○으로부터' 벗어나는 것입니다. 즉, ○○에 대해 정확하게 알지 못하고는 벗어날 수도 없습니다. 사람들이 무엇을 기대하는지 정확하게 알아야 그 기대를 깨버릴 수 있습니다. 사람들이 무엇을 예상하는지 정확하게 알아야 그 예상을 벗어날 수 있습니다. 통쾌한 벗어남을 위해서는 우선 정확한 앎이 선행되어야 합니다.

우리가 잘 아는 피카소Picasso의 인물화. 종전의 시각적 현실감과 원근법을 무시하고 동일한 인물의 서로 다른 측면을 보여 준다는 점에서 높이 평가받습니다. '큐비즘cubism'이라고 하죠. 그러나 이 또한 인체의 구조와 형태에 대한 정확한 지식 없이는 불가능한 일입니다.

Case Study

기하학의 예술_옵아트

1965년 뉴욕 현대미술관에서는 좀 이상한 전시회가 열렸습니다. 미술작품들은 하나같이 평행선, 격자, 동심원 같은 단순한 기하학적 형태를 반복한 것들입니다. 한데 어울릴 수 없는 보색을 병렬시킨 것들도 있습니다.

보는 사람들은 그림을 제대로 바라볼 수가 없었습니다. 그림들은 마치 흐르는 듯

꿈틀거렸습니다. 실제로 화면이 움직이는 듯한 환각까지 불러일으켰습니다.

기획 작가는 윌리엄 세이츠William C. Seitz. 전시회 제목은 '감응하는 눈The Responsive Eye'. 그림이 아니라 그림을 보는 눈의 반응에 초점을 둔 것이지요. 시사전문지 〈타임Time〉은 이 전시회를 소개하면서 '옵티컬 아트Optical Art'라는 용어를 사용했습니다. 시각적 예술이라는 뜻이죠. 그 후 이런 유의 작품들은 '팝아트Pop Art'에 대응하여 '옵아트Op Art'라는 약칭으로 불립니다. '옵아트'는 당시 미국 화단에서 큰 인기를 끌던 '팝아트'의 상업성과 지나친 상징성에 대한 반동으로 이해되면서 그 뒤를 잇는 새로운 사조思潮로 부상했습니다.

'옵아트'는 기하학적 도형을 이용한 원근법상의 착시錯視13나 강렬하게 대비되는 색채 간의 팽팽한 긴장tension을 통한 시각적 효과를 노립니다. 구불거리는 하얀 배경 위에 검은 평행선들을 놓아 운동감과 깊이감을 표현하는 식이죠. 그래서 '옵아트'는 '망막의 예술retinal art'이라 불리기도 합니다.

'옵아트'는 예술이라 하기에는 지나칠 정도로 지적이고 조직적이고 차갑습니다. 때문에 인문과학보다는 자연과학에 더 가깝다는 평가를 받습니다. 그도 그럴 것이 '옵아트'는 기하학에 그 근간을 두고 있습니다.

기하학은 선과 면의 모양, 크기, 위치를 연구하는 학문입니다. '옵아트'는 그것들을 이용해서 독특한 시각적 효과를 창조했습니다. 기하학에 대한 완전한 이해가 없었더라면 '옵아트'의 드라마틱한 착시효과는 만들 수 없었을 것입니다.

---

13 시각적인 착각 현상.

3) 상상력

벗어나서 어디로 갈까? 어디로 가야 할지는 상상력에 달려 있습니다. 상상력이 부족하면 벗어나더라도 멀리 벗어나지 못합니다. 기대를 크게 위반하기 어렵죠. 그렇게 되면 컨텐츠에 대한 임팩트도 떨어집니다. 반면 상상력이 풍부하면 멀리멀리 벗어날 수 있습니다. 기대를 가차 없이 깨버리고 전혀 생각하지 못한 방향으로 발전할 수 있습니다.

상상력이란 임마누엘 칸트Immanuel Kant를 빌리자면 "보이지 않는 것을 볼 수 있는 능력"을 말합니다. 14 앞에서 말한 뒤샹Duchamp이 소변기에서 샘을 보듯 말입니다. 보이는 것을 보는 것은 상상력도 능력도 아닙니다. 필부필부匹夫匹婦도 보이는 것은 볼 수 있기 때문입니다. 보이지 않는 것을 보는 것이 바로 상상력입니다. 겉으로 보이지 않기 때문에 사람들이 쉽게 생각하지 못하는 것, 그것을 사람들 앞에 툭 내던져 놀라게 만드는 것, 그것이 바로 상상력의 힘입니다.

육체의 눈으로만 보면 보이지 않는 것이 많습니다. 그러나 마음의 눈으로 보면 보이지 않는 것까지 볼 수 있습니다. 따라서 마음의 눈이 바로 상상력인 셈입니다. 평생을 과학에 바친 아인슈타인Albert Einstein조차 상상력이 지식보다 더 중요하다고 강조했습니다. 그는 지성의 참된 모습은 지식이 아닌 상상력에서 나타난다고 일갈했습니다. 15

---

14 이신철 (2009), 《칸트사전》, 도서출판b.
15 홍익희 (2013), 《유대인의 창의성의 비밀》, 행성B.

장난감들의 우정_〈토이 스토리〉

6살 소년 앤디Andy가 가장 아끼고 사랑하는 카우보이 인형 우디Woody. 수많은 장난감들의 리더로서 날마다 이들을 진두지휘합니다. 장난감들 역시 그를 잘 따릅니다. 그러던 어느 날 레이저 디지털 음성을 가진 최신 액션인형 버즈Buzz가 나타납니다. 우즈는 리더의 위치를 빼앗기고 맙니다. 하루아침에 2인자로 전락한 우디. 질투심에 휩싸여 그만 버즈를 창밖으로 떨어뜨리는 실수를 저지르고 맙니다. 그 일로 장난감들의 비난까지 받게 돼 우디는 더 괴로워합니다.

버즈를 없앨 궁리만 하던 우디. 그러나 힘을 합치지 않으면 살아남을 수 없는 상황에 처합니다. 장난감들 모두 악동 시드Sid와 무서운 개 스커드Scud에게 잡힌 것입니다. 탈출을 위한 모험을 감행하며 둘은 가까워집니다. 특히 탈출과정에서 자신이 우주전사가 아님을 깨닫고 삶을 포기하려는 버즈를 도와 장난감으로서의 진정한 가치를 깨닫는 과정에서 둘은 우정과 신뢰를 쌓게 됩니다. 바로 월트 디즈니 사가 배급하고 픽사PIXAR가 제작한 3D 장편 애니메이션 영화 〈토이 스토리Toy Story〉의 내용입니다.

픽사는 〈토이 스토리〉 개봉 일주일 만에 상장과 동시에 1억 4천만 달러의 자금을 확보합니다. 덕분에 애플Apple에서 쫓겨나 픽사를 세운 스티브 잡스Steve Jobs는 화려한 재기의 발판을 마련할 수 있었죠.

이런 엄청난 일이 가능했던 것은 뒤엉킨 장난감들의 모습에서 주인의 사랑을 받기 위한 치열한 암투를 보는 상상력이 있었기 때문입니다. 당시 2차원에 머물러 있던 애니메이션에서 실사와 같은 3차원 세계를 그려 보는 상상력도 큰 몫을 했습니다. 이 작품을 필두로 할리우드Hollywood에는 3D 장편 애니메이션 시대가 활짝 열렸습니다.

산타의 선물_이기승

병원의 모든 물건들은 기능 위주로 만들어집니다. 위생, 안전, 빠른 처치 등의 기능 말입니다. 그래서 그것들을 보는 것만으로도 일종의 두려움이 느껴집니다. 어린이들은 말할 것도 없고 어른들도 그렇습니다.

헌혈자의 피를 담는 네모난 헌혈 팩pack. 천편일률적 형태입니다. 피라는 생각밖에 들지 않아 섬찟하기까지 합니다. 기능을 생각하면 그보다 효율적이고 경제적인 형태는 없습니다.

그러나 디자이너 이기승은 좀 다른 생각을 했습니다. 그는 헌혈이 누구에겐가 큰 선물이 된다는 데 주목했습니다. 수혈이 필요한 환자에게 헌혈은 기다리고 기다리던 기쁜 선물이지요. 마치 크리스마스를 손꼽아 기다리던 어린아이에게 산타 할아버지의 선물이 그렇듯 말이지요.

그래서 그는 헌혈 팩의 디자인을 크리스마스 양말 모양으로 했습니다. 크리스마스이브에 산타 할아버지의 선물을 받기 위해 머리맡에 걸어 두는 커다랗고 붉은 색 양말 말입니다. 크리스마스 양말 속에 든 산타 할아버지의 선물이 어린아이들에게 기쁜 선물이듯이 크리스마스 양말 모양 헌혈 팩 속에 든 피는 누구에겐가 기쁜 선물이 된다는 메시지를 담은 것이지요.

헌혈 팩 속의 붉은 피. 그는 그것에서 크리스마스라는 뜻밖의 상상을 했습니다. 사람 생명이 왔다 갔다 하는 치열한 병원 현장에서 한가하게 크리스마스를 상상한다는 것은 결코 쉬운 일이 아닙니다. 그러나 그의 상상력 덕분에 사람들은 헌혈을 '해야만 하는' 이성적 이유가 아니라 헌혈을 '하고 싶은' 감성적 이유를 찾을 수 있었습니다.

천현숙[16]에 의하면 이성보다 감성이 더 설득적입니다. 그의 발칙한 상상 하나가 많은 시간과 비용이 드는 헌혈 캠페인 못지않은 효과를 발휘할 수 있다는 것이죠.

이 헌혈 팩은 2011년 핀란드 헬싱키 디자인 위크Helsinki Design Week에 전시되어 좋은 반응을 얻은 뒤 페이스북과 해외 유명 웹진 등을 통해 전 세계에 전파되었습니다.

---

4) 경험

앞에서 보이지 않는 것을 보는 것은 마음의 눈이라고 했습니다. 그렇다면 마음의 눈은 어떻게 가동할 수 있는 걸까요?

그것은 신묘한 기술도 아니고 특별한 재능도 아닙니다. 다만 무언가를 볼 때 표면에 드러나 있는 것보다 그 이면에 숨어 있는 것을 보려고 애쓰면 됩니다. 이때 도움이 되는 것이 바로 경험입니다. 그간의 여러 가지 경험을 바탕으로 이면에 숨어 있는 것들을 상상하다 보면 보이지 않는 것을 보게 됩니다.

〈토이스토리〉의 경우, 표면에 드러나 있는 것은 장난감 통 안에 뒤엉켜 있는 장난감들입니다. 그러나 작가는 그 엉킨 모습 속에서 주인의 사랑을 독차지하기 위해 싸우고 질투하는 모습을 상상했습니다. 그것은 아마도 작가가 질투에 몸을 떨어 본 경험이 있었기 때문에 가능한 일이었을 겁니다. 그 경험 덕분에 〈토이스토리〉는 세상에 나올 수 있었고 그 후 픽사가 만든 수많은 3D 컴퓨터 애니메이션 걸작들을 우리가 만날 수 있게 된 것입니다.

상상력을 키우기 위해서는 먼저 경험의 폭과 깊이를 늘리는 것이 필요합니다.

---

16 천현숙(2010), 《광고 글쓰기 아이디어 73》, 나남.

반지하 냄새_〈기생충〉

제 92회 아카데미 시상식에서는 역사적인 사건이 일어났습니다. 영어가 아닌 외국어로 만든 영화가 92년 역사상 처음으로 '최우수 작품상'을 탄 것입니다. 바로 대한민국 봉준호 감독의 〈기생충〉.

아카데미상은 아카데미 회원들이 뽑습니다. 회원 총수는 약 8천여 명. 이 많은 사람들의 선택을 받으려면 모두가 공감할 수 있는 요소가 있어야 합니다. 〈기생충〉의 어떤 요소가 그 많은 사람들의 마음을 한 방향으로 움직였을까요? 봉준호 감독의 유명한 별명이 바로 '봉테일'입니다. 디테일이라는 면에서 〈기생충〉은 단연 돋보였습니다.

다솜은 아줌마와 기사님, 제시카 선생님에게서 같은 냄새가 난다고 말합니다. 이 말에 당황한 기택 가족이 '빨래비누를 다 다른 걸 써야 하나?' 하고 고민할 때 기정은 말합니다. "이건 반지하 냄새야!" 살아 본 사람은 압니다. 그 냄새가 무엇인지. 지하실 습기로 인한 곰팡이가 풍기는 냄새. 이불에, 옷에, 심지어 몸에도 속속들이 스미는 냄새. 빨래비누로는 도저히 없앨 수 없는 냄새.

영화는 학력을 조작하고, 영어 이름을 사용하고, 옷을 말끔하게 차려 입어도 바꿀 수 없는 존재의 본질을 냄새라는 디테일을 이용해 날카롭게 표현합니다. 기택이 박 사장을 죽인 것도 근세 몸 밑에 깔린 열쇠를 들어 올리다 이 냄새 때문에 얼굴을 찌푸리는 것을 보고 분노했기 때문입니다. 존재의 본질이 달라도 함께 잘 살 수 있을 거라는 희망이 거부당했기 때문이죠.

한편 이웃의 와이파이를 잡기 위해 기우와 기정 남매는 날마다 휴대폰 든 손을 되도록 높은 곳으로 뻗으려 애씁니다. 그런데 그 높은 곳에 떡하니 버티고 있는 것은 바

봉준호 감독의 〈기생충〉.
경험을 통한 디테일한 묘사로
아카데미상을 거머쥐었다.

로 변기! 이 역시 살아 본 사람은 압니다. 왜 가장 높은 곳에 하필 변기가 있는지. 당해 보지 않으면 모릅니다. 변기가 역류해 물을 뿜으면 얼마나 경악스러운 일이 일어나는지. 그래서 변기는 제일 높은 곳에 있어야 한다는 걸.

부유한 박 사장의 집에서는 어디 있는지 모르게 숨겨져 있는 변기. 그러나 가난한 기택의 반지하 집에서는 가장 높은 곳에 드러나 있는 변기. 영화는 공생하는 듯 보이지만 엄연히 존재하는 두 계급 간의 차이를 변기라는 디테일을 이용해 날카롭게 표현합니다.

아카데미를 사로잡은 봉준호의 디테일은 과연 어디에서 나올까요? 사실 이런 디테일은 경험하지 않고는 알 수 없는 것들입니다. 봉준호 감독은 '천재형'이 아니라 집요하게 파고드는 '강박형', '체험형'이라고 합니다. 영화 〈마더〉를 촬영할 때는 동네에 살면서 지도를 그릴 수 있을 정도로 그 동네를 완벽하게 분석했다고 합니다. 자신의 경험을 놓치지 않고 영화에 활용하는 것이죠.

5) 관찰

경험을 늘리기 위해서는 세상 밖으로 나가 새로운 것들을 많이 만나는 것도 물론 중요합니다. 그러나 그보다 더 중요한 것은 가까운 곳에 있는 것들을 제대로 관찰하는 것입니다.

단순히 보는 것과 관찰觀察은 엄연히 다릅니다. '관觀'은 '보다'의 의미지만 '찰察'은 '살펴서 알다', '자세하게 생각하다'의 의미입니다. '察'은 'ㅅ'과 '祭'가 결합한 회의문자會意文字입니다. 'ㅅ'은 집, '祭'는 제단 위에 고기를 얹은 모습에서 비롯된 것으로 제사를 뜻합니다. 즉, 집에서 제사라는 큰일을 치르기에 앞서 부족한 것이 없는지 세심하게 살핀다는 의미입니다.

따라서 관찰은 겉으로 드러난 것만 보는 것이 아니라 드러나지 않은 것까지 자세하게 살피는 것을 말합니다. 앞서 말한 보이지 않는 것을 볼 수 있는 상상력과 맥을 같이합니다.

Case Study

자연이 만든 곡선_안토니 가우디

오늘날 우리가 가우디의 아름다운 곡선을 감상할 수 있는 것은 전적으로 가우디의 관찰력 덕분입니다.

그는 지팡이를 짚고 있는 노인의 모습을 보면서 몸을 편안하게 받쳐 주기 위해서 자신도 모르게 비스듬히 기대고 있다는 것을 관찰했습니다. 그는 자연에 존재하는 모든 것들은 중력重力의 요구에 따라 적당히 기울어져야 한다는 사실을 발견했습니다.

그는 또한 나무를 보면서 가지가 달고 있는 잎의 양과 무게에 따라 가지의 기울어

짐이 모두 다르다는 것을 관찰했습니다. 그는 물체마다 적당한 기울기가 따로 있다는 사실을 발견했습니다.

그래서 그는 건축물을 지을 때도 적당히 기울어진 구조를 채택했습니다. 가우디의 유명한 '현수선縣垂線, catenary'**17** 법이 바로 각 구조체에 맞는 적당한 기울기를 찾기 위해 그가 사용한 방법입니다. 거꾸로 매달린 사슬이 만들어 낸 아치arch가 바로 적당한 기울기입니다. 이 기울기 덕분에 우리는 그의 건축물에서만 볼 수 있는 '자연이 만든 곡선'을 볼 수 있게 되었습니다.

그가 카탈루냐 대부호 에우세비 구엘로부터 구엘 성당Colonia Güell Church의 건축을 부탁받은 뒤 10년 동안 단 한 개의 돌도 올리지 않고 구조체 연구에만 몰두한 일은 너무도 유명한 일화입니다. 구엘 성당의 기울어진 나무 기둥, 구엘 공원의 기울어진 돌기둥은 모두 그렇게 탄생된 것입니다. 특히 구엘 저택Palau Güell은 입구에서부터 지붕 위까지 가우디만의 곡선이 마음껏 발휘되어 있습니다. 3개의 층을 뚫어 만든 중앙 거실은 그 결정판입니다. 이 저택은 1984년 유네스코 세계문화유산으로 등재됩니다.

가우디는 이렇게 말했습니다. "인간은 창조하지 않는다. 단지 발견할 뿐이다. 독창적이라는 말은 창조주가 만들어 낸 자연의 근원으로 돌아가는 것을 말한다."

---

17 쌍곡선 코사인 함수 $y = a \cosh x/a = a(e^{x/a} + e^{-x/a})/2$의 그래프로 나타낼 수 있는 곡선. 밀도가 균일한 실의 양끝을 지탱하여 중력장에 매달 때의 실은 이 곡선의 형상이 된다.

루돌프 썰매가 된 벤치_뱅크시

노숙인과 산타, 무슨 관련이 있을까요?

크리스마스를 앞둔 어느 날, 영국 버밍엄Birmingham 주얼리 쿼터Jewellery Quarter 지역의 차디찬 벤치 위에 노숙인 라이언Ryan이 앉아 있습니다. 그는 술을 두어 모금 마신 뒤 벤치 위에 짐을 베개 삼아 눕습니다.

순간 그가 누운 벤치는 루돌프가 끄는 썰매로 변신합니다. 그의 짐들은 썰매에 가득 실은 선물 꾸러미들처럼 보입니다. 그는 썰매를 타고 하늘을 나는 산타클로스가 됩니다. 라이언이 누운 벤치 뒤쪽 벽돌담에 누군가 하늘을 향해 달려 오르는 두 마리 루돌프 사슴을 그려 놓았기 때문입니다.

이 그림은 영국의 '얼굴 없는 예술가' 뱅크시Banksy의 작품입니다. 그는 자신의 정체를 숨긴 채 파격적이고 독창적인 거리 예술을 선보이는 작가입니다. 그는 스스로를 '예술 테러리스트terrorist'라 부릅니다. 그의 작품에는 권력과 자본에 대한 날선 비판이 담겨 있기 때문입니다. 노숙자의 벤치를 산타클로스의 썰매로 치환한 이 그림 역시 도시의 빛과 어둠에 대한 뱅크시의 비판이 담긴 작품입니다.

뱅크시는 이 그림을 영상으로 촬영해 자신의 인스타그램Instagram 페이지에 올렸습니다. 쌩쌩 지나가는 자동차들 사이로 보이는 라이언의 모습은 많은 사람들의 가슴에 긴 여운을 남겼습니다. 순식간에 조회 수는 340만을 넘었습니다. 어떤 이들은 이 벤치를 직접 찾아왔습니다. 누군가 루돌프의 코를 빨갛게 칠해 놓기도 했습니다. 버밍엄 주민들과 당국은 공동체의 일단 一端을 보여 준 이 그림을 영구히 보존하기로 뜻을 모았습니다.

벤치를 썰매로 표현할 수 있었던 것은 뱅크시가 노숙인 라이언과 그의 벤치를 눈

뱅크시가 영국 버밍엄에 남긴 작품. 노숙자의 벤치는 산타클로스의 썰매가 되었다.

여겨 관찰한 덕분입니다. 라이언이 벤치 가득한 짐 꾸러미들 속에 누운 모습이 마치 썰매 가득히 선물을 싣고 하늘로 달리는 산타의 모습처럼 보인다는 것을 놓치지 않은 것이지요. 보이지 않는 것까지 보는 그의 관찰이 없었다면 라이언의 벤치는 그저 차고 쓸쓸한 벤치로 남았을 것입니다.

02

경험하게 만들기

존 로크John Locke에 따르면 인간은 모든 사유와 지식의 재료를 경험에서 얻습니다.[18] 라 메트리La Mettrie는 인간을 가리켜 경험을 쌓는 기계라고까지 했습니다. 이처럼 경험은 모든 사람들에게 중요하고 흥미로운 관심사입니다.

경험이란 직접 보거나 행동함으로써 얻어진 결과를 말합니다. 예컨대 어린 아이가 불에 손을 대는 것 자체는 경험이 아닙니다. 그 결과로 얻어진 고통이 바로 경험입니다.[19]

삼성동 코엑스몰Coex Mall의 핫 스팟Hot spot 중 하나가 바로 별마당 도서관입니다. 왜 그토록 인기일까요? 별마당 도서관이 인기를 얻을 수 있었던 것은 5만 권의 장서가 꽂힌 13미터 복층 서재가 있어서가 아닙니다. 그 결과로 도심 속 망중한忙中閑을 즐기는 경험을 할 수 있기 때문입니다. 고급 지적 문화를 향유하는 경험을 할 수 있기 때문입니다.

이처럼 도서관은 더 이상 책을 꽂아 놓은 곳이어서는 안 됩니다. 마찬가지로 쇼핑몰은 더 이상 제품을 구매하는 곳이어서는 안 됩니다. 그 결과로 나의 취향과 개

---

18 Yolton, J. W. (1961), *An Essay concerning Human Understanding*, New York.

19 서울대 교육연구소(1995), 《교육학용어사전》.

성을 만나고 경험할 수 있는 곳이어야 합니다. 편의점도 더 이상 온갖 물건을 진열해 놓은 곳이어서는 안 됩니다. 그 결과로 언제나 나를 맞아 주고 내가 필요한 것을 해결해 주는 본가本家 같은 안온함, 익숙함을 경험할 수 있는 곳이어야 합니다.

Case Study

바지 안 입고 지하철 타기_임프루브 에브리웨어

사는 게 재미없다고들 합니다. 세상이 너무 팍팍해졌다고들 합니다. 웃을 일이 별로 없다고들 합니다. 만일 살다가 이런 일을 만나도 그럴까요?

지하철역 에스컬레이터를 타고 올라가는데 반대편에서 내려오는 사람들이 모두 하이파이브를 해줍니다. 지하철 플랫폼에 들어섰는데 사방에 목욕 타월만 걸친 사람들이 느긋하게 스파spa를 즐기고 있습니다. 지하철을 탔는데 바지를 안 입고 팬티만 입은 남녀가 아무렇지도 않게 대화를 나누고 있습니다. 책도 봅니다. 지하철을 타고 가는데 갑자기 요리사가 공짜로 피자와 음료를 나눠 줍니다.

공원에 갔는데 거대한 스위치가 있어 올려 봤더니 공원 전체에 아름다운 홀리데이 라이트가 반짝반짝 빛납니다. 멀리 보이는 쇼핑몰 쇼윈도에서 여러 사람이 동시에 춤을 추고 팔 벌려 뛰기를 합니다. 바닷가에 갔는데 턱시도를 차려입은 사람들이 수영을 즐기고 있습니다.

바로 뉴욕에 본부를 둔 임프루브 에브리웨어ImprovEverywhere라는 단체가 벌이는 깜짝 이벤트들입니다. 이 단체는 공공장소에서 재미있는 상황을 연출함으로써 일상의 지루함을 깨고 혼돈chaos과 즐거움을 만드는 것이 목적입니다. 2001년부터 100개의 '웃기는' 미션을 하나하나 수행해 가고 있습니다. 뉴욕뿐만 아니라 런던, 마드리드, 밀라노, 토론토 등 24개국 50개 도시에서 이런 즐거움을 만날 수 있습니다.

이들의 이벤트를 보면서 사람들은 무엇을 느낄까요? 일상의 고단함을 잠시 잊고 한바탕 웃으면서 세상은 그래도 살 만하다고 느끼지 않을까요? 각박한 세상이지만 아직 좋은 사람들이 더 많다는 따뜻한 위로를 경험하지 않을까요?

Case Study

20년간 시청률 1위_⟨오프라 윈프리 쇼⟩

아무리 저명한 인사도, 인기스타도 여기에만 나오면 약해집니다. 속에 있는 얘기를 다 꺼내 놓습니다. 비밀도 다 털어놓습니다. 거짓말을 못합니다. 어디일까요?

바로 ⟨오프라 윈프리 쇼*Oprah Winfrey Show*⟩입니다. 오프라 윈프리가 진행하는 CBS 토크쇼talk show죠. 버락 오바마Barack Obama, 빌 클린턴Bill Clinton, 마이클 잭슨Michael Jackson, 엘튼 존Elton John, 휘트니 휴스턴Whitney Houston, 조니 뎁Johnny Depp, 톰 크루즈Tom Cruise, 샤론 스톤Sharon Stone, 마이클 조던Michael Jordan 등 기라성 같은 인물들이 ⟨오프라 윈프리 쇼⟩에 나와 그동안 우리가 몰랐던 충격적인 얘기를 스스로 털어놓았습니다. 그들은 왜 그랬을까요?

오프라 윈프리가 자신의 이름을 내건 토크쇼를 진행한 지 얼마 되지 않아서입니다. 한 출연자가 자신의 근친상간 학대 경험을 털어놓는 순간 진행자인 오프라 윈프리가 갑자기 눈물을 터뜨리며 뜻밖의 고백을 합니다. 자신도 아홉 살 때 사촌 오빠에게 성폭행을 당했다고. 자신은 사생아로 태어나 엄마에게 버림을 받았다고⋯. 여자라면 누구나 숨기고 싶었을 가슴 아픈 비밀을 진행자인 자신이 먼저 솔직하게 털어놓은 것입니다.

이후 쇼 출연자들은 자신들의 마음속에 있는 이야기를 솔직하게 털어놓을 수 있게 되었습니다. 서로 숨길 게 없는 편안함을 경험할 수 있기 때문이죠. 출연자와 진행자는 편안하고 진솔한 분위기 속에서 진정성 있는 대화를 나눌 수 있게 되었습니다. 린제이 로한Lindsay Lohan도 이 쇼에 나와서 그녀를 둘러싼 '파티걸party girl'[20] 소문에 대해서 스스럼없이 이야기를 주고받았습니다.

이러한 진정성과 편안함 덕분에 이 쇼는 20년 넘게 미국 주간 TV 토크쇼 시청률 1위 자리를 굳건하게 지킬 수 있었습니다. 미국 내 시청자 수 2,200만 명, 참가자 수 3만 명, 방영 국가 150개국, 한 해 수익 약 2억 6천만 달러. 그야말로 방송의 역사를 다시 쓸 수 있었습니다.

---

1) 보편적 감성

경험은 단순히 개인적이고 일시적인 경험이 아니라 보편적 감성의 경험이 좋습니다. 보편적이란 두루 널리 미치는 것, 모든 것에 공통되거나 들어맞는 것을 말합니다.[21] 따라서 보편적인 감성이란 사랑, 우정, 자유, 이해, 휴머니즘, 배려, 꿈, 보호본능, 향수 등 누구나 공감할 수 있는 감성을 말합니다.

예컨대, 앞에서 말한 편의점에서 경험할 수 있는 '본가 같은 안온함과 익숙함'은 어느 개인의 특별한 감성이나 취향이 아니라 가족의 정을 그리워하는 현대인들의 보편적인 감성입니다.

---

20 파티에 찾아다니며 놀기만 좋아하는 여자.
21 국립국어원, 《표준국어대사전》, stdict. korean. go. kr.

연탄을 저축합니다_**연탄은행**

은행은 은행인데 돈을 다루지 않는 은행이 있습니다. 바로 '연탄은행'. 2002년 영세한 홀몸노인, 쪽방 생활자들이 겨울을 따뜻하게 날 수 있도록 연탄을 지원하기 위해 설립한 복지재단입니다.

연탄은행에는 돈 대신 연탄을 저축합니다. 연탄은행의 잔고는 전국의 기부자들이 채워 줍니다. 배달 역시 전국의 자원봉사자들이 해줍니다. 개인 단위로 정기적인 연탄 배달 봉사를 하기도 하고 모임, 기관, 기업 단위로 단체 봉사를 하기도 합니다. 배달이 끝난 후에는 소액 기부로 잔고를 다시 채우기도 합니다. 일례로 롯데카드는 매년 창립기념일에 연탄 기부 및 배달 봉사를 합니다. 임직원과 회원들이 직접 팔을 걷어붙이고 홀몸노인과 저소득층 가정에 연탄을 배달합니다.

해마다 연말이 되면 매스컴을 통해 달동네 꼭대기까지 연탄 지게를 지고 연탄을 나르는 자원봉사자들의 모습을 지켜볼 수 있습니다. 손에서 손으로 연탄을 전달하는 남녀노소 봉사자들의 아름다운 미소를 볼 수 있습니다. 연탄 검댕이 잔뜩 묻은 모습으로 환한 미소를 짓는 봉사자들의 모습은 우리 모두의 가슴 속에 있는 이웃 사랑이라는 보편적 감성을 자극하기에 충분합니다.

연탄 1장의 무게는 얼마나 될까요? 생각보다 무거워 놀라는 사람들이 많습니다. 바로 3.65킬로그램. 우리 몸의 체온은 36.5도. 연탄이 따뜻한 이유입니다.

I stand up for ⬚ _MLB

메이저리그Major League 올스타전이 열린 마이애미Miami 말린스 파크Marlins Park. 5회 말 경기가 끝난 후 잠시 경기가 중단됩니다.

메이저리그 월드시리즈World Series 22가 열리는 로스앤젤레스 다저스타디움Dodger Stadium. 역시 7회 초가 끝난 후 갑자기 경기가 중단됩니다.

선수, 심판, 감독, 관중이 일제히 자리에서 일어나 각자 피켓을 들어 보입니다. 피켓에 적힌 문구는 "I stand up for ⬚". 빈칸에는 각기 다른 이름들이 손글씨로 적혀 있습니다. 무슨 이름들일까요?

MLBMajor League Baseball는 2008년부터 ABC, FOX, NBC, CBC 등 공중파 방송국과 함께 'SU2CStand Up To Cancer 캠페인'을 진행하고 있습니다. '암에 맞서다'라는 뜻이죠. 'stand up'은 '맞서다'라는 뜻과 '일어서다'라는 뜻을 모두 포함한 중의重意적 표현입니다. 캠페인을 통해 후원금을 모아서 암 환자 치료와 암 연구에 투자합니다.

피켓에 적힌 이름들은 바로 현재 암 투병 중인 주변 지인들의 이름입니다. Brian, Mike, Sophia, Isabella…. 듣기만 해도 얼굴이 그려지는 낯익은 이름들입니다. NIH, NCI…. 암을 연구하는 단체의 이름도 있습니다. 'Loved ones', 'Kids in the right'…. 지지와 응원의 글도 있습니다. 전 세계 수백만의 팬들에게 생중계된 이 장면은 150년 역사를 가진 메이저리그의 위엄을 잘 드러낸다는 평가를 받습니다.

사실 메이저리그는 NBANational Basketball Association 등 타 프로 스포츠 리그에 비해 정적인 경기 진행, 긴 경기 시간 등의 요인으로 인해 젊은 팬들의 외면을 받는 중입니

---

22 아메리칸리그 우승팀과 내셔널리그 우승팀이 겨뤄 메이저리그 전체 챔피언을 결정하는 시리즈.

메이저리그 월드시리즈 도중
"I stand up for ☐"라는
피켓을 들어 보이는
보스턴 레드삭스 선수들.

다. 그러나 이 캠페인과 함께 미국 국내는 물론 세계 야구팬들에게 깊은 인상과 감동을 심어 주었습니다. 어려움을 겪는 이웃을 돕고 배려한다는 인간의 보편적 감성을 자극하는 데 성공한 것이죠.

Case Study

빼빼로 데이_빼빼로

보편적 감성을 공략한 콘텐츠 하나로 '국가적인' 기념일의 주인공이 된 사례가 있습니다. 바로 '빼빼로 데이'입니다.

빼빼로 데이는 원래 영남 지역 일부 여중생들이 '빼빼하게 마르라'는 의미로 과자 빼빼로를 친구와 주고받던 날이었습니다. 숫자 중에서 가장 마른 것이 1이므로 1이 겹친 11월 11일을 빼빼로 데이로 삼은 것이죠.

여기에서 아이디어를 얻어 롯데제과는 '빼빼로로 우정과 사랑의 마음을 전달하자'라는 새로운 콘셉을 만들어 이를 마케팅에 적극 활용했습니다. 다이어트라는 또래 여학생들의 감성에서 우정과 사랑이라는 좀더 보편적인 감성으로 확대한 것이죠.

보편적인 감성은 보편적인 호응을 얻어 냈습니다. 빼빼로 데이는 일부 여중생들을 넘어서 전국의 수많은 청춘남녀가 참여하는 국가적인 기념일로 발돋움하게 되었습니다. 해마다 11월 11일이 가까워 오면 전국의 슈퍼마켓과 편의점에는 빼빼로 특판대가 따로 설치됩니다. 연인들의 마음을 사로잡는 새롭고 화려한 포장의 빼빼로가 그득히 쌓여 있습니다.

이후 롯데제과는 '우정과 사랑'을 '정情과 배려'로 더 확대했습니다. 친구나 이성에 대한 사랑뿐만 아니라 이웃과 가족에 대한 사랑까지 포함한 것입니다. 더 보편적인 감성을 공략한 것이죠. 이 전략은 성공했습니다. 이제 빼빼로 데이는 전 국민의 기념일이 되었습니다. 친구, 애인뿐만 아니라 가족, 회사 동료, 이웃, 경비 아저씨에게까지 빼빼로를 주는 날이 되었습니다. 빼빼로 데이의 매출은 매년 수백억 원. 한 해 장사를 그날 다 한다는 말이 있을 정도로 대성공을 거두었습니다.

보편적 감성의 한 구체적 예로 노스탤지어nostalgia가 있습니다. 노스탤지어란 과거의 시간과 공간을 상상하고 그리워하는 것을 말합니다. 지나간 것은 모두 그립다는 말이 있을 정도로 인간에게는 보편적인 감성입니다. 향수병鄕愁病, homesickness **23**이란 말이 있을 정도로 영향력이 큰 감성이기도 합니다.

부산 광안리 해변에 가면 부산 사투리로 된 간판이 가득 걸린 건물이 있습니다. 바로 수영구 문화센터입니다. "우야꼬"(어떻게 하지), "요가 그가?"(여기가 거기야?), "단디 해라"(똑바로 해라) … . 따로 해석해 주지 않으면 알아듣기도 힘든 구수

---

23 집에서 멀리 떠나 있는 것을 이유로 생기는 괴로움. 노스탤지어를 병에 견주어 일컫는 말.

한 사투리는 여행객들에게 고향에 대한 노스탤지어를 자극합니다. 꼭 자신의 고향 사투리가 아니라 하더라도 사투리 자체가 고향을 떠올리게 합니다. 그래서 사투리가 있는 곳은 더 이상 낯선 여행지가 아니라 푸근한 고향이 됩니다. 내 고향에 온 것 같은 편안함을 경험하게 하는 것이죠. 사투리로 인한 노스탤지어의 경험은 부산에 다시 방문해야 하는 이성적 이유가 아니라 감성적 원인을 제공합니다. 앞의 헌혈 팩 사례에서도 언급했듯이 설득에는 이성보다 감성이 더 효과적입니다.

Case Study

사라질 뻔한 마을을 되살리다_**동피랑 벽화마을**

통영을 여행하는 사람이라면 꼭 방문하는 마을이 있습니다. 바로 동피랑. 마을이 언덕 꼭대기에 앉아 있어 올라가려면 구불구불한 오르막과 벼랑을 감내해야 하지만 방문객들의 발길이 끊이지 않습니다.

거기를 기어코 올라가는 이유가 뭘까요? 사람이 있고 사람 사는 집이 있기 때문입니다. 추억 속의 사람과 추억 속의 집 말이죠. 좁은 골목을 사이에 두고 앞집과 이마를 마주대고 서 있는 집. 옆집과 비스듬히 어깨를 기대고 겨우 서 있는 집. 어린 시절을 떠올리는 이런 집들이 그곳에 있습니다.

이곳은 원래 도시계획으로 철거가 예정되었던 마을입니다. 워낙 낙후되고 안전상에도 문제가 있었기 때문입니다. 주민들은 오랜 터전을 버리고 새 보금자리를 찾아 떠나야만 했습니다. 그러나 동피랑 주민들은 그럴 형편도, 그럴 생각도 없었습니다. 시간의 흔적을 고스란히 담고 있는 집을 버릴 수가 없었던 것입니다. 골목마다 켜켜이 쌓인 추억을 등질 수가 없었던 것입니다.

그렇게 머뭇거리는 주민들을 위해 시민단체가 나섰습니다. '동피랑 벽화 그리기

아름다운 벽화와 함께 노스탤지어를 경험하는 곳. 동피랑 벽화 마을.

공모전'을 열었습니다. 대학생 등 총 18개 팀이 참여했습니다. 그들은 다 함께 힘을 모아 아름다운 벽화 마을을 만드는 프로젝트를 진행했습니다. 야트막한 담장 아래엔 알록달록 그림 꽃이 피어났습니다. 낡은 창문 아래에는 한 쌍의 그림 사슴들이 뛰어 놉니다. 오래된 쓰레기통 옆에는 예쁜 그림 자전거가 세워져 있습니다.

아름다워진 것은 집과 담장만이 아니었습니다. 아름다운 벽화와 함께 마을에는 웃음꽃이 피어올랐습니다. 골목에는 생기가 돌기 시작했습니다. 물론 철거계획은 취소되었습니다.

이곳을 방문한 사람들은 좁은 골목 구석구석에 서려 있는 어린 시절 추억을 만날 수 있습니다. 낡은 모퉁이를 돌다가 잃어버렸던 동심과 마주칠 수 있습니다. 가슴 설레는 노스탤지어를 경험하기 위해 사람들은 오늘도 동피랑 가파른 언덕길을 오릅니다.

그 시절 그 사람들_〈응답하라 1988〉

18.8%라는 케이블TV 역대급 시청률을 기록하며 최고의 인기를 누린 드라마가 있습니다. 바로 〈응답하라 1988〉. 인기의 비결은 1980년대에 대한 노스탤지어를 자극한 것. 그 시절을 경험한 시니어 세대에게는 과거에 대한 향수를, 그 시절을 살아 보지 않은 주니어 세대에게는 그 시절에 대한 호기심을 자극하는 데 성공했습니다.

좁은 골목길을 사이에 두고 다닥다닥 붙어 있는 단층집들, 집집마다 문밖에 만들어 놓은 콘크리트 쓰레기통, 그 옆에 쌓인 연탄재, 거실 한가운데 놓인 다이얼dial 식 집전화, 성냥으로 불을 붙이는 석유곤로 …. 추억 속 익숙한 풍경들입니다.

종이학 1천 마리, VHS 비디오테이프, 캠코더, 오락실, 풍선껌에 들어 있던 미니 만화책 …. 그 시절을 호출하는 단서들입니다.

현대자동차 첫 모델 '포니', 담배 '88라이트'와 '솔', 브라운관 TV '골드스타', 카세트 '마이마이', '크라운맥주', 잡지 〈여학생〉, '비락우유', 밑위가 긴 청바지 '뱅뱅' …. 향수를 불러일으키는 올드 브랜드들입니다.

아모레 방판 아줌마, "계란이 왔어요"를 외치는 계란 장수 아저씨, 〈장학퀴즈〉의 차인태, '별밤지기' 이문세, '가나초콜릿' 광고의 이미연 …. 기억 속에 살아 있는 정겨운 얼굴들입니다.

장면마다 등장하는 추억의 풍경들과 반가운 물건들은 우리를 단박에 30년 전으로 호출합니다. 우리의 시계를 1980년대로 되돌립니다. 보는 동안만은 그 시절 그리운 추억 속에 풍~덩 빠질 수 있습니다.

그 시절을 모르는 10~20대에게는 생전 처음 보는 이런 것들이 신기한 볼거리입니다. 포털 검색 1순위를 한동안 독점했습니다. '뉴트로newtro'라는 새로운 유행을 낳기도 했습니다. 뉴트로란 '새로운new'과 '복고retro'를 합친 신조어입니다. 복고가 과거를 그리워하면서 향수를 느끼는 것이라면 뉴트로는 신제품과 마찬가지로 복고를 새롭게 즐기는 것입니다.

무엇보다 큰 인기 비결은 '그 시절 그 사람들'입니다. 너도나도 먹고살기 힘들었던 시절, 어려움과 고단함 속에서도 서로 가족처럼 보듬으며 오순도순 살아가는 순박한 이웃들. 그들의 모습과 이야기는 각박한 현실을 살아 내야 하는 현대인들에게 큰 위안을 주었습니다.

---

2) 진정성

보편적 감성을 경험할 때 공감의 폭은 더욱 커집니다. 공감이 커지면 컨텐츠에서 느껴지는 진정성 또한 커집니다.

진정성 있는 커뮤니케이션은 메시지와 그것을 받아들이는 사람 사이에 마음으로 맺어지는 관계를 만듭니다. 컨텐츠의 전달력이 클 수밖에 없겠죠. 아리스토텔레스Aristoteles가 말한 수사학의 파토스pathos 24와 같은 효과입니다.

---

24 설득의 3가지 요소인 로고스(logos), 에토스(ethos), 파토스(pathos) 중 하나. 로고스는 논리적 호소, 에토스는 특정인에 대한 호소, 파토스는 감정적 호소를 말한다.

위로 요정_**본죽**

《아프니까 청춘이다》. 서울대 학생들이 뽑은 최고의 멘토mentor 25 김난도 교수가 미래에 대한 불안감으로 힘들어하는 젊은이들에게 보내는 따뜻한 위로와 격려의 편지를 묶은 책입니다. 《미움받을 용기嫌われる勇氣》. 아들러Adler 심리학26에 기반해 기시미 이치로岸見一郎가 다른 사람들과의 관계 때문에 전전긍긍하는 청년들에게 자유로워질 용기, 행복해질 용기, 사랑할 용기를 불어넣어 주는 책입니다.

모두 현대사회를 살아가는 우리에게 위로를 전하고 용기를 북돋워 주는 내용입니다. 이러한 책들이 공전의 히트를 기록했다는 것은 우리 사회에서 위로의 역할과 중요성이 그만큼 커졌다는 사실을 방증합니다. 변화와 경쟁, 소외에 지친 현대인들은 누구에겐가 위로를 받고 싶어 합니다. 상황을 해결해 주기를 바란다기보다 그저 자신을 이해하고 공감해 주기를 바라는 것이죠.

위로는 타인으로부터 받을 수도 있지만 자신이 스스로를 위로하는 수도 있습니다. 요즘 각광을 받는 '힐링 푸드healing food'는 바로 자신이 좋아하는 음식을 통해 자신을 위로하는 것이죠.

본죽은 '오늘을 위로해'라는 슬로건 아래 위로 캠페인을 진행했습니다. 몸을 회복시키는 환자 치유식治癒食에서 벗어나 마음을 회복시키는 '일상 치유식'을 제안했습니

---

25 현명하고 신뢰할 수 있는 상담 상대, 지도자, 스승, 선생. 그리스 신화에 나오는 오디세우스의 친구 멘토르(Mentor)에서 유래.

26 오스트리아의 정신의학자 알프레드 아들러가 창시한 심리학. 개개인의 특성에 초점을 맞춘 심리학이다. 인간 행동의 원인보다 행동의 목적을 강조했으며 인간은 열등감을 극복하여 자기완성을 이뤄야 함을 강조하였다.

다. 따뜻한 죽 한 그릇이 마음의 위로가 되게 한다는 것입니다. 《영혼을 위한 닭고기 수프*Chicken Soup for the Soul*》**27**와 같은 것이죠. 이 책의 부제도 바로 '따뜻함이 필요한 날' 입니다.

아침을 거르고 출근하는 직장인들을 위해 출근시간대 오피스타운에 '위로해죽' 차車를 배치했습니다. '위로 요정' 캐릭터가 새겨진 굿즈goods가 든 '위로 박스'를 선물하기도 했습니다. 박스 안에는 인기 일러스트레이터 설찌가 디자인한 위로 요정이 새겨진 컵, 스티커, 일회용 반창고가 들어 있습니다. 반창고에는 '상처에 바르는 위로 반창고'라는 메시지도 담았습니다. 위로 박스는 자신 혹은 주변 사람들을 위한 위로 메시지를 작성해 온·오프라인으로 응모한 사람에게 선물합니다. 이 위로 박스 이벤트는 3주 만에 1천 명이 응모하는 뜨거운 호응을 얻었습니다.

Case Study

서바이벌 공개 오디션_〈슈퍼스타 K〉

에피소드 1: 지상파TV도 아닌 케이블TV의 한 프로그램 공식 시청률 무려 18%. 모바일 투표에 참여한 사람 무려 150만 명.
에피소드 2: 역시 케이블TV의 한 프로그램에 참가 신청을 한 사람 무려 135만 명.

바로 최초의 서바이벌survival 공개 오디션 프로그램**28** 〈슈퍼스타 K〉의 이야기입니

---

27 카운슬러인 잭 캔필드와 작가인 마크 빅터 한센이 쓴 책으로 사랑, 인생, 배움, 가족을 주제로 따뜻함을 전하는 책이다.

다. 〈슈퍼스타 K〉는 수많은 기록을 남기며 단순한 방송 프로그램이 아니라 이 시대 하나의 현상으로 자리매김했습니다.

과연 신인가수의 탄생을 보기 위해 혹은 그들의 노래를 듣기 위해 그 많은 시청자들이 이 프로그램을 시청했을까요? 과연 그 많은 신청자들은 자신이 우승상금과 앨범 출시 기회를 잡을 수 있을 거라고 생각해 이 프로그램에 참가 신청을 했을까요?

이 프로그램은 단순히 신인가수 선발 프로그램이 아닙니다. 말 그대로 '서바이벌 프로그램'입니다. 노래 실력만을 뽐내는 것이 아닙니다. 3주간 합숙을 하면서 독특한 미션을 수행합니다. 이 과정을 심사위원과 시청자들이 함께 지켜봅니다. 평가는 심사위원 30%, 시청자 70%. 결국 시청자들이 최종 승자를 가립니다.

시청자들은 참가자들이 꿈을 향해 한 발짝 한 발짝 나아가는 감동적인 모습을 경험합니다. 돌아가신 아버지와의 약속을 지키기 위해 노래를 부른다는 참가자에게 큰 응원을 보내기도 합니다. 가진 것은 없지만 열정만은 충만한 참가자들을 보며 자신을 투영하는 경험도 합니다. 노래 부르기를 좋아하는 중졸의 환풍기 수리공이 최종 승자가 되었을 때 시청자들이 보낸 뜨거운 박수는 그를 향한 것이기도 하지만 자신을 향한 것이기도 합니다.

합숙 형태로 진행되는 선발 과정을 통해 중간 탈락자와 생존자들은 승패와 관계없이 순수한 우정을 경험할 수 있었습니다. 시청자들은 최종 승자가 중도에 탈락한 참가자의 손을 꼭 잡고 눈물 흘리는 것을 지켜보며 깊은 공감과 함께 진정성을 느낄 수 있었습니다.

---

28 출연자들에게 주어진 미션 수행 결과에 따라 해당 프로그램에서 하차, 탈락하는 형식이 큰 틀이 되는 공개 오디션 프로그램.

03

가치 더하기

인간은 본질적으로 대상에 인간적인 의미를 부여하고 관계를 설정하는 가치 지향적 속성을 가지고 있습니다. 프리드리히 니체Friedrich Nietzsche는 "인간은 가치를 창조하는 존재이자 가치를 평가하는 존재"라고 갈파했습니다. 29 이처럼 가치는 인간에게 본질적이고 흥미로운 관심사입니다.

가치란 어떤 대상이 인간과의 관계에서 지니는 의미나 중요성을 말합니다. 30 인간이 만든 모든 창작물은 감각적 대상의 재현再現이 아니면 가치의 표현입니다. 즉, 창작물에는 작가의 사상이나 가치관, 관심사, 사회적 관계, 세계관 등이 반영됩니다.

예컨대 가슴, 배, 엉덩이, 무릎이 유난히 부풀어 오른 〈빌렌도르프의 비너스 Venus of Willendorf〉는 오늘날 우리 눈에는 기형적으로 보이지만 여기에는 구석기 시대 여성에 대한 가치관이 담겨 있습니다. 당시 여성의 가치는 출산에 맞춰져 있던 것입니다.

---

29 백승영 (2004) , 《유고》, 책세상.
30 국립국어원, 《표준국어대사전》, stdict. korean. go. kr.

슬로우 TV_NRK

시청률 경쟁이 치열한 방송계. 시청자의 관심을 얻기 위해 방송사들은 앞다투어 가장 자극적인 영상, 가장 현란한 기술, 가장 앞서가는 트렌드trend를 선보이려 애씁니다. 그러나 시청자들의 관심을 얻는 것이 과연 자극적인 것, 기술적인 것, 최신의 것이기만 할까요? 그렇지 않다는 것을 보여 준 사례가 노르웨이Norway에 있습니다.

노르웨이 NRK는 한 가지 주제, 한 가지 장면을 편집하지 않고 그대로 수 시간 내지 수백 시간 생방송하는 슬로우 TVSlow TV로 유명합니다. 2009년에는 베르겐으로 향하는 기차가 눈 쌓인 겨울 풍경을 뚫고 기찻길 위를 달리는 모습을 7시간 동안 편집 없이 그대로 보여 줬습니다. 이외에도 장작을 패서 아궁이에 넣고 불을 지피는 장면을 8시간 반 동안, 양털을 깎아서 실을 만들고 그 실로 스웨터를 짜는 전 과정을 12시간 동안 편집 없이 보여 줬습니다.

페리를 타고 가면서 보이는 주변 풍경을 무려 6박 7일 동안 연속 생방송해서 《기네스북》에 오르기도 했습니다. 길가에 지나가는 소만 무려 10분 동안 비춰 주었습니다. 눈을 자극하는 현란한 요소도 없고 귀를 현혹하는 특별한 효과도 없는 밋밋하고 느린 영상. 지루하지 않았을까요? 시청자들이 외면하지 않았을까요?

이 방송이 나갈 때 노르웨이 여왕부터 일반 시민들까지 많은 사람들이 방송에 나오는 것을 자청했습니다. 카메라가 가는 곳마다 사람들이 몰려들었습니다. 최고시청률은 무려 36%. 노르웨이 전체 인구의 30%가 시청했습니다.

인기의 비결이 과연 무엇이었을까요? 편집하지 않고 긴 시간 있는 그대로를 보여 주면 시청자들은 그 속에서 스스로 자신이 원하는 것을 찾아냅니다. 아주 천천히, 아주 섬세하게. 빠르게 빠르게만 치닫는 경쟁사회 속에서 마음의 여유와 평화를 되찾고 싶어 하는 현대인의 니즈needs 31를 슬로우 TV가 제대로 파악한 것이죠.

세상에서 가장 느리고 밋밋한 방송. 그래서 이름도 슬로우 TV. 현대인의 변화된 가치관을 잘 담아낸 컨텐츠입니다.

---

1) 사회적 가치

인간은 사회적 존재입니다. 혼자서는 살 수 없으므로 사회적 선善을 가지고 살아가고 싶어 합니다. 따라서 인간에게는 개인적 가치 못지않게 사회적 가치가 중요합니다. 때로는 우선하기도 합니다. 32

사회적 가치란 안전, 건강, 환경, 인권, 인간애 등 함께 살아가는 사회의 이익과 발전에 기여할 수 있는 가치를 말합니다.

한동안은 경제적 가치가 우선시되는 경향이 이어져 왔습니다. 그러나 2008년 글로벌 금융위기를 겪고 난 이후 경제적 가치보다 사회적 가치가 더 중요하다는 공감대가 이루어졌습니다.

제 3세계 커피재배 농가가 가난의 악순환에서 벗어나지 못하자 공정한 가격을 주고 커피원두를 거래하자는 움직임, 저개발국 아보카도 농장에서 대량 소비하는 물 때문에 인근 주민들이 물 부족에 시달리자 유럽 레스토랑에서는 아보카도를 재료로 쓰지 말자는 움직임, 동물에게 화학물질을 주입해 부작용을 테스트하는 실험이 늘자 비윤리적 동물실험을 더 이상 하지 말자는 움직임, 저개발국 어린이가 학

---

31 생활자의 생리적, 신체적 욕구. 공복을 채우고 추위를 막는 등의 단순한 욕구나 결핍되어 있는 것을 채우고 싶다는 생각, 욕구를 총칭.

32 김덕영 (2019), 《사회실재론》, 도서출판 길.

교에도 가지 않고 열악한 환경에서 장시간 노동에 시달리자 아동 노동력을 이용하는 공장에서 생산하는 제품을 소비하지 말자는 움직임 등이 바로 그것입니다.

공정무역 커피_아름다운 커피

우리가 습관처럼 마시는 다국적 기업 커피. 5천 원가량 하는 커피 한 잔 값 중 원두 생산자에게 돌아가는 몫은 얼마나 될까요? 믿기지 않겠지만 채 10원도 되지 않습니다.

　석유 다음으로 국제 거래량이 많은 품목이 바로 커피입니다. 작황作況에 따라 가격 등락登落 폭이 심할 수밖에 없습니다. 커피의 안정적 수급 지원이라는 명목하에 선진국 대기업과 중간상들은 저개발국의 원두재배 농가들과 불평등한 종속계약을 맺습니다. 이 불공정한 관계 때문에 선진국 대기업과 중간상들은 커피 원두를 헐값에 사들일 수 있지만, 저개발국 농가들은 커피 값이 아무리 올라도, 커피 수요가 아무리 늘어나도 빈곤에서 벗어날 수 없습니다.

　'공정무역 커피Fair trade Coffee'란 대기업과 중간상의 폭리를 배제하고 저개발국 원두재배 농가에 직접 합리적인 가격을 지불하고 사들인 원두로 만든 커피를 말합니다. 뿐만 아닙니다. 작황이 나빠도 최저 가격을 보장하고 생산자와 구매자 간 장기 거래를 보장하는 등 생산자의 권리를 보호하고, 공평하고 정의로운 관계를 추구합니다. 또한 재배 과정에서 아동 노동력을 착취하지 않고 생태계 보전을 위해 유기농법을 추구합니다.

　1988년 첫 번째 공정무역 커피 막스 하벌라르Max Havelaar가 이렇게 탄생했습니다. 1997년에는 국제 공정무역 인증기관 FLOFair trade Labelling Organizations가 세워졌고, 2002년에는 공정무역마크 제도가 도입되었습니다. 우리나라에서는 아름다운 가게의 아름다운 커피가 공정무역 커피를 판매하고 있습니다.

우리가 가볍게 즐기는 커피 한 잔. 제3세계 농장에서 우리 탁자로 오기까지 기나긴 여정을 거칩니다. 그 여정이 커피의 맛이나 향보다 더 중요하다는 사회적 각성이 바로 공정무역 커피를 탄생시켰습니다.

Case Study

미식가들의 성서_《미쉐린 가이드》

사회적 가치를 담은 컨텐츠 중 사회적 영향력이 가장 큰 것을 꼽으라 하면 단연 《미쉐린 가이드*The Michelin Guide Selection*》입니다.

《미쉐린 가이드》는 1900년 프랑스 타이어 업체 미쉐린Michelin이 순수하게 고객 서비스 차원에서 만든 안내 책자였습니다. 발간 당시 이름은 《레드가이드*Red Guide*》였습니다. 미쉐린의 주 고객인 대형 트럭 운전자들은 먼 거리를 오가기 때문에 외식하는 일이 많습니다. 대개는 낯선 곳에서 적당한 식당을 찾지 못해 헤매 다니죠. 미쉐린은 그들이 먹을 만한 레스토랑을 쉽게 찾을 수 있도록 안내 책자를 만들었습니다.

제품을 훌륭하게 만드는 기업이 무엇을 만든들 훌륭하지 않을 수 있겠습니까? 레스토랑 물색과 선정, 메뉴 소개, 주변 정보까지 정성을 기울이다 보니 매우 실속 있고 신뢰할 수 있는 안내서가 되었습니다. 특히 위치 소개가 뛰어났습니다. 《미쉐린 가이드》를 탄생시킨 앙드레 미슐랭André Michelin이 당시 내무부 산하 지도국에 근무하고 있었기 때문입니다.

먹는 일이 어찌 트럭 운전자에게만 중요하겠습니까? 트럭 운전자들뿐만 아니라 일반인들도 이 책자에서 소개하는 레스토랑을 찾아 멀리까지 가는 일들이 생기기 시작했습니다. 해가 갈수록 명성이 높아져 1922년부터는 유료로 판매되기 시작했습니다. 1923년부터는 레스토랑을 소개하며 등급을 부여하는 '레드 시리즈'와 여행·관광 정보를 소개하는 '그린 시리즈'로 나누어 발간하기 시작했습니다.

1933년부터는 별의 개수로 등급을 표시했습니다. 별 하나는 요리가 훌륭한 집, 별 둘은 여행길에 요리를 맛보기 위해 멀리 돌아갈 만한 집, 최고 등급인 별 셋은 오로지 그 요리를 맛보기 위해 여행을 떠날 만한 집입니다. 등급은 음식, 서비스, 청결 상태 등으로 평가하는 것으로 알려졌지만 정확한 기준은 비밀에 부쳐져 있습니다.

오늘날 '미식가들의 성서聖書'로 일컬어지는 《미쉐린 가이드》는 권위와 영향력이 가히 절대적입니다. 별 셋으로 승격되는 순간 해당 레스토랑은 매출이 2~3배로 늘어나고 해당 상권에도 지대한 영향을 끼친다고 합니다.

프랑스에서는 미쉐린 별 셋에 빛나는 레스토랑 코트 도르Côte d'Or의 천재 요리사 베르나르 루아조Bernard Loiseau가 별 둘로 강등될 것이라는 소문 때문에 스스로 목숨을 끊는 일까지 벌어졌습니다.

Case Study

마음 이음 연결음_GS칼텍스

한국노동사회연구소 조사에 의하면 우리나라 감정노동자 10명 중 4명은 고객에게 폭언을 당한 경험이 있습니다. [33] 전국사무금융노동조합연맹 조사에 의하면 이들은 한 달 평균 14.81회 폭언을 듣고, 1.16회 성희롱을 당합니다. [34] 그리고 이들 중 상당수

---

[33] 김종진·송민지(2014), 한국사회 감정노동 실태와 개선방향 연구, 한국노동사회연구소.

는 우울증으로 고통을 겪습니다.

2014년 LG유플러스 고객센터 전화 상담사가 자살하는 사건이 일어났습니다. 고객에게 6시간 동안 전화로 괴롭힘을 당한 후였습니다. 2년 후 같은 고객센터에서 비슷한 이유로 또 여고생이 자살하는 사건이 일어났습니다. 서울질병판정위원회는 이들 사건을 산재로 판정했습니다. 회사가 상담사를 보호하려 노력하지 않았다고 판단했기 때문입니다.

이들 사건을 계기로 2017년부터 대부분의 기업들은 전화 상담사가 폭언을 당할 경우 먼저 전화를 끊을 수 있도록 내부 규정을 마련했습니다. 그러나 대개 경고 안내를 3회 한 뒤에야 전화를 끊을 수 있었습니다. 폭언에 수차례 노출된 후에야 소극적으로 대응할 수 있었던 것입니다.

GS칼텍스는 조금 다른 방식의 대책을 마련했습니다. 사후에 소극적으로 대응하는 것이 아니라 사전에 적극적으로 예방하는 것입니다. 고객이 전화를 걸면 기계적 통화 연결음 대신 상담사의 실제 가족이 실제 목소리로 녹음한 통화 연결음을 들려줍니다. "제가 세상에서 가장 좋아하는 우리 엄마가 상담드릴 예정입니다." "사랑하는 우리 아내가 상담드릴 예정입니다." "착하고 성실한 우리 딸이 상담드릴 예정입니다."

이 특별한 연결음은 상담사가 누군가에게는 소중한 사람이라는 것을 고객에게 일깨워 주었습니다. 그럼으로써 고객 스스로 상담사에 대해 예의를 지키고 존중하는 마음을 갖도록 유도했습니다. 5일간 이 특별한 통화 연결음을 적용한 결과 고객의 '친절한 한마디'가 8.3%나 증가했습니다.

---

34 한국비정규노동센터 전국사무금융노동조합연맹(2011), 전국사무금융노동조합연맹 비정규직 실태 조사 보고서.

사회적 가치를 실현하면서도 개인적 가치까지 함께 누리는 방법도 있습니다. 최근 주목받는 '퍼네이션funation'이 바로 그것입니다. '즐거움fun'이라는 개인적 가치와 함께 '기부donation'라는 사회적 가치도 실천하는 것이죠.

나 자신을 위한 소소한 재미와 즐거움이 사회적으로도 큰 의미가 있는 일이 된다면 그야말로 '도랑 치고 가재 잡고'죠.

Case Study

털모자 쓴 주스_이노센트

잘사는 나라 영국에서도 혹한기酷寒期 추위로 사망하는 노인의 수가 연간 약 2만 4천 명에 달합니다. 이러한 안타까운 현실을 알면서도 큰 힘이 되어 줄 수 없는 것이 보통 사람들의 입장이죠. 그렇다면 작은 힘이라도 되어 줄 방법은 없을까요?

해마다 11월이 되면 영국 슈퍼마켓 음료 진열대에는 특별한 주스들이 나타납니다. 빨강, 노랑, 초록 등 제각기 다른 색깔과 모양의 작은 털모자를 쓴 주스들. 바로 향신료와 방부제를 전혀 넣지 않은 영국산 스무디 주스 이노센트Innocent입니다.

털모자 쓴 주스,
이노센트.

털모자는 자원봉사자들이 손수 짜서 이노센트에 보낸 것들입니다. 매년 100만 개 이상의 털모자가 이노센트로 들어옵니다. 이노센트 홈페이지에는 털모자 짜는 법이 올라와 있습니다. 자원봉사자들이 손수 짠 털모자 사진을 올리면 고객 투표를 통해 '올해의 털모자'를 선정하기도 합니다.

이노센트는 이 털모자들을 11월 한 달 동안 주스 병에 씌워 판매합니다. 수익금 중 12.5%, 즉 병당 25펜스pence는 Age UK라는 노인복지 단체에 기부합니다. 이 기부금은 노인들이 혹한을 무사히 견딜 수 있도록 방한 제품을 마련하는 데 쓰입니다.

귀여운 작은 털모자를 갖는 기쁨에 소외된 노인들의 따뜻한 겨울나기를 돕는 기쁨까지! 이 11월 한정판 이노센트는 날개 돋친 듯 팔립니다.

Case Study

헌책방 살리기_설렘 자판기

손때 묻은 물건에는 왠지 숨은 사연이 있을 것만 같은 느낌이 듭니다. 군데군데 색이 바래고 귀퉁이가 닳은 책들이 키보다 높이 쌓여 있는 헌책방은 그래서 마치 보물창고 같습니다. '이 책의 주인은 어떤 사람이었을까?', '왜 여기까지 오게 되었을까?' 하는 물음들로 가슴을 설레게 했던 헌책. 그 매력에 이끌려 청계천 헌책방을 기웃거렸던 경험, 누구나 한 번쯤 있을 겁니다.

아쉽게도 헌책방은 점점 사라져 가지만 헌책이 주는 설렘만은 간직할 수 있게 도와주는 것이 여기 있습니다. 바로 '설렘 자판기'. '로맨스', '추리', '힐링healing' 등 장르를 선택한 후 버튼을 누르면 예쁘게 포장된 헌책이 나오는 특별한 자판기입니다. '어떤 책이 나올까?' 가슴이 설레기 때문에 설렘 자판기입니다. 책은 오랫동안 청계천에서 헌책방을 운영한 사장님들이 손수 골라 정성스레 포장한 것입니다. 마치 누군가로부터 소중한 선물을 받는 느낌이 듭니다.

이 설렘 자판기는 비즈니스 리더십 대학생 단체 인액터스 코리아Enactus Korea와 어렵게 명맥을 유지해 가는 청계천 헌책방 거리가 함께 진행하는 프로젝트입니다. 수익금은 전액 청계천 헌책방 거리를 되살리는 데 쓰입니다. 헌책이 주는 독특한 감성도 느낄 수도 있고 소중한 헌책 문화도 지킬 수 있으니 개인적 가치와 사회적 가치를 동시에 실현할 수 있는 컨텐츠라 할 수 있습니다.

고양 스타필드에 자리한 설렘 자판기

Case Study

서로가 서로를 구하다_119 REO

화재 등 재난현장에 신속하게 투입되는 소방관. 위험요소에 거의 무방비로 노출되기 때문에 암 등의 중증질환35에 걸리는 경우가 많습니다. 그러나 업무와 질병의 인과관계因果關係를 밝히는 것이 쉽지 않아 공상公傷 36 인정을 받는 경우가 극히 드뭅니다.

---

35 증세가 아주 위중한 질병. 암, 뇌혈관질환, 심장질환 따위를 이른다.
36 공무 중에 입은 부상.

2011년부터 2018년까지 암에 걸린 소방관 25명이 공상 신청을 했지만 겨우 1명밖에 인정받지 못했습니다. 위험을 무릅쓰고 인명을 구하는 헌신은 사회를 위한 것이지만 그 결과인 고통은 오롯이 개인의 몫인 셈입니다.

이런 부조리를 해결하기 위해 대학생들이 나섰습니다. 앞의 설렘 자판기에서 소개했던 비즈니스 리더십 대학생 단체 인액터스 코리아입니다. 그들은 '소방관과 우리, 서로가 서로를 구하다Rescue Each Other'라는 슬로건하에 소방관들을 위한 크라우드 펀딩crowd funding에 나섰습니다. 소방관들이 우리를 도운 것처럼 우리도 그들을 돕자는 뜻입니다.

크라우드 펀딩이란 '군중crowd'과 '자금 조달funding'의 합성어. 자금이 필요한 개인, 단체, 기업이 불특정다수로부터 자금을 모으는 것을 말합니다. 소셜 네트워크를 통해 참여하는 경우가 많아 소셜 펀딩이라고도 합니다.

소방관이 입는 방화복防火服은 안전을 위해 3년이면 자동 폐기합니다. 그러나 방화복은 특수섬유로 만들기 때문에 내구성이 뛰어납니다. 방화복에 덧붙인 야광벨트 역시 3년이 지나도 새것 같습니다. 인액터스 코리아는 이 폐廢방화복을 재활용해서 근사한 가방과 팔찌를 만들었습니다.

SNS를 통해 판매한 지 열흘 만에 640여 명이 펀딩에 참여했습니다. 소방관이 우리를 도운 것처럼 우리도 그들을 돕자는 사회적 취지에 많은 사람들이 공감한 것입니다. 동시에 독특한 컬러와 디자인, 내구성 강한 소재의 제품을 구매하고 싶은 마음도 있었겠죠. 일명 레어템RareTem 37을 장착하려는 것이지요.

---

37 레어 아이템(rare item)의 줄임말로 게임에서 획득하기 어려운 아이템을 지칭한다.

2) 문화적 가치

인간은 위대한 문학, 음악, 미술 등 지적, 예술적 산물을 통해서 정신적 완성을 추구합니다.[38] 이러한 지적, 예술적 산물을 우리는 문화라고 부릅니다. 이러한 영역에서 수준 높은 교양을 갖춘 사람을 우리는 문화인이라고 부르죠.

피카소Picasso는 일상생활의 먼지에 찌든 인간의 영혼을 예술이 깨끗이 씻어 준다고 했습니다. 니체Nietzsche는 음악이 없는 삶은 오류라고까지 했습니다. 문화적 가치를 담아내는 것은 컨텐츠의 수준을 끌어올리고 컨텐츠에 대한 관심을 모으는 좋은 방법입니다. 최근 명품 브랜드들이 앞다투어 브랜드를 소재로 한 예술작품들을 선보이는 것도 이 같은 맥락입니다.

구찌Gucci는 제임스 프랭코James Franco와 함께 영화 〈더 디렉터The Director〉를 만들었습니다. 크리에이티브 디렉터 프리다 지아니니Frida Giannini가 일하는 모습, 구찌 컬렉션Gucci collection의 탄생 과정을 담은 이 영화는 뉴욕에서 열린 트라이베카 필름 페스티벌Tribeca Film Festival에서 상영되어 적잖은 주목을 받았습니다.

루이비통Louis Vuitton은 비르지니 데팡크Virginie Défence 등 프랑스 작가 10명과 함께 소설집 《더 트렁크The Trunk》를 출판했습니다. 트렁크를 소재로 한 단편을 묶은 것입니다. 세계 최초로 트렁크를 개발한 루이비통에게 트렁크는 곧 정체성이기 때문입니다.

불가리Bulgari 역시 베스트셀러 작가 페이 웰던Fay Weldon과 함께 《더 불가리 커넥션The Bulgari Connection》이란 소설을 출판했습니다. 책 표지에 인쇄된 불가리 목걸이가 바로 소설의 주요 소재입니다.

---

38 한국학중앙연구원(2019), 《한국민족문화대백과》, http://encykorea.aks.ac.kr.

보로노이 다이어그램_수리이팡

'마린보이' 박태환 선수가 남자 자유형 400미터 결선에서 3분 41초 86으로 아시아 신기록을 세우며 올림픽 금메달을 목에 건 장소, 기억하십니까? 바로 베이징국가수영센터 수리이팡水立方입니다.

베이징올림픽을 기해서 중국은 세계 앞에 야심작을 선보입니다. 바로 5년 동안 무려 23억 위안, 한화로 약 3,500억 원을 들여 지은 8만 제곱미터의 대규모 수영센터 수리이팡. 이곳은 '워터큐브Water Cube'라고도 불립니다. 물방울 모양의 외벽 때문입니다. 이 외벽 덕분에 올림픽 경기장 중 가장 아름다운 곳으로 선정되기도 했습니다.

무려 3,500개에 이르는 이 물방울은 '에틸렌-테트라플루오로에틸렌ETFE'이라는 신소재 유리로 만들어졌습니다. 조명을 받으면 아름다운 광채가 사방으로 퍼지고 조명 색에 따라 다채로운 분위기를 연출합니다.

물방울 모양의 외벽이 아름다운 베이징올림픽 수영 경기장, 수리이팡.

특히 이 물방울의 패턴은 '보로노이 다이어그램Voronoi diagram'을 채택해서 그 예술적 가치를 더욱 높이 인정받습니다. '보로노이 다이어그램'이란 러시아 수학자 게오르기 보로노이Георгий Вороной가 만든 것으로, 평면을 특정 점까지의 거리가 가장 가까운 점들의 집합으로 분할한 그림입니다. 잠자리의 날개, 기린의 얼룩무늬, 벌집, 거북의 등껍질, 분열된 세포 등 자연 패턴의 가장 완벽하고 아름다운 균형미를 가지고 있다고 평가를 받습니다. 그래서 자연이 선택한 최고의 패턴이라 부르기도 합니다.

아트 콜라보레이션_앱솔루트

스웨덴 보드카의 제왕 앱솔루트Absolut. 1979년 창립 100주년을 맞이해 미국 시장에 진출했을 때 그 입지는 매우 좁았습니다. 러시아산 스톨리치나야Stolichnaya와 미국산 스미노프Smirnoff에 밀린 것이죠.

그러나 1985년 앤디 워홀Andy Warhol과의 만남과 함께 드라마틱한 반전이 일어납니다. 앤디 워홀은 '앱솔루트 워홀Absolut Warhol'이란 아트 콜라보레이션39 작품을 발표했습니다. 예술계에서는 상업성에 대한 큰 논란이 일었지만 워홀의 작품 속에서 약병 모양의 심플한 디자인에 금속 스크루Screw를 가진 앱솔루트 병은 유난히 돋보였습니다.

이후 앱솔루트는 세계 유명 아티스트들과 손잡고 독특한 아트 콜라보레이션 병을

---

39 사전적으로는 공동 작업, 협력, 합작이라는 뜻으로, 이종 기업 간의 협업을 뜻함. 마케팅에서 한 브랜드가 다른 브랜드와 협력하여 새로운 제품을 창조해 내고, 업종의 경계를 뛰어넘는 협력을 통해 서로의 장점을 극대화하고, 어울리지 않을 것 같은 브랜드 간의 만남을 통해 새로운 시장과 소비문화를 창출해 내는 것.

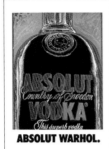

앤디 워홀부터 이기트 야지치까지, 다양한 아티스트들과 함께한 앱솔루트 아트 콜라보레이션 작품.

꾸준히 선보입니다. 카툰 아티스트 제이미 휴렛Jamie Hewlett과 콜라보한 런던 한정판은 런던의 화려한 과거와 스타일리시한 문화를 담았습니다. 문신 아티스트 닥터 라크라 Dr. Lakra와 콜라보한 멕시코시티 한정판은 전설적인 마야 문명의 상징을 담았습니다.

패션 디자이너 알레나 아크마둘리나Alena Akhmadulina와 콜라보한 모스크바 한정판은 바로크 건축 양식과 현대 모스크바 건물의 조화가 돋보입니다. 팝 아티스트 이기트 야지치Yigit Yazici와 콜라보한 이스탄불 한정판에는 그리스·로마부터 오스만 제국까지 고대 문명이 축약되어 있습니다.

이들 아트 콜라보레이션 병은 단순한 교환 가치를 넘어서 예술적 가치를 지닌 작품으로 인정받고 있습니다. 일부 지역에서 일부 기간에만 판매하기 때문에 희소가치까지 더해집니다. 현재 앱솔루트 아트 콜렉션은 약 850여 점이 존재합니다. 앱솔루트는 전 세계를 돌면서 순회 전시회도 가지면서 앱솔루트만의 독보적인 입지를 다지고 있습니다.

사실 앱솔루트는 최고급 보드카는 아닙니다. 하지만 사람들은 보드카 하면 가장 먼저 앱솔루트를 떠올립니다. 예술적 가치가 만든 위대한 결과입니다.

요즘 기업들이 활발히 펼치는 메세나Mecenat 활동은 문화적 가치와 함께 앞에서 말한 사회적 가치까지 담은 컨텐츠입니다.

메세나란 기업이 문화예술활동에 자금이나 시설을 지원하는 것을 말합니다. 이는 1966년 미국 체이스맨해튼Chase Manhattan은행 회장 데이비드 록펠러David Rockefeller가 기업의 사회공헌 예산 일부를 문화예술활동에 할당하자고 건의한 것에서부터 비롯되었습니다. 현재 우리나라에서는 200여 개 기업이 메세나 활동을 펼치고 있습니다.

Case Study

일상이 예술이 되는 미술관_**대림미술관**

흔히 문화·예술 활동을 '고상한 취미'라고 합니다. 아무나 할 수 없다는 말입니다. 아동센터에 있는 어린이나 보호시설에 있는 청소년은 더구나 쉽게 엄두를 낼 수 없는 일이죠.

그래서 스스로 문턱을 낮춘 미술관이 있습니다. 바로 종로구 통의동에 있는 대림미술관과 용산구 한남동에 있는 디 뮤지엄D MUSEUM입니다. 두 곳 모두 한국메세나협회 창립멤버인 대림산업의 메세나입니다.

두 미술관은 각각 '일상이 예술이 되는 미술관', '대중과 함께하는 미술관'을 모토로 하고 있습니다. 그 일환으로 문화적으로 소외된 어린이나 청소년도 문화, 예술의 즐거움을 느낄 수 있도록 하는 '해피투게더' 프로그램을 해마다 진행하고 있습니다. 모두 함께 행복하기 위한 프로그램이라는 뜻이지요. 보육원, 아동센터, 초등학교 복지반, 소외지역의 어린이와 청소년들을 미술관으로 초청해 함께 예술작품을 감상하고 문화를 체험하는 프로그램입니다.

사실 보여 주기식으로 이런 행사를 개최해 흉내만 내는 기업들도 많습니다. 그러나 이 프로그램은 시작부터 끝까지 미술관 직원들이 교사가 돼 함께합니다. 도슨트 Docent **40**가 직접 작품을 설명하는 시간도 갖습니다. 일회성은 더더욱 아닙니다. 2009년부터 지금까지 매년 10회 이상 프로그램을 실시합니다. 매년 400여 명의 어린이와 청소년이 이 프로그램에 참여합니다.

지역 주민들에게도 미술관의 문을 활짝 열었습니다. 두 미술관이 위치한 통의동과 한남동 지역 주민들이 참여하는 특화 프로그램을 운영합니다. 인근 중·고등학교, 대학교 학생들과 주민들에게 사진, 영상을 촬영하고 편집하는 방법을 교육하는 프로그램도 있습니다. 직접 만든 작품을 발표하는 전시회를 개최하기도 합니다.

---

40 박물관이나 미술관 등에서 관람객들에게 전시물을 설명하는 안내인.

밤하늘을 수놓는 불꽃_서울세계불꽃축제

가을이 무르익는 10월 어느 저녁, 서울 여의도 한강공원에 100만여 명의 시민들이 손에 손을 잡고 모여듭니다.

하늘이 어두워지면 가을 밤하늘에는 형형색색 아름다운 불꽃이 터지기 시작합니다. 불꽃이 터질 때마다 이를 지켜보는 시민들의 탄성도 함께 터집니다. 밤하늘을 아름답게 수놓은 불꽃을 영원히 간직하기 위한 카메라 플래시도 함께 터집니다.

바로 한화그룹의 메세나 프로그램 '서울세계불꽃축제'입니다. 한화그룹은 이 행사를 위해서 매년 약 70억 원의 비용을 쏟아 붓습니다. 우리나라뿐만 아니라 미국, 일본, 중국, 이탈리아, 호주, 영국, 포르투갈, 캐나다, 필리핀, 스페인 등 세계 각국에서 참여하여 국가별로 다양한 종류의 불꽃을 자랑하고 겨룹니다.

이 행사는 아시아 최대의 불꽃축제이며 국내 단일 행사 중 가장 많은 시민이 참여하는 행사입니다. 2019년 현재 총관람객 수는 약 1,600만 명에 달합니다.

원효대교와 한강철교 사이 바지선에서 불꽃을 쏘아 올리기 때문에 서울 전역의 한강시민공원과 한강 다리에서 그 장관壯觀을 감상할 수 있습니다. 남산타워와 관악산에서도 그 화려한 불꽃을 즐길 수 있습니다.

2000년 처음 시작한 이래 해마다 100만여 명의 시민들이 10만여 발의 불꽃이 펼치는 아름다운 쇼를 가슴에 추억으로 담고 돌아갑니다.

3) 상징적 가치

앞에서도 말했듯이 예술이나 문화는 인간의 지적知的 산물입니다. 인간만이 가지고 있는 상상력을 통해 대상對象의 의미나 가치를 지각하고 이를 감각적으로 형상화形象化하여 표현하는 것입니다.

형상화란 대상의 본질적이고 핵심적인 특성을 추출하고 이를 결합 혹은 종합하여 대상을 더욱 생생한 모습으로 재현해 내는 것을 말합니다. 다분히 지적인 능력이 필요한 일이죠. 이미지image를 분석하는 능력, 보편적인 특성을 추출하는 능력, 그리고 그것을 구성하고 종합하는 능력이 필요합니다. 흔히들 이런 능력을 창의력이라고 하죠.

과학이 대상의 의미와 가치를 직접적, 논리적으로 전달하는 것이라면 예술이나 문화는 그 의미와 가치를 상징象徵으로 형상화하여 전달하는 것입니다. 상징을 통해 전달되는 메시지는 내면을 흔들어 놓고 태도를 변화시킵니다. 삶을 통째로 바꾸기도 합니다. 이것이 상징이 갖는 힘입니다.

Case Study

조명 색으로 던지는 메시지_에펠탑

유럽 3대 야경으로 흔히 체코 프라하Prague, 헝가리 부다페스트Budapest, 프랑스 파리 Paris를 꼽습니다. 파리가 3대 야경에 꼽히게 된 데는 에펠탑la Tour Eiffel의 공이 큽니다. 그러나 처음부터 그런 건 아니었습니다.

1889년 프랑스혁명 100주년 기념 파리 만국박람회Exposition universelle de paris에 세워졌다가 그대로 파리를 지키게 된 에펠탑Eiffel Tower. 높이 320미터, 무게 7,300톤의 검은 철탑에 파리 시민들은 온갖 비난을 쏟아 냈습니다. 예술의 도시 파리를 망치는 흉물스러운 고철 덩어리라는 혹독한 평가가 지배적이었습니다.

그러나 곧 철로 대표되는 산업사회가 도래함을 알리는 상징적 디자인이라는 새로운 평가가 나오기 시작했습니다. 그러다 1985년 탑 전체에 야간 조명이 설치된 후 에펠탑은 파리의 아름다운 야경을 만드는 주인공이 됩니다. 마침내 파리의 명물로 인정을 받게 되었죠. 1991년 세계문화유산으로 등재됩니다.

이후 에펠탑은 주요한 사건이 발생할 때마다 조명의 색을 바꾸는 이벤트로 세계인들의 주목을 받습니다. 조명 색깔이라는 상징을 통해 세계를 향한 메시지를 던지는 것이죠. 프랑스 럭비 월드컵이 열렸을 때 에펠탑은 녹색 조명을 밝혔습니다. 잔디 구장을 상징하는 것이죠. 한국-프랑스 수교 130주년을 맞이해서는 빨강과 파랑 조명을 밝혔습니다. 태극을 상징하는 것이죠. 같은 해 파리기후변화협약Paris Climate Change Accord이 발표되었을 때는 초록과 파랑 조명을 밝혔습니다. 지구를 상징하는 것이죠.

프랑스 니스 테러France Nice Terror **41** 발생 시에는 조명 색을 파랑, 빨강, 하양으로 바꿨습니다. 프랑스를 상징하는 것이죠. 같은 해 벨기에 브뤼셀Belgium Brussels 연쇄폭탄테러**42** 발생 시에는 노랑, 빨강으로 바꿨습니다. 역시 벨기에를 상징하는 것이죠. 다음 해 동아프리카 소말리아에서 출근길 차량폭탄테러**43**가 발생했을 때는 소등消燈을 합니다. 슬픔과 절망을 상징하는 것이죠.

---

41 프랑스대혁명 기념일(바스티유의 날)인 2016년 7월 14일 프랑스 남부 해변도시 니스에서 이슬람 극단주의자로 추정되는 남성에 의해 자행된 테러. 84명이 사망하고 100여 명이 다친 대참사이다.

42 2016년 3월 22일 벨기에 브뤼셀 국제공항과 지하철역 등 공공장소에서 이슬람 수니파 무장단체 이슬람국가(IS)에 의해 자행된 연쇄 폭탄 테러. 시민들이 몰려나오는 출근시간에 폭탄을 터뜨려 30여 명 넘게 사망하고 200여 명이 부상하였다.

43 소말리아 수도 모가디슈에서 현지 시간 2019년 12월 28일 차량 폭탄 테러가 일어나 100명에 가까운 사상자가 발생한 사건.

에펠탑발※ 상징은 각국 언론을 통해 전 세계로 타전됩니다. 세계인들은 이를 통해 해당 사건의 의미를 되새깁니다.

탄젠트 파사드_아이파크 타워

최고의 건물. 조건은 무엇일까요? 높이? 높은 건물은 많습니다. 새 건물이 지어질 때마다 최고 높이가 경신됩니다. 그렇다면 첨단 기술? 신축 건물은 모두 최첨단 기술로 지어집니다. 이 시간에도 기술은 발전합니다. 아니면 위치? 좋은 위치는 요지마다 있습니다. 시대가 변하면 요지도 바뀝니다. 그렇다면 이건 어떨까요? 기업의 철학과 상징을 담은 건물. 이런 건물은 흔치 않습니다.

삼성동 영동대로에 위치한 아이파크 타워. 건축가 다니엘 리베스킨트Daniel Libeskind 가 설계한 건물입니다. '건축을 시詩로 변화시킨 연금술사'라는 별명을 가진 건축가인 그는 건물은 살아 숨 쉬는 생물이며 인간과 마찬가지로 외면과 내면, 육신과 영혼으로 이루어졌다고 주장합니다.

그는 이렇게 말합니다. "건물은 사람의 가슴과 영혼으로 지어집니다. 위대한 건물은 위대한 문학이나 음악과 마찬가지로 영혼에 내재된 이야기를 들려줍니다. 그 이야기는 우리에게 새로운 시각을 부여하고, 욕망을 샘솟게 하고, 상상의 궤적을 제시하고, 세상을 영원히 변화시키기도 합니다." 그에게 건물은 삶의 철학을 담고 있는 것입니다.

그가 설계한 아이파크 타워는 상징적, 철학적 파사드façade44로 유명합니다. '탄젠트TANGENT'라고 명명된 이 파사드에 투영된 상징은 크게 네 가지입니다. 첫째, 건물

파사드에 기업 철학을 투영한
삼성동 아이파크 타워.

왼편을 관통하는 사선, 둘째, 전면 중앙에 넓게 펼쳐져 있는 원, 셋째, 그 원을 가로
지르는 여러 개의 사선, 넷째, 건물 둘레를 이루는 사각형.

　　건물을 관통하는 사선은 미래를 향해 끊임없이 진보하는 기술을 상징합니다. 전
면의 원은 시작도 끝도 알 수 없는 자연과 우주를 상징합니다. 그 안의 여러 개의 사
선은 시시각각 변화하는 시간을 상징합니다. 건물 둘레의 사각형은 도시와 문명, 즉
인간을 상징합니다. 이 상징들은 '인간의 생활공간을 고도의 기술로 발전시켜 더 나
은 미래를 창조한다'는 아이파크의 기업 철학을 표현한 것입니다.

44 건축물의 주된 출입구가 있는 정면부로, 내부 공간구성을 표현하는 것과 내부와 관계없이 독자적인
구성을 취하는 것 등이 있다.

선과 선 사이_베를린 유대 박물관

그라운드 제로Ground Zero 재건축 설계 공모에 당선되어 세계의 주목을 받은 건축가가 있죠. 다니엘 리베스킨트. 바로 앞에서 소개한 아이파크 타워를 설계한 사람입니다.

유대계 폴란드인인 그는 쉰의 나이에 자신의 첫 작품이자 최고 걸작인 베를린 유대 박물관Jewish Museum, Berlin을 완성합니다. 소장품이 아니라 건물 자체로 유명해진 흔치 않은 박물관이죠.

이 박물관의 컨셉은 '선과 선 사이Between the lines'입니다. 위에서 봤을 때 건물이 사방으로 선처럼 뻗은 것은 유대 왕 다윗의 별을 상징합니다. 두 개의 건물이 두 개의 선처럼 나란히 뻗은 것은 존재와 부재를 상징합니다. 건물 하나는 전시장인데 이것은 유대인과 이방인 사이 존재하는 교류를 상징합니다. 또 다른 건물에는 빈 방만 이어져 있는데 이것은 유대인 학살로 인해 부재하는 생명을 상징합니다.

이 외에도 박물관에는 수많은 상징이 존재합니다. 건물 입구가 겉으로 드러나지 않고 지하에 숨겨져 있는 것은 유대인 학살의 뼈아픈 역사가 숨겨져 있다는 것을 상징합니다. 건물 내부 구조가 복잡한 것은 혼란스럽고 두려운 유대인의 상황을 상징합니다. 가늘고 길며 불규칙한 창문은 유대인의 찢긴 삶을 상징합니다. 텅 빈 홀로코스트 타워는 벌거벗김과 공허를 상징합니다.

뒤편 '추방의 정원Garden of Exile'에는 49그루의 올리브나무가 심겨 있습니다. 49는 7×7, 유대교의 안식일을 상징합니다. 올리브나무는 희망을 상징합니다. 노아가 방주 밖으로 날려 보낸 까마귀가 끝내 물고 돌아온 것이 바로 올리브나무 잎이기 때문입니다.

홀로코스트를 경험한 부모님 밑에서 자란 관계로 평생 그 트라우마에서 벗어나지 못한 다니엘 리베스킨트는 건축에 담긴 상징을 통해 민족과 역사의 아픔을 세계에 전했습니다.

구겨진 건물_루 루보 센터

〈심슨Simpson〉에서 호머Homer와 마지Marjorie가 자기 동네에 멋진 건물을 지어 달라는 편지를 유명한 건축가에게 보내는 장면이 나옵니다. 그가 바로 캐나다가 낳은 세계적 건축가 프랭크 게리Frank Gehry입니다. 세계는 그를 가리켜 '건축을 예술로 승화시킨 거장'이라고 칭송합니다.

그가 설계한 구겐하임 빌바오 미술관Guggenheim Bilbao Museum을 보면 왜 그를 그렇게 부르는지 알 수 있습니다. 티타늄 판으로 된 이 건물에는 기둥이 없습니다. 중심축인 아트리움에서 동심원으로 돌아 올라가면서 3개 층의 전시공간을 만들었습니다. 이 공간들에서 다시 크고 작은 위성 전시공간이 뻗어 나갑니다. 보는 사람의 위치에 따라 건물은 다양한 형태를 드러냅니다.

그가 지은 건축물은 똑바로 서 있는 것이 별로 없습니다. 곧 쓰러질 듯 휘청거리는 건물, 뒤틀리고 일그러진 건물, 비대칭적인 건물…. 이렇게 기존 관념에서 벗어난 건축 양식을 해체주의라고 하죠. 해체주의 건축의 한 축이 바로 프랭크 게리입니다.

그중 대표적인 것이 바로 클리블랜드 클리닉 루 루보 센터Cleveland Clinic Lou Ruvo Center입니다. 퇴행성 뇌, 즉 치매 클리닉인 이 센터는 대조적인 두 개의 건물로 이루어져 있습니다. 남쪽에 위치한 '생명활동센터'는 티타늄 판이 어지러이 구겨져 있는 외관입니다. 치매로 혼란해진 정신을 상징합니다. 또한 우뇌의 활발한 창의성을 상

루 루보 센터 생명활동센터. 치매로 혼란해진 정신과 우뇌의 활발한 창의성을 상징한다.

징하기도 합니다. 북쪽에 위치한 '리서치센터'는 대조적으로 단정한 외관입니다. 정확하고 체계적인 연구를 상징합니다. 또한 좌뇌의 규칙성을 상징하기도 합니다.

Case Study

유리로 된 집_예푸 & 하이룽텐텐

중국의 예술 특구 베이징北京 따산쯔大山子 798거리45에 유리로 된 집이 나타나 화제를 모았습니다. 가로 4미터, 세로 3미터, 높이 4미터, 사방이 온통 투명한 유리로 된

---

45 베이징 동북쪽 따산즈 지역에 위치한 로프트(loft) 형식의 대형 복합예술단지. 중국 전역에 있는 로프트식 예술단지의 표본이며, 미술 애호가가 많이 찾는 예술명소 일번지이다.

집. 안에는 20대 부부가 살고 있습니다. 그들의 24시간은 지나가는 사람들에게 적나라하게 노출됩니다. 하루 수천 명의 사람들이 그들의 생활을 들여다보았습니다. 그들의 유리집 생활은 한 달간 계속되었습니다.

예푸也夫와 하이룽톈톈海容天天. 사실 이들은 부부가 아니라 행위예술가들입니다. 일종의 모의 부부생활인 셈이죠. 유리집 속 그들의 일거수일투족一擧手一投足은 모두 행위예술입니다.

아침에 일어나 기지개를 켭니다. 부스스한 머리로 양치를 합니다. 속옷만 걸친 채 아침 식사를 준비합니다. 샤워를 하고 옷을 갈아입습니다. 누워서 전화통화를 합니다. 여느 부부의 일상과 같습니다. 그러나 잠은 따로 잡니다. 유리집 한가운데 유리로 된 벽이 있기 때문입니다.

유리벽은 현대사회의 부부관계를 상징합니다. 가장 가까운 사이이고 모든 것을 공유하는 것 같지만 실제로 둘 사이에는 보이지 않는 마음의 벽이 존재한다는 것을 의미하죠. 유리집 역시 현대인들의 삶을 상징합니다. 보이지 않는 벽이 있어 일정 거리 이상은 가까이 다가갈 수 없는 현대사회의 소외를 의미합니다.

두 젊은 예술가들은 보이지 않는 벽을 허물고 진정으로 소통하고 교류하는 인간관계를 회복하자는 의미에서 이러한 행위예술을 했습니다.

04

불완전하게 하기

인간은 원래 불완전한 것을 견디지 못합니다. 불완전한 정보가 주어질 경우 그 정보를 서로 연결시켜서 완전한 형태로 만들려는 심리를 가지고 있습니다. 이러한 심리를 심리학에서는 '완결성의 법칙'이라고 합니다.[46]

예를 들어, 도형의 일부가 빠져 있으면 인간은 빠져 있는 부분을 스스로 채워서 완전한 형태로 인식합니다. 소리도 마찬가지입니다. 빠진 메시지가 있으면 그 부분을 애써 채워 완전한 메시지로 받아들입니다.

이처럼 불완전한 것은 인간으로 하여금 스스로 완성하고픈 욕구를 이끌어 내고 그 재미에 빠지게 합니다.

1) 상호작용

따라서 컨텐츠를 완결하지 않고 열린 상태로 던져 주는 것은 수용자들의 상호작용을 이끌어 낼 수 있는 좋은 방법입니다. 아시다시피 상호작용은 커뮤니케이션을 일방적이 아닌 쌍방향으로 만들어 주어 그 효과를 한층 높여 줍니다.

---

[46] 천현숙(2010), 《광고 글쓰기 아이디어 73》, 나남.

안나 G와 산드로 M_알레시

1분에 한 개씩 팔리는 주방용품이 있습니다. 바로 이탈리아 주방 명품 알레시ALESSI 의 와인 오프너 안나 GANNA G. 세계적 산업디자이너 알레산드로 멘디니Alessandro Mendini의 작품입니다.

멘디니는 어려서부터 어른들이 와인 따는 모습을 지켜보면서 발레리나의 모습을 상상하곤 했습니다. 후에 여자친구인 발레리나 안나 질리Anna Gili를 보면서 그때의 기억을 떠올리곤 했는데, 그녀가 기지개 켜는 모습을 보고 마침내 영감을 얻어 안나 G를 만들었습니다.

단발머리에 미소 짓는 입, 퍼프puff 소매47의 컬러풀한 원피스, 우아하게 오르내리는 팔…. 안나 G는 단순한 와인 오프너가 아닙니다. 다정하고 사랑스러운 친구이며 애인입니다. 그녀의 인기가 치솟자 그녀의 매력을 한층 강조한 새로운 에디션edition들이 속속 이어졌습니다. 프라다PRADA, 베르사체Versace 등 명품 드레스를 입은 안나 G, 각국의 전통의상을 입은 안나 G, 영화 〈7년만의 외출〉의 마릴린 먼로Marilyn Monroe처럼 치마를 휘날리는 안나 G….

안나 G에 매력에 매료된 소비자들은 그녀에게 멋진 남자친구를 만들어 달라고 요구했습니다. 멘디니는 이에 응답해 이번에는 후추갈이 산드로 MSANDRO M을 탄생시켰습니다. 바로 자신의 이니셜을 딴 것이지요. 안나 G가 자신의 여자친구 안나 질리의 이니셜을 땄듯 말입니다.

산드로 M도 안나 G 못지않은 사랑을 받았습니다. 멋진 중절모에 댄디한 차림으

---

47 진동과 소맷부리에 주름을 잡아 부풀린 매우 짧은 소매.

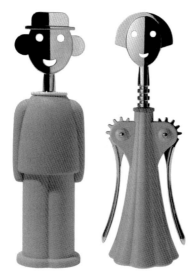

와인 오프너 안나 G(오른쪽)와 후추갈이 산드로 M(왼쪽).
다양한 에디션과 색상으로 인기를 누리고 있다.

로 안나 G 옆에 미소 지으며 서 있는 산드로 M. 그 또한 단순한 후추갈이가 아니었습니다. 안나 G의 멋진 파트너였습니다.

사실 안나 G의 탄생도 소비자들의 요구로 이루어진 것이었습니다. 안나 G는 애초에 알레시와 필립스Philips의 공동 프로젝트 기자회견장에서 배포한 500개 한정 기념품이었습니다. 그러나 이 멋진 기념품을 받은 사람들이 추가로 제작해 줄 것을 요구하는 바람에 마침내 정식 제품으로 탄생한 것입니다. 안나 G는 탄생도, 성장도 소비자들과 함께하는 행운을 누리고 있네요.

세상을 바꾼 사과_애플

퀴즈 하나. 인류의 삶에 가장 큰 영향을 미친 과일은? 정답은 사과. 스티브 잡스Steve Jobs의 애플Apple 말입니다.

애플의 사과 심벌symbol의 유래에 대해서는 오랫동안 많은 추측들이 있어 왔습니다. 스티브 잡스 특유의 신비주의와 맞물려 그 추측들은 깊이와 넓이를 더해 갔습니다. 대표적으로는 다음과 같은 추측들이 있습니다.

뉴턴Isaac Newton의 사과라는 추측. 1976년 설립 당시 애플의 심벌에는 뉴턴으로 보이는 사람이 사과나무 아래에서 책을 읽는 모습이 있습니다. 가장 합리적 추측으로 보입니다. 뉴턴은 만유인력을 발견하여 과학 발전에 큰 전기를 마련해 주었기 때문에 애플이 주창하는 혁신과도 맞닿아 있습니다.

아담Adam의 사과라는 추측. 애플은 1977년 심벌을 한 입 깨문 사과로 바꾸었습니다. '깨문bite'이라는 단어가 정보 처리 단위인 '바이트byte'와 음音이 비슷하여 바꾸었다는 설說도 있습니다. 깨문 사과는 곧 선악과善惡果를 떠올립니다. 선악과로 인해 인간의 역사가 시작되었기 때문에 새로운 역사를 만든다는 애플의 정신과도 상통합니다.

스피노자Spinoza의 사과라는 추측. 죽음을 바라보는 나이에 사과나무를 심은 스피노자의 명언, "내일 지구 종말이 오더라도 오늘 한 그루 사과나무를 심겠소". 그 사과에는 미래에 대한 희망이 담겨 있기 때문에 새로운 미래를 만든다는 애플의 사명과도 일치합니다.

게이gay의 사과라는 다소 의외의 추측. 애플은 1977년부터 1998년까지 심벌인 사과에 무지개색을 입힙니다. 무지개색은 아시다시피 게이의 심벌입니다. 동성애로 사회적 지탄을 받다가 청산가리를 넣은 사과를 먹고 자살한 앨런 튜링을 기리기 위한 것이라는 설도 있습니다. 컴퓨터공학의 이론적 토대를 마련한 사람이 바로 그이기 때문에 꽤 설득력 있어 보입니다.

이렇게 애플의 사과에는 과학, 신화, 철학, 사회와 관련된 고객들의 다양한 상상이 담겨 있습니다. 애플 측은 심벌의 의미와 유래에 대해서 명확히 밝히지 않습니다. 그럴수록 사람들의 상상은 점점 나래를 펴고 애플의 지평은 점점 넓어집니다.

Case Study

컨투어 병_코카콜라

여성의 호블 스커트Hobble skirt **48**를 상징화한 것이다, 섹스 심벌 메이 웨스트Mae West의 몸매를 형상화한 섹스어필sex appeal이다, 코코넛 열매의 형태를 모방한 것이다. … 100년 넘게 수많은 루머를 만들어 내고 있는 코카콜라 컨투어contour 병의 의미, 과연 무엇이 사실일까요?

사실은 이렇습니다. 사업 초기 코카콜라 본사에서 원액을 지역별로 공급하면 지역 내 각 가맹점에서 거기에 탄산수를 첨가해 자체 용기에 담아 판매했습니다. 통일된 용기가 없다 보니 유사품들이 횡행했습니다.

이에 1915년 코카콜라 본사는 품질 관리를 위해 통일된 용기를 만들어야 한다는 결정을 내립니다. 그리고 곧 병 디자인 공모를 했습니다. 공모에서 알렉산더 사무엘슨Alexander Samuelson과 얼 딘Earl Dean이 고안한 디자인이 최종 채택되었습니다. 그것이 바로 지금의 코카콜라 컨투어 병입니다.

---

48 1910년대 초반 유행한 발목 길이의 통이 좁은 스커트.

그들의 디자인 의도는 매우 현실적이었습니다. 같은 용량이지만 좀더 많아 보이게끔 시각적 착시를 유도하는 것이었죠. 가운데 부분을 잘록하게 해 병을 잡았을 때 미끄러지지 않도록 하기 위한 것도 있었습니다.

이런 실용적 의도와는 별개로 사람들은 이 아름다운 윤곽contour에 대해 수많은 상상과 추측을 합니다. 추측이 무성할수록 이 컨투어 병의 정체는 점점 더 비밀에 싸여 갔습니다. 마치 코카콜라 원액 제조법이 100년이 지난 지금까지 비밀에 싸여 있는 것과 같이 말입니다.

코카콜라는 적극적으로 병의 정체를 밝히지 않습니다. 덕분에 사람들은 온갖 상상력을 동원해 컨투어 병에 대한 자신의 생각을 발전시켜 나갑니다. 청량감을 주는 콜라야말로 상상력과 환상의 대상이 되기에 적합하지요.

살바도르 달리Salvador Dali, 로메로 브리토Romero Britto, 앤디 워홀Andy Warhol 등 많은 예술가들은 이 컨투어 병으로부터 영감을 받아 작품을 만들었습니다. 컨투어 병은 인물이 아닌 제품으로서는 처음으로 〈타임Time〉의 표지를 장식하기도 했습니다.

크라우드 소싱crowd sourcing도 상호작용의 원리입니다. 크라우드 소싱이란 군중을 뜻하는 '크라우드crowd'와 외부자원 활용을 뜻하는 '아웃소싱outsourcing'을 합친 용어입니다. 대중을 제품이나 창작물 생산 과정에 참여시키는 것을 말합니다. 내부의 소규모 인력으로는 할 수 없는 일을 대중의 힘을 빌려 완성하는 방식이죠.

크라우드 소싱은 미국 저널리스트 제프 하우Jeff Howe가 2006년 IT 전문지 〈와이어드Wired〉에서 처음 사용한 말입니다. 그는 다수의 인력 풀pool이 소수의 전문가보다 낫다고 했습니다. 다양한 사람들의 다양한 스타일이 더 나은 해결책을 제시한다는 것입니다.

말춤 신드롬_〈강남 스타일〉

오바마Obama 대통령도 춤추게 만든 〈강남스타일〉의 '말춤'. BBC, CNN, 〈뉴욕타임 스〉 등 세계 주요 언론들은 '말춤 신드롬syndrome'을 집중 조명한 바 있습니다. 이 말춤 이 크라우드 소싱을 통해 탄생했다는 것은 너무도 유명한 일화입니다. 여기서 이 곡 의 성공 요인을 찾는 시각도 있습니다.

한국 대중가요계에서 뮤직비디오는 기획사를 통한 제작이라는 범위를 벗어나지 않습니다. 안무도 유명 안무가 한 사람이 곡 전체를 전담하는 것이 관례입니다. 그러 나 '말춤'은 거기서부터 달랐습니다.

어느 날 회식에서 가수 싸이는 자신의 댄스 팀과 상금을 걸고 장기자랑을 했습니 다. 여기서 '말춤'의 원형이 나왔습니다. 그러나 그는 이 한 명에 전적으로 의존하지 않았습니다. 소정의 상금을 걸고 전국의 다양한 안무가들로부터 아이디어를 더 모았 습니다. 한 명의 경험보다 다수의 지혜를 믿기로 한 것이죠. 그 결과가 바로 현재의 '말춤'입니다.

마치 말을 타는 듯한 자세로 깡충거리면서 두 팔을 휘젓는 코믹한 '말춤'은 춤을 잘 추지 못하는 사람도 쉽게 따라 할 수 있는 단순한 동작으로 구성돼 있습니다. 한 명의 전문적 기술이 아니라 여러 명의 직관이 탄생시켰기 때문입니다.

그래서 군무群舞로 추었을 때 더 재미있고 중독성도 있습니다. 이것이 패러디 열풍 을 불러왔습니다. 혼자보다 집단으로 추는 쪽이 용기를 내기가 더 쉽기 때문이죠. 과 거 '마카레나Macarena'가 그랬듯이 말입니다. 그러나 '말춤'은 '마카레나'의 인기를 훌쩍 뛰어넘어 사상 초유의 전 지구적 광풍을 몰고 왔습니다.

우루과이 폭격기라 일컫는 축구선수 에딘손 카바니Edinson Cavani는 이탈리아 프로

축구 리그 세리에A 2012~2013시즌 5라운드에서 첫 골을 성공시킨 후 그라운드 위에서 '말춤' 세리머니를 펼쳤습니다. 맥도날드 말레이시아의 감자튀김 봉지에는 "소스를 넣고 '말춤'을 추면서 흔들어 먹으시오"라는 안내 사항이 적혀 있습니다. '말춤'이 얼마나 대중적인 인기를 얻었는지를 보여 주는 예입니다.

Case Study

휘어지는 멀티탭_피봇 파워 팝

퀄키Quirky라고 하는 크라우드 소싱 기반 제품개발 플랫폼platform이 있었습니다. 안타깝게도 지금은 경영 미숙으로 파산하고 말았지만 출범 당시에는 전 세계의 주목을 받고 설립 4년 만에 수익이 무려 50배나 증가했던 성공 스타트업startup 49이었습니다. 퀄키가 이렇게 급성장할 수 있었던 것은 크라우드 소싱 방식의 사업 모델 덕분이었습니다.

매주 목요일 저녁 7시 뉴욕에 위치한 퀄키 사무실에서는 한 주 동안 제안된 수많은 아이디어 중 최종 사업화할 아이디어를 선정하는 회의가 열립니다. 이미 홈페이지에서 회원들의 의견 수렴과 투표를 거쳐 걸러진 것들입니다. 즉, 퀄키가 제시한 문제에 대해 회원들이 아이디어를 제시하면 그 아이디어는 또 다른 회원들에 의해 수정됩니다. 최종 수정된 아이디어 중 '커뮤니티 큐레이션community curation'이라 불리는 투표를 통해 채택된 것만이 이 회의에 올라옵니다.

회의는 온라인으로 생중계되기 때문에 전 세계에 흩어져 있는 회원들이 최종선정

---

49 설립한 지 오래되지 않은 신생 벤처기업. 미국 실리콘밸리에서 처음 사용된 용어이다.

작업에 참여할 수 있습니다. 선정된 아이디어는 퀄키가 보유한 4대의 3D프린터를 통해 즉각 시제품으로 제작됩니다. 세계 각지의 제조 파트너들을 통해 최종 생산된 제품은 미국의 홈데포Home Depot, 프랑스의 오샹Auchan 등 글로벌 유통망을 통해 전 세계에서 판매됩니다. 첫 아이디어 제안자와 개발과정에 참여한 모든 회원들은 기여도에 따라 공평하게 수익과 로열티를 분배받습니다.

퀄키 크라우드 소싱의 최고 히트작은 '휘어지는' 멀티탭 피봇 파워 팝Pivot Power Pop입니다. 큰 플러그가 콘센트 구멍을 막는 일이 없는 아이디어 상품으로 전 세계에서 70만 개가 팔렸습니다. 처음 아이디어를 제안한 제이크 지엔Jake Zien이라는 고등학생은 56만 달러, 한화로 약 6억 원을 분배받았습니다. 물론 개발과정에 참여한 855명에게도 수십만 달러가 분배되었습니다.

크라우드 소싱은 집단지성collective intelligence과 맥락을 함께합니다. 집단지성이란 한 개인이 가진 탁월한 능력보다 집단이 가진 다양성과 거기에서 나오는 힘을 믿는 것입니다.

돈 탭스콧Don Tapscott은 저서 《매크로위키노믹스Macrowikinomics》50에서 "디지털 시대 사람들은 찌르레기들이 무리를 형성하듯 국가를 넘는 네트워크를 형성해 지식뿐 아니라 지능까지 공유하여 집단지성의 힘을 발휘한다"고 지적했습니다. 피아트Fiat가 컨셉 카concept car 미오mio의 디자인에 온라인 커뮤니티 회원 1만 7천 명을 참여시킨 것이 바로 그런 예입니다.

---

50 Tapscott, D. & Williams, A. (2010), *Rebooting Business and the World Macrowikinomics*, Portfolio.

해묵은 난제를 풀다_〈폴드 잇〉

'단량체 프로테아제 효소monomer protease enzyme 단백질 구조 해독解讀'. 지난 십수 년간 생화학자들을 괴롭혀 온 해묵은 난제였습니다.

이 단백질 구조 해독작업은 레트로바이러스retrovirus 51가 일으키는 여러 가지 난치병들의 원인을 파악하여 치료제를 개발하는 데 반드시 필요한 중요한 작업이었습니다. 에이즈AIDS의 원인인 인간면역결핍증바이러스HIV, 백혈병leukemia의 원인인 RNA 종양바이러스RTV가 바로 대표적인 레트로바이러스입니다. 루게릭병amyotrophic lateral sclerosis도 레트로바이러스가 원인이라는 설도 있습니다.

그러나 생화학자들이 현미경으로 아무리 자세히 들여다보아도 뭉개진 스파게티 같은 1차원으로 된 평면 형태밖에 볼 수 없었습니다. 단백질 구조를 알려면 3차원으로 된 입체 구조를 파악해야만 했습니다.

워싱턴대 생화학연구소는 이 오래된 난제를 집단지성으로 해결했습니다. 그것도 단 3주 만에! 최고 스펙의 연구원들이 십수 년간 해결하지 못한 난제를 단 3주 만에 일반인들이 해결한 것입니다.

생화학연구소는 단백질 구조 접기 3D게임 〈폴드 잇Fold it〉을 만들어 온라인상에 유포했습니다. 수만 명의 게이머들이 이 게임에 참여했습니다. 3차원으로 된 단백질 구조를 접거나 구부려서 가장 효율적인 형태를 찾아내는 것입니다.

그 결과 3주 만에 가장 효율적인 형태를 찾아내는 데 성공했습니다. 연구원들은

---

51 '거꾸로'라는 뜻의 역전사 효소(reverse transcriptase)를 가지고 있어, 유전정보의 흐름이 DNA에서 RNA로의 일반적인 방향과 반대로 RNA에서 DNA로 흐르게 만든다.

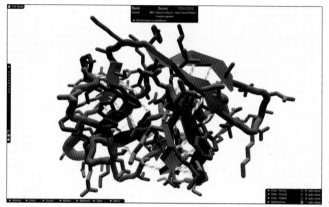

집단지성의 힘.
단백질 구조 접기 3D게임
〈폴드 잇〉.

이 형태를 바탕으로 '단량체 프로테아제 효소 단백질 구조 모델'을 만들 수 있었습니다. 이 연구 결과는 〈네이처Nature〉의 자매 저널인 〈몰레큘러 시스템즈 바이올로지Molecular Systems Biology〉에 공식 게재되었습니다. 저널은 이 연구의 공동 저자로 단백질 구조 접기 3D게임에 참여한 게이머 5만 7천 명의 이름을 모두 올렸습니다.

2) 자발성

'하던 지랄도 멍석 깔아 놓으면 안 한다'라는 속담이 있습니다. 자발성이 없으면 인간의 행동을 이끌어 내기 힘들다는 말입니다.

컨텐츠가 상호작용을 이끌어 내려면 수용자가 자신의 상상력을 동원해 자신만의 이미지와 디테일을 보탤 수 있도록 컨텐츠상에서 여지를 주는 것이 필요합니다. 자발성을 발휘할 수 있는 어떤 '틈' 말이지요. 비집고 들어갈 틈이 있어야 들어갈 엄두가 나기 때문입니다.

예를 들어 앞에서 예로 든 〈강남스타일〉의 경우, 만일 리듬이 복잡하거나 춤이

까다로웠다면 그 많은 패러디를 이끌어 낼 수 없었을 것입니다. 누구라도 따라할 수 있을 것 같은 쉬운 춤 동작과 단순한 리듬이 패러디 선풍을 일으키는 데 큰 몫을 했습니다.

내각 활동비 부당청구 스캔들_〈가디언〉

무려 46명의 내각 각료52가 의원직을 내려놓게 한 사건, 200명이 넘는 전직 의원이 연루된 사건, 바로 영국 내각 활동비 부당청구 사건입니다. 각료들은 애완견 사료에서부터 피아노 조율비, 집 수리비까지 공금으로 썼습니다. 이 사실이 밝혀지자 집권 노동당의 도덕성은 치명적인 타격을 입었습니다.

영국의 유력 일간지 〈가디언The Guardian〉은 이 사건을 제대로 파헤치기 위해 하나의 아이디어를 냈습니다. 바로 정부 예산지출 청구서 45만 8천여 장을 모두 인터넷 홈페이지에 올려놓고 독자들에게 그것을 분석해 볼 것을 제안한 것입니다.

결과는 어땠을까요? 독자들이 과연 그 많은 청구서를 일일이 분석했을까요? 기적 같은 일이 벌어졌습니다. 청구서가 공개된 지 80시간 만에 독자 5만 7천여 명이 청구서 17만여 장을 분석해서 다시 올렸습니다. 결국 〈가디언〉은 독자들의 자발적 도움에 힘입어 청구서 22만여 장에서 각종 부당청구 사례를 찾아 보도할 수 있었습니다.

홈페이지 방문자 중 청구서 분석 참여자의 비율은 무려 56%였습니다. 어떻게 이 많은 사람들이 아무런 대가 없이 이 힘든 작업에 기꺼이 참여할 수 있었을까요? 비밀

---

52 내각을 구성하는 각부 장관. 일반적으로 의원내각제에서의 각료는 국회의원을 겸할 수 있고 언제든지 국회에서 발언할 수 있으며 국회에 대하여 책임을 진다.

은 홈페이지 게시 글에 있었습니다.

〈가디언〉은 기사를 읽고 독자들이 4가지 선택지 중 하나를 자발적으로 선택하게 했습니다. "이 기사에 흥미가 있나요? 좀더 조사를 해봐야 할까요?"라는 물음에 독자는 "흥미 없다", "흥미 있다", "흥미 있지만 이미 알고 있는 내용이다", "더 조사해 봐야 한다"라는 4가지 대답 가운데 하나를 고를 수 있었습니다. 자발성이 더 많은 참여를 이끌어 낸 것이지요.

여기에 더해 〈가디언〉은 누가 더 많은 청구서를 분석했는지 순위를 매겨 공개했습니다. 경쟁심을 자극해 자발성에 불을 붙인 것이지요.

Case Study

같은 시간, 다른 모습_〈라이프 인 어 데이〉

오늘 당신은 어디서 무엇을 했습니까? 지구 정반대편에 있는 아르헨티나Argentina 청년은 무엇을 했을까요? 태평양 건너 뉴질랜드New Zealand 소녀는 또 무엇을 했을까요?

지구촌 어디에도 사람은 살고 있습니다. 북극에도, 아마존에도, 히말라야산맥에도. 그들이 살아가는 모습은 모두 다릅니다. 그러나 그 모습은 하나같이 아름답습니다. 그 모습 자체가 하나의 예술입니다.

같은 시간 다른 공간에서 살아가는 사람들의 천태만상千態萬象 일상을 담아낸 다큐멘터리 영화가 있습니다. 바로 〈라이프 인 어 데이Life in a Day〉. 이 영화는 시작 단계부터 독특한 방식의 제작과 구성으로 주목을 받았습니다. 유튜브YouTube에 올라온 영상 클립을 모아서 영화로 재구성한 것입니다. 감독의 의도대로 제작된 영화가 아니라 지구촌 곳곳에 흩어져 살아가는 사람들의 모습을 있는 그대로 보여 주는 것입니다.

영화 〈라이프 인 어 데이〉 포스터

제작진은 전 세계 네티즌에게 이와 같은 제작의도를 설명하고 2010년 7월 24일 하루를 사는 자신의 모습을 담은 영상을 유튜브에 올려 줄 것을 요청했습니다. 카메라를 구할 수 없는 특정 지역에 거주하는 400여 명에게는 제작진이 카메라를 보내 주기도 했습니다.

그 결과 197개국 약 8만여 명의 사람들이 자신의 하루를 찍어 유튜브에 올렸습니다. 무려 4,500시간 분량이었습니다. 감독은 이 중 331명이 보낸 1,125편의 영상을 편집하여 하나의 스토리로 만들었습니다. 8만 명이라는 역사상 가장 많은 인원이 참여하여 만든 이 영화는 선댄스영화제Sundance Film Festival에서 상영되어 세계의 주목을 받았습니다.

영화를 통해 우리는 인생을 살아가는 모습은 매우 다양하며 그 어떤 것도 아름답지 않은 것이 없다는 따뜻한 위로를 얻을 수 있었습니다. 이것은 특별한 방향성 없이 그저 평범한 사람들의 하루를 모아 엮었기에 가능했습니다. 그랬기에 8만 명이라는 사람들이 자발적으로 자신의 하루를 찍어 보낼 수도 있었습니다.

Case Study

엄마의 첫 번째 노래_AIA생명

말하고, 읽고, 노래하고 …. 보통 사람들에게는 너무 쉽고 당연한 일이지만 그렇지 못한 사람도 있습니다. 바로 선천적 청각언어장애우들.

청각언어장애를 가진 은주 씨는 들을 수도 말할 수도 없어 사랑하는 딸에게 책 한 번 읽어 줄 수 없었습니다. 은주 씨의 소원은 단 한 번만이라도 딸에게 사랑이 담긴 노래를 불러 주는 것. 그러나 그것은 결코 이루어질 수 없는 소원이었습니다. 이런 은 주 씨를 위해 AIA생명이 나섰습니다.

먼저 은주 씨의 가슴 아픈 사연을 SNS를 통해 알리고 뜻있는 사람들의 동참을 호 소했습니다. 많은 사람들이 이에 호응하여 자원봉사를 자청했습니다. 10,017명의 자원봉사자들로부터 모바일 ARS를 통해 목소리를 기부받았습니다. 일종의 소셜 크 라우딩이죠. 이 중 은주 씨와 가장 유사한 성대 구조를 가진 목소리를 가려 뽑았습니 다. 목소리는 다시 자음과 모음으로 나누어 따로 녹음했습니다. 이렇게 목소리 샘플 이 완성되었습니다.

다음은 은주 씨의 수화를 목소리로 바꾸는 일이 남았습니다. 먼저 '동작 인식 센서 motion recognition sensor'를 이용해 수화를 음성으로 실시간 변환해 주는 디바이스를 개발 했습니다. 그리고 여기에 목소리 샘플을 입력했습니다. 이제 은주 씨가 수화를 하면 이 기계가 실시간으로 수화를 목소리로 바꿔 전달합니다.

마침내 딸의 생일. 은주 씨는 딸에게 첫 번째 생일축하 노래를 불러 주었습니다. 수화가 아닌 아름다운 목소리로. 은주 씨의 소원은 이루어졌습니다.

이 기적은 어느 한 기업이 만들어 낸 것이 아닙니다. 10,017명의 평범한 시민들이 만든 것입니다. 자발적으로 목소리를 기부한 그들이 없었다면 은주 씨의 소원은 이루 어질 수 없었을 것입니다.

05

재미있게 하기

톰은 마을에서 소문난 장난꾸러기입니다. 하루는 친구와 싸워서 부모님으로부터 담장을 칠하라는 벌을 받습니다. 페인트 통을 들고 담장 앞에 선 톰. 바로 그때 사과를 먹으며 빈둥대는 벤을 발견합니다. 톰은 갑자기 너무 재미있다는 듯 담장을 신나게 칠하기 시작합니다. 그 모습을 본 벤이 다가와 자기도 한번 칠해 보겠다고 합니다. 그러나 톰은 이렇게 재미있는 일을 넘겨 줄 수 없다고 버팁니다. 벤은 결국 사과를 바치고서야 붓을 겨우 넘겨받습니다. 이를 지켜본 다른 소년들도 아끼는 보물을 톰에게 바치고 페인트칠을 허락받습니다.

마크 트웨인Mark Twain의 소설 《톰 소여의 모험The Adventures of Tom Sawyer》에 나오는 유명한 에피소드입니다. 이렇듯 사람들은 재미를 좋아합니다. 재미있는 일이라면 수단과 방법을 가리지 않고 달려듭니다.

일찍이 벤담Bentham은 인간의 궁극적 목표가 쾌락이라고 했습니다. 그는 쾌락에는 질의 차이가 없다고 했습니다.[53] 어떤 쾌락이든 인간을 기쁘고 행복하게 하는 점에서는 같다는 것이죠.

또한 요한 호이징하Johan Huisinga는 인간을 호모 루덴스Homo Ludens, 즉 놀이하는

---

53 Arrington, R. L. (2003), 김성호 옮김, 《서양 윤리학사》, 서광사.

존재라고 갈파했습니다. **54** 그는 노는 것이 문화의 한 요소가 아니라 문화 그 자체라고 강조했습니다. 특히 조흥윤은 한국인이 전형적인 호모 루덴스라고 강조했습니다. 한국인은 놀이를 삶의 율동으로 익히고 생리로 가다듬어 왔으며 그것을 한국인의 호흡이라 해도 좋다고 역설했습니다. **55**

따라서 컨텐츠를 만들 때는 무엇보다 놀고 즐길 수 있는 재미 요소를 넣어야 합니다. 재미가 없는 것에는 사람이 모이지 않습니다. 관심도 주지 않습니다. 확산도 되지 않습니다. 앞에서 예로 든 〈강남스타일〉의 경우 저스틴 비버Justin Bieber가 춤이 재미있다며 자신의 트위터에 올리지 않았다면 그만큼의 파급력을 갖기 힘들었을 것입니다.

Case Study

못된 조크위원회_이노센트

"우리 직장 때려치우고 같이 사업할래?" 술자리에서 흔히 하는 '안주 같은' 이야기입니다. 대개는 다음 날 술이 깨면 까맣게 잊죠. 그러나 이것을 행동으로 옮긴 세 친구가 있습니다. 바로 이노센트의 창업자 리처드 리드Richard Reed, 아담 발론Adam Balon, 존 라이트Jon Wright.

창업 스토리가 재미있습니다. 세 친구는 각자 직장을 다니면서 틈틈이 연구해 세 가지 맛의 스무디를 개발했습니다. 직장을 그만두고 스무디 회사를 창업해야 할지 고민했습니다. 그들은 재즈 페스티벌 Jazz on the Green에서 시음회와 함께 투표로 창

---

54 Johan, H. (1981), 김윤수 옮김, 《호모 루덴스: 놀이와 문화에 관한 한 연구》, 까치.
55 조흥윤(2001), 《한국문화론》, 동문선.

업을 결정하기로 했습니다. 시음 테이블 위에 '우리가 직장을 그만두고 스무디 회사를 차려도 될까요? 빈병으로 투표해 주세요'라고 적어 놓은 다음 그 아래에 각각 'Yes'와 'No'라고 적힌 쓰레기통을 두었습니다. 페스티벌이 끝날 즈음 'Yes' 쓰레기통에는 빈병이 가득했습니다.

창업은 했지만 문제는 자금이었습니다. 세 친구는 '불쌍한 과일 사 갈 부자 어디 없나요?'라며 닥치는 대로 떠들고 다녔습니다. 소문을 들은 모리스 핀토Maurice Pinto가 마침내 25만 파운드를 투자했습니다. 그는 한 인터뷰에서 이렇게 고백합니다. "사실 아이디어는 별로였습니다. 그러나 사업이 망할 위기에 처했는데도 자신들을 이야깃거리로 삼는 유쾌한 에너지가 믿음을 줬습니다."

재미는 주스 병에도 넘칩니다. 유통기한 대신 "~까지 즐기세요enjoy by~"라고 적었습니다. 병 바닥에는 "제 엉덩이 좀 그만 쳐다보세요!", "구조를 원한다면 이 병에 편지를 넣고 바다에 던지세요"와 같은 재미있는 문구를 넣었습니다. 이 문구는 일주일마다 바뀝니다. 이를 위해 매주 목요일 '못된조크위원회Bad joke committee'가 열립니다.

리처드 리드는 이렇게 말합니다. "경험이 전무했던 우리 셋이 남들에게 우리를 보증하는 방법은 재미있는 유머뿐이었습니다. 마시면 행복해진다는 것을 전하고 싶었습니다."

Case Study

기다리는 시간이 기다려져요_르 쁘띠 셰프

요리를 기다리는 시간. 결코 짧지 않은 시간이라 지루하죠. 딱히 할 일도 없어 휴대폰만 만지작거리게 됩니다. 그러나 르 쁘띠 셰프에서는 이 시간이 가장 재미있는 시간입니다.

주문을 마치면 조명이 꺼지고 테이블 위 접시에 작고 깜찍한 셰프Chef 캐릭터가 나타납니다. 애니메이션 영상으로 요리 만드는 과정을 재미있게 보여 줍니다. 거대한 당근을 땅에서 뽑아 낑낑대며 옮깁니다. 몸집보다 큰 랍스터를 바다에서 겨우 낚아 올립니다. 자신보다 크고 무거운 스푼을 들어 올려 재료를 계량합니다. 키보다 큰 톱으로 브로콜리를 썰어 접시에 던집니다.

이 애니메이션은 3D 프로젝션 맵핑Projection Mapping 기술로 구현됩니다. 물체의 표면에 빛으로 영상을 투사하는 기술이죠.

에피타이저appetizer부터 디저트dessert까지 새로운 요리가 나올 때마다 어김없이 작은 셰프가 나타나 준비 과정을 재미있게 보여 줍니다. 신기하기도 하지만 내가 먹을 요리가 어떻게 만들어지는지 알게 되는 재미도 있습니다. 영상이 끝남과 동시에 바로 음식이 나옵니다. 이 레스토랑에서는 요리를 기다리느라 지치는 일이 결코 없습니다. 오히려 벌써 요리가 나왔나 싶을 정도입니다.

이 재미있는 애니메이션 덕분에 이 식당은 예약을 하지 않으면 들어갈 수 없을 정도로 문전성시라고 합니다. 이곳에서라면 음식을 기다리는 시간이 오히려 기다려지겠죠?

Case Study

'트윗에 뭐가 꼈어요'_콜게이트

앞에 앉아 있는 친구의 이에 음식 조각이 끼었다. 그런데 그 친구는 그것도 모르고 입을 크게 벌려 웃고 떠든다. 살짝 귀띔해 주고 싶지만 도저히 말 못 하겠다. 얼마나 무

"트윗에 뭐가 꼈어요."
콜게이트의 재치 있는 런칭 이벤트

안하겠는가? 그렇다고 친구로서 알려 주지 않는 것도 도리가 아닌 것 같고…. 어떻게 해야 하지?

누구나 한 번쯤 겪었던 곤란한 일입니다. 이 곤란한 상황을 재미있게 해결하는 기막힌 방법을 콜게이트Colgate가 고안해 냈습니다. 바로 슬림소프트Slimsoft 런칭 이벤트입니다.

친구가 내 앞에서 무안해 할까봐 직접 말하기는 좀 곤란하죠? 그렇다면 슬림소프트 트위터twitter에 살짝 트윗tweet하면 됩니다. 친구의 이에 뭐가 꼈다고. 그러면 슬림소프트가 이를 재빠르게 익명으로 그 친구에게 리트윗해 줍니다. 그것도 무안하지 않도록 위트 있게 "트윗에 뭐가 꼈어요There's something in your tweet"라고. 트윗을 받은 친구는 처음에는 이게 뭘까? 싶겠지만 곧 깨닫게 됩니다. 슬림소프트 런칭 캠페인이 한창 벌어지고 있을 때니까요.

누가 보냈는지 알 수 없는 익명 트윗이니까 애초에 보낸 사람도 받는 사람도 입장 곤란하거나 무안할 일이 없습니다. 트위터로 재빠르게 문제를 해결했으니 불편한 상황이 금방 해결됩니다. 모두가 즐겁게 대화할 수 있습니다. 곤란할 수도 있는 일을 위트 있고 재미있게 해결한 것이죠.

벤담은 쾌락에 질의 차이가 없는 대신 양의 차이는 있다고 했습니다. 그는 쾌락의 양을 계산하는 요소로 7가지를 들었습니다. 쾌락의 강도強度, 지속성, 확실성, 접근성, 수확성, 순수성, 범위가 그것입니다.

강도란 쾌락이 얼마나 강하고 큰지를 말합니다. 이른바 '대박'이라는 것은 강도가 큰 쾌락이겠죠. 지속성이란 쾌락이 얼마나 오래 유지되는지를 말합니다. 마음에 여운이 남는 쾌락이라면 지속성이 큰 쾌락이겠죠. 확실성은 쾌락이 얼마나 확실한지를 말합니다. 막연한 기대가 아니라 확실하게 쾌락을 주는가 하는 문제입니다. 접근성이란 쾌락을 얼마나 빨리 얻을 수 있는지를 말합니다. 생산성이란 쾌락이 다른 쾌락을 얼마나 동반하는지를 말합니다. 단지 한 번만으로 끝난다면 생산성이 적은 쾌락이겠죠. 순수성이란 쾌락에 고통의 요소가 동반되지 않는지를 말합니다. 예컨대 육체적 쾌락에 빠짐으로써 건강을 해친다면 순수성이 없는 쾌락이겠죠. 범위란 쾌락이 얼마나 많은 사람에게 영향을 미칠 수 있는지를 말합니다. 그가 부르짖은 '최대 다수의 최대 행복'이란 되도록 많은 사람들에게 쾌락을 주는 것이 옳다는 것입니다.

이상 7가지는 컨텐츠를 재미있게 만드는 데 고려해 볼 필요가 있는 것들입니다.

Case Study

우유 좋아 우유 좋아♪_**〈우유송〉**

〈우유송〉(김주희 작사·조형섭 작곡)

콜라 싫어 싫어. 홍차 싫어 싫어. 새카만 커피 오노~~

핫쵸코 싫어 싫어. 사이다 싫어 싫어. 새하얀 우유 오 예스~~

맛 좋고 색깔 좋고 영양도 최고. 깔끔한 내 입맛에 우유가 딱이야.

단백질 칼슘도 왕 비타민 가득.

우유 좋아 우유 좋아 우유 주세요 다 주세요.

우유 좋아 우유가 좋아 세상에서 제일 좋아.

(후략)

내용이 건전하고 리듬이 귀여워서 동요로 알고 있는 사람이 많지만, 이 노래는 사실 KBS에서 방영된 만화영화 〈아장닷컴〉의 OST입니다.

〈아장닷컴〉은 중학교 국어 교과서에도 나오는 아기장수 '우투리' 설화를 바탕으로 한 장편 애니메이션입니다. 아기장수 정령 '아장'이 사이버계로 떨어진 정령들을 구하는 모험 이야기입니다. 일종의 액션 어드벤처죠.

〈우유송〉은 사실 타이틀곡도 아니고 삽입곡 중 하나였는데 의외로 큰 인기를 얻었습니다. 〈당근송〉[56], 〈숫자송〉[57]과 함께 엽기송 열풍을 일으킨 주인공이죠. 리듬이 단순하고 가사가 재미있어서 한 번 부르면 하루 종일 흥얼거리게 되는 중독성이 있습니다. 〈소주송〉, 〈운동송〉 등의 수많은 패러디를 낳기도 했습니다. 벤담이 말한 '지

---

[56] 2000년대 엽기송의 시초. 바른손 이메일카드에 현재로 치면 '움짤'과 같이 첨부하는 뮤직비디오. "나 보고 싶니? 당근! 나 생각나니? 당근! I love you You love me 당근~당근~당근. 나 좋아하니? 당근! 나 사랑하니? 당근! I love you You love me 당근~당근~당근 너 변하지마 당근! 언제까지나 당근! 좋아해 좋아해 당근~당근~당근~ 행복해요 당근! 즐거워요 당근! 사랑해 사랑해 당근송! 때로는 짜증나고 때로는 힘들어도 너의 곁에 언제나 웃고 있는 날 생각해. 때로는 슬퍼지고 때로는 외로워도 너의 곁에 언제나 함께하는 나를 생각해 당근송!"

[57] 2003년 NHN의 팬 미팅 블로그 '엔토이'에서 나온 플래시 애니메이션 뮤직비디오. 숫자 1부터 10까지 십행시로 사랑을 고백하는 가사. "1 일 초라도 안 보이면, 2 이렇게 초조한데, 3 삼 초는 어떻게 기다려 이야이야이야, 4 사랑해 널 사랑해, 5 오늘은 말할 거야, 6 육십억 지구에서 널 만난 건, 7 럭키야 사랑해 요기조기 한눈팔지 말고 나를 봐 좋아해 나를 향해 웃는 미소 매일매일 보여줘, 8 팔딱팔딱 뛰는 가슴, 9 구해줘 오 내 마음, 10 십 년이 가도 너를 사랑해 언제나 이맘 변치 않을게~."

속성' 면에서 상당히 큰 쾌락을 준 셈이죠.

어린이들뿐만 아니라 중·고등학생, 어른들에게도 인기가 있었습니다. 요즘 사람들에게 〈아기상어송〉이 있다면 당시에는 〈우유송〉이 있었습니다. 초등학교 우유 급식 시간에도 이 노래가 방송으로 나왔습니다. 노래방 노래책에도 실려 있습니다. 벤담이 말한 '강도'와 '범위' 면에서도 큰 쾌락을 준 컨텐츠입니다.

Case Study

《먼나라 이웃나라》_이원복

과거 부모님들이 가장 좋아한 자식 모습은 어떤 걸까요? 바로 책 보는 모습입니다. 그럼 가장 싫어한 자식 모습은? 책은 책인데 만화책 보는 모습입니다. 그래서 만화책은 만화방에 몰래 숨어서 보는 책이었습니다. 부모님 몰래. 들킬까 봐 마음 졸이면서.

그런데 유일하게 부모님들이 자식에게 나서서 권하던 만화책이 있었습니다. 읽으라고 닦달을 하던 만화책. 한 권 끝나기가 무섭게 다음 권을 사주던 만화책. 시리즈별로 다 챙겨 주던 만화책. 바로 《먼나라 이웃나라》입니다. 만화가 이원복 교수가 쓴 역사 만화책, 아니 만화 역사책입니다.

1990년대와 2000년대에 유년 시절을 보낸 사람 대다수가 바로 이 책을 통해 역사 공부를 했다 해도 과언이 아닙니다. 무려 30년 넘게 발간된 초특급 스테디셀러steady seller, 무려 500만 권 이상 팔린 베스트셀러이기도 합니다.

과연 비결이 무엇일까요? 바로 재미입니다. 역사는 방대하고 복잡해서 누구나 어려워하는 과목입니다. 나라, 인물, 연도, 사건 등 외울 건 많은데 다 그게 그거 같고 흥미도 없어서 잘 외워지지도 않죠.

그런데 이 책은 다릅니다. 이 책만큼 어려운 역사를 쉽게 풀어쓴 책이 없다는 것에는 거의 이견이 없습니다. 이 책만큼 역사에 대한 흥미를 불러일으킨 책이 없다는 데에도 거의 이견이 없습니다. 이 책 덕분에 이른바 역덕후(역사 애호가)가 많이 생겼다는 것도 널리 인정되는 사실입니다. 실제로 이 시기에 대학 입시에서 역사학과 지망생들이 급증했다는 자료도 있습니다. 재미있는 책 한 권이 사람의 인생을 바꿔 놓은 것이죠. 벤담이 말한 '생산성'과 '범위' 면에서 상당히 큰 쾌락을 준 컨텐츠입니다.

Case Study

노란 고무 오리_러버 덕

어느 가을날, 석촌호수에 대형 오리 한 마리가 나타났습니다. 가로 16.5미터, 세로 19.2미터, 높이 16.5미터, 무게 1톤의 노란색 고무 오리. 많은 사람은 이것을 보고 어린 시절 욕조 위에 떠 있던 노란 고무 오리 인형을 떠올렸습니다. 노란 고무 오리 인형은 날마다 함께 놀아 주고 얘기를 들어 주던 친구였습니다. 아마 손수 지어 준 이름도 있었을 겁니다.

이 대형 오리의 이름은 러버 덕Rubber Duck입니다. 고무 오리라는 뜻이죠. 작가도 어린 시절 욕조 위의 고무 오리를 염두에 두고 만들었나 봅니다. 이 고무 오리를 만든 작가는 네덜란드 설치미술가 플로렌타인 호프만Florentijn Hofman입니다. 그는 전 세계 16개국에 이 대형 오리를 띄웠습니다. 전 세계에 즐거움을 퍼트리기 위해서입니다.

러버 덕은 마지막 여정으로 서울의 석촌호수를 찾아왔습니다. 그런데 첫날부터 옆으로 쓰러지고 말았습니다. 쓰러진 모습이 오히려 더 귀여웠습니다. 언론들은 "러버 덕 프로젝트 첫날부터 덕무룩", "러버 덕 석촌호수 물 다 마셨나?" 등 재미있는 헤

석촌호수에 나타난 노란 고무 오리,
러버 덕.

드라인과 함께 보도했습니다. 이를 본 네티즌들은 "머리 쿵해쪄?", "목말랐쪄?" 등의
댓글을 달며 즐거워했습니다.

　즐거움을 퍼트리겠다는 호프만의 의도가 적중한 것입니다. 벤담이 말한 '확실성'
면에서 큰 쾌락을 준 것이죠. 그는 러버 덕이 사람들을 미소 짓게 만들고 지루한 일상
에서 벗어나 잠시 휴식을 가질 수 있게 만들기를 바란다고 했습니다. 걷는 걸 잠시 멈
추고 주변 사람들과 대화를 나눌 수 있게 만드는 것이 바로 러버 덕의 효과라고 했습
니다. 벤담이 말한 '순수성' 면에서도 큰 쾌락을 준 컨텐츠입니다.

06

기억되게 만들기

앞에서 컨텐츠가 재미있기만 하면 큰돈 들이지 않아도 커뮤니케이션에 성공할 수 있다고 했습니다. 디지털 네트워크를 통해 삽시간에 퍼진다고 했습니다. 몰입적, 자발적 커뮤니케이션이 가능하다고까지 했습니다.

그러나 일시적으로 세간世間의 화제가 되었다가 금방 사라지는 컨텐츠가 아닌 오래 기억되는 컨텐츠가 되기 위해서는 단순히 재미있고 기발한 것만으로는 부족합니다. 두고두고 즐길 수 있는 요소가 있어야 합니다. 그 요소가 무엇인지 살펴보겠습니다.

1) 정곡

컨텐츠가 오래 기억되기 위해서는 마음속 정곡正鵠을 찌르는 요소가 있어야 합니다. 정곡은 과녁의 중심을 가리킵니다. 가장 중요한 핵심을 말하죠.

그 핵심을 찌르려면 사람들이 마음속으로 진정 중요하게 생각하는 것이 무엇인지를 알아야 합니다. 그것을 자극받았을 때 사람들의 가슴속에는 작은 울림이 생깁니다. 그 울림을 우리는 감동感動이라고 하죠. 한문으로 풀면 '느낄 감', '움직일 동', 즉 울림이 사람을 움직이게 한다는 것입니다. 두고두고 그 감동을 되새기게 한다는 뜻입니다.

그렇다면 사람들이 마음속으로 중요하게 생각하는 것이 과연 무엇일까요? 진정한 사랑, 사람에 대한 믿음, 가슴속에 간직한 꿈, 자신의 내적 성장, 자아의 실현, 원초적 욕망 등일 것입니다.

앞에서 언급한 〈슈퍼스타 K〉가 장장 8년 동안 화제의 중심에 설 수 있었던 것은 단순히 노래 실력을 겨루는 것이 아니라 출연자들이 자신의 꿈을 향해 한 발 한 발 나아가는 모습을 지켜볼 수 있었기 때문일 것입니다.

〈오프라 윈프리 쇼〉가 무려 20년 동안 부동의 1위 자리를 지킬 수 있었던 것은 출연자들이 거짓 없이 털어놓는 삶의 질곡桎梏에 대한 관심과 애정이 있었기 때문일 것입니다.

Case Study

디지털 땅따먹기_포스퀘어

하나! 둘! 셋! 손가락으로 세게 튕긴 돌이 세 번 만에 내 땅으로 다시 돌아 들어옵니다. 내 땅이 그만큼 넓어집니다. 이번엔 상대 차례. 하나! 둘! 셋! 아뿔싸, 기껏 차지한 땅을 다시 빼앗깁니다. 땅바닥에 선 몇 개 그어 놓고 하는 놀이일 뿐인데 내 영역을 넓히기 위해, 혹은 지키기 위해 진지하게 다투는 '땅따먹기Foursquare' 놀이. 자기 영역을 갖고자 하는 인간의 원초적인 욕망이 녹아 있는 놀이입니다.

이 같은 욕망을 그대로 모바일에 구현한 것이 바로 포스퀘어Foursquare입니다. 이름도 땅따먹기 놀이에서 그대로 따왔습니다. GPS를 통해 위치 정보를 수집하고 이를 활용하는 위치 기반 SNS입니다.

사용자가 어떤 장소에 방문하면 자신의 위치를 포스퀘어에 입력합니다. 이를 '체크인check-in'이라고 합니다. 체크인이 되면 "나 ○○에 있어요I'm at ○○"라는 메시지가 친구들에게 트위터Twitter로 전송됩니다. 특정 장소에 가장 많이 체크인한 사람에게는 '메이어Mayer'라는 특별 호칭이 부여됩니다. 그 장소는 내 영역이 되는 것입니다. 시쳇말로 내가 '접수'한 것이죠.

그러나 이 영광도 잠시뿐. 같은 장소에 더 많이 체크인한 사람이 등장하면 바로 호칭도 빼앗기고 영역도 빼앗깁니다. 자기 영역을 빼앗기고 가만히 있을 사람은 없죠. 명예를 회복할 길은 그 장소에 더 자주 체크인해서 다시 빼앗아 오는 것밖에 없습니다. 인간의 역사에서 수도 없이 반복된 영역 다툼이 여기서도 벌어지는 것입니다.

자기 영역을 확보하고 이를 빼앗기지 않으려는 인간 욕망의 정곡을 찌른 포스퀘어. 미국 펜실베이니아주Commonwealth of Pennsylvania, 특히 시카고Chicago는 이 포스퀘어를 활용하여 관광 수익을 확대하는 데 성공했습니다.

Case Study

최고를 향한 인간의 꿈_《기네스북》

세계에서 가장 많이 팔린 책이 뭔지는 다 알고 계실 것입니다. 《성경》이죠. 그럼 두 번째로 많이 팔린 책은 무엇일까요? 바로 《기네스북The Guinness Book of Records》입니다. 《기네스북》 판매 부수는 2003년 이미 1억 부를 넘어섰습니다. 현재 100개국 30개 언어로 번역되어 전 세계에서 팔리고 있습니다.

사실 《성경》은 정치적인 이유로 억지로 사야 했던 과거도 있기 때문에, 제대로 따지자면 《기네스북》이 가장 많이 팔린 책인 셈입니다. 왜 이렇게 《기네스북》을 많이들 살까요? 왜 《기네스북》에 등재되고 싶어 다들 안달일까요?

세계에서 두 번째로 많이 팔린 책,
《기네스북》.

1954년 맥주회사 기네스Guinness의 임원이었던 휴 비버Hugh Beaver는 사냥클럽 회원들과 함께 새 사냥을 나갔다가 세상에서 가장 빠른 새가 '검은가슴물떼새Golden Flover'가 맞는지를 두고 언쟁을 벌였습니다. 그 후 그는 세상의 모든 '최고'에 대한 궁금증이 생겼고, 그것을 정확하게 판가름할 수 있는 기준이 필요하다는 생각을 했습니다. 그래서 만든 것이 바로 《기네스북》입니다. 최고가 되고 싶은 마음. 사람들 심중에 도사린 그 마음을 간파했기에 《기네스북》은 탄생할 수 있었습니다.

가벼운 생활사에서 심오한 학문까지 다양한 영역의 최고가 《기네스북》에 등재되어 있습니다. 공식 등재는 영국 기네스 본사 심판관을 초청해서 직접 증명해야 하기 때문에 그 비용과 시간이 만만치 않음에도 불구하고 전 세계의 많은 사람들은 오늘도 《기네스북》 기록에 도전합니다. 최고를 향한 인간의 꿈이 있는 한 그 기록은 계속될 것입니다.

2) 여운

시인이자 사상가였던 에머슨Emerson은 말했습니다. "당신이 너무 크게 말하면 나는 당신이 하는 말을 알아들을 수 없습니다." 시인 류시화는 한 줄로 된 일본 특유의 단시短詩 하이쿠를 가리켜 이렇게 말했습니다. "한 줄기 빗방울이 떨어지는 순간만큼 짧지만 빗물이 큰 파장을 남기듯 긴 여운을 남긴다."**58** 여운餘韻이 바로 사람의 마음속에 깊숙이 파고들어 오래 남는 방법이라는 말입니다.

여운이란 사전적 의미로 '아직 가시지 않고 남아 있는 운치'를 말합니다. 어디에 남아 있다는 것일까요? 바로 우리의 마음입니다. 마음에 남는 것을 우리는 기억記憶이라고 합니다. 한문으로 풀면 '기록할 기', '생각할 억'. 생각에, 즉 마음에 기록한다는 뜻이죠.

메시지는 그 자체보다 그것이 우리 마음에 남기는 것이 더 중요합니다. 류시화의 지적대로 본질에 다가가려면 설명이 아니라 직관과 느낌이 필요하기 때문입니다. 따라서 컨텐츠가 오랫동안 감동을 주려면 여운을 남기는 요소가 꼭 필요합니다.

Case Study

《한 줄도 너무 길다》_하이쿠

세상에서 가장 짧은 시詩, 바로 하이쿠俳句입니다. 일본 특유의 단시短詩로, 17자 1줄로 된 시입니다. 그러나 이 짧은 한 줄은 어떤 미사여구보다 길고 깊은 여운을 가슴에 남깁니다.

---

58 류시화 (2000), 《한 줄도 너무 길다》, 이레.

나는 떠나고 그대는 남으니 두 번의 가을이 찾아오네　── 요사 부손与謝蕪村

구름이 이따금 달구경하는 사람들에게 쉴 틈을 주네　── 마쓰오 바쇼松尾芭蕉

나비가 날아가네 마치 이 세상에 실망한 것처럼　── 고바야시 잇사小林一茶

퍼 담는 손에 서늘하게 스미네 물속의 달　── 마사오카 시키正岡子規

일본 근세·근대를 대표하는 하이쿠 시인들의 작품들입니다. 한 줄 시가 긴 시보다 더 많은 것을 말하고 있음을 볼 수 있습니다.

하이쿠의 간결함은 문학적 견고함에서 옵니다. 한 줄에 모든 것을 녹이기 위해서는 고도의 문학적 기량이 필요하기 때문입니다. 서양 문학인들에게도 이 간결함과 견고함은 적잖은 충격을 주었습니다. 특히 이미지즘Imagism 시인들에게 큰 영향을 주었습니다. 낭만주의 시가 '아름답다', '슬프다'로 요약된다면 이미지즘 시는 '간결하다', '뚜렷하다'로 요약되는데, 이것이 바로 하이쿠의 영향입니다.

에즈라 파운드E. Pound의 시에서 그 영향을 확인할 수 있습니다.

전철 정거장 군중 속에서 유령처럼 나타나는 얼굴들;

까맣게 젖은 나뭇가지 위의 꽃잎들.

(In a Station of the Metro The apparition of these faces in the crowd;

Petals on a wet, black bough.)

현대문명의 풍경을 압축한 수작으로 꼽히는 작품입니다.

164

영원한 챔피언_〈록키〉

40년 동안 한 배우가 주인공으로 출연한 영화 시리즈가 있습니다. 바로 실베스터 스탤론Sylverster Stallone의 〈록키Rocky〉 시리즈. 본편은 아카데미 작품상, 감독상, 편집상 등 3개 부문을 휩쓸며 극찬을 받았습니다. 그러나 이어진 속편은 혹독한 평가를 받았습니다. 극찬과 혹평이 갈린 지점은 어디였을까요?

〈록키 1〉. 무명 복서 록키는 15라운드까지 버티면서 자신과의 싸움에서 이기지만 경기에서는 패하고 맙니다. 세계 챔피언에 도전했다는 사실에 위안을 느끼며 그는 패배를 삼킵니다. 〈록키 2〉. 록키는 처절한 사투를 벌인 끝에 겨우 타이틀을 빼앗습니다. 그러나 챔피언과 도전자는 모두 링에 쓰러져 일어나지 못합니다. 여기까지가 모두 인정하는 '〈록키〉다운' 결말입니다. 이어진 3편부터는 전혀 다른 결말을 보여 줍니다.

〈록키 3〉. 흑인 복서 클러버 랭과 맞붙은 록키. 3회 만에 상대를 링 위에 눕히고 포효합니다. 〈록키 4〉. 소련 복서 드라고에게 아폴로를 잃은 록키. 복수혈전을 벌여 승리하고 성조기를 휘날립니다. 〈록키 5〉. 은퇴를 앞둔 록키. 길거리 격투에서 젊은 토미를 때려눕히고 챔피언의 영광을 되찾습니다. 이렇듯 승리 일색의 결말에 관객들은 혹평을 쏟아 냈습니다.

〈록키〉 1, 2편이 감동을 주는 요인은 바로 엔딩에 있습니다. 자신과 싸우며 15라운드까지 버티는 록키. 젖 먹던 힘까지 쏟아부은 끝에 링에 드러누운 록키는 관객의 가슴에 긴 여운을 남깁니다. 자신을 투영하는 것이죠. 16년 만에 나온 속편은 그 여운의 미를 다시 갖춥니다.

〈록키 발보아Rocky Balboa〉. 과거의 챔피언 록키는 현재의 챔피언 메이슨에게 결국

판정패를 당하지만 마지막 순간 두 챔피언은 서로 안아 주며 존경을 표합니다. 〈크리드Creed〉. 아폴로의 아들을 제자로 받아들여 맹훈련을 시키지만 챔피언 등극에는 실패합니다. 마지막에 록키는 말합니다. "얼마나 세게 치느냐가 중요한 게 아냐. 얼마나 심하게 맞고도 버틸 수 있는지, 그러면서도 앞으로 나아갈 수 있는지가 중요한 거야." 필라델피아박물관 앞 계단을 특유의 록키 스텝으로 달려 오르며 승리 포즈를 취하는 팬들의 모습으로 영화는 끝납니다. 많은 팬들의 가슴에 진한 여운을 남기며 … .

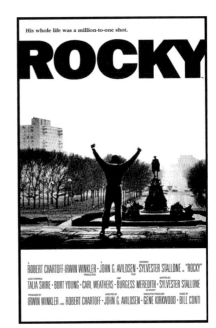

필라델피아박물관 앞에 선 록키의 승리 포즈.

3) 반전

아리스토텔레스Aristoteles는 《시학Poetics》에서 독자를 깨달음의 상태에 이르게 하는 '발견discovery'의 아주 탁월한 방법으로 반전을 꼽았습니다. 강한 충격과 함께 주제를 효과적으로 전달하는 방법이라는 것입니다. 그래서 흔히들 '극적' 반전이라고 하죠.

반전反轉이란 어떤 일이 한 상태로부터 그 반대 상태로 급격히 변화하는 것을 말합니다. 〈오프라 윈프리 쇼〉 도중 진행자가 갑자기 자신의 과거를 털어놓으며 눈물을 쏟은 것과 같은 것이죠. 출연자의 사연을 듣고 위로를 해줘야 할 진행자가 오히려 자신의 충격적인 사연을 털어놓으면서 눈물을 쏟은 것은 그야말로 대반전이었습니다.

이 반전을 통해 오프라 윈프리는 위선 없는 솔직한 진행자라는 인상을 강하게 남깁니다. 반전은 강하게, 오래 기억되는 방법입니다.

Case Study

동방박사의 선물_《크리스마스 선물》

《크리스마스 선물》. 우리나라 독자들에게 널리 알려진 오 헨리O. Henry의 소설입니다. 그러나 원제는 《동방박사의 선물The Gift of The Magi》입니다. 왜일까요?

델라Della는 남편 짐Jim에게 멋진 크리스마스 선물을 주고 싶었습니다. 그러나 선물 살 돈이 없었습니다. 그녀는 풍성한 머리칼을 잘라 판 돈으로 남편이 몹시 아끼는 시계에 어울리는 고급 시곗줄을 샀습니다. 짐이 얼마나 기뻐할까? 아내는 설레는 마음으로 남편을 기다렸습니다.

집에 돌아와 아내 델라의 달라진 모습을 본 짐은 아연실색했습니다. 그녀가 내민 선물을 열어 보고는 더욱 말을 잇지 못했습니다. 그가 준비한 선물은 아내 델라의 아름다운 머리카락을 장식할 보석 핀이었기 때문입니다. 더구나 그 핀은 그가 몹시 아끼던 시계를 팔아 산 것이었기 때문입니다.

사랑하는 이에게 소중한 선물을 줄 수 있다는 기쁨으로 들떠 있던 초반 분위기는 선물을 주고받는 극적인 순간에 그만 반전되고 맙니다. 작가는 이 돌발적 충격으로 사랑의 진정한 의미를 극적으로 전달합니다. 당장은 쓸모없는 것이지만 그것을 산 그 마음이 바로 진정한 사랑이라고! 마치 동방박사들처럼 말이죠.

동방박사들이 아기 예수에게 준 선물은 황금, 유향, 몰약이었습니다. 아기에게는 쓸모없는 것들이죠. 그러나 당장은 쓸모없지만 미래를 위한 소중한 선물이었습니다. 황금이 열매를 맺듯 공이 실현되리라는 것, 유향이 치료를 하듯 구원의 길이 열리리라는 것, 몰약이 썩혀서 쓰이듯 사랑의 향기를 내리라는 것을 알려 주기 때문이죠.

남편의 선물을 가슴에 안고 미소 지으며 델라는 말합니다. "짐, 내 머리칼은 아주 빨리 자라요."

---

4) 생명력

정치는 생물과 같다. 김대중 전 대통령이 한 말이죠. 컨텐츠도 생물과 같습니다. 훌륭한 컨텐츠는 제작자의 손을 떠나도 자체의 생명력을 가지고 계속 살아남습니다. 확장되기도 합니다. 마치 생명체가 성장하듯 말이죠. 처음 컨텐츠를 만든 사람이 의도했건 안 했건, 의도대로건 의도와는 다르건 말입니다.

예컨대 앞에서 예로 든 슬로우 TV의 경우, 이 방송이 나간 이후 이러한 포맷을 따라한 수많은 패러디parody 영상이 등장했습니다. 다양한 소재를 가지고 편집 없이 있는 그대로를 장시간 보여 주기만 하는 이 패러디 영상들은 더 재미있는 양상으로 혹은 더 진지한 양상으로 발전해 나갔습니다.

패러디를 대하는 입장은 크게 두 가지로 나뉩니다. 먼저 긍정적으로 보는 입장이 있습니다. 패러디가 원元 컨텐츠의 확산을 배가하는 일종의 후광효과Halo effect 59를 발휘한다는 것이지요. 그래서 원元 제작자가 확산을 미리 염두에 두고 패러디를

---

59 한 대상의 두드러진 특성이 그 대상의 다른 세부 특성을 평가하는 데에도 영향을 미치는 현상. 후광(後光)은 어떤 사물의 뒤에서 더욱 빛나게 하는 배경이라는 뜻을 가지고 있다.

자유롭게 허용하는 경우도 있습니다. 싸이의 〈강남스타일〉이 바로 그 경우입니다.

그러나 이해관계가 첨예한 경우 저작권copyright을 들어 패러디를 제한하기도 합니다. 한 유명 가수의 노래를 5살 어린이가 따라 부른 UCC가 큰 관심을 모으자 한국음악저작권협회가 이를 제소해 네이버에서 삭제한 일이 그런 경우입니다.

한 가지 중요한 것은 패러디란 특정 작품의 소재나 작가의 문체를 흉내 내어 익살스럽게 표현하는 수법 또는 그런 작품을 말합니다. 한마디로 원작에 대한 비평적 풍자를 더해 새로운 가치를 창출해야 합니다.

원작에 대한 비평적 풍자 없이 단순히 웃음을 빚어내는 정도에 불과하다면 패러디가 아닌 저작권 침해로 인정되어 법적인 배상 책임을 물어야 할 수도 있습니다. 일례로 한 유명 가수는 자신의 음반을 패러디한 영상이 자신의 노래를 웃음거리로 만들어 원곡을 왜곡했다며 저작권 침해 소송을 제기해 승소한 일이 있습니다.

Case Study

패러디 열풍_〈강남스타일〉

일렉트로닉 사운드electronic sound의 반복적 리듬, 중독성이 강한 B급 가사, 다소 엽기적이고 코믹한 춤으로 세계를 뒤흔든 〈강남스타일〉. 〈강남스타일〉의 성공에는 리액션 비디오reaction video **60**와 패러디 영상이 큰 몫을 했습니다. 특히 방대한 음악 라이브러리, 뛰어난 접근성으로 제작을 쉽게 해준 유튜브의 덕을 톡톡히 봤습니다.

싸이는 〈강남스타일〉을 공개하면서 애초에 저작권을 내세우지 않고 패러디를 자유롭게 허용했습니다. 누구라도 〈강남스타일〉 음원을 이용해 댄스 영상을 만들 수

---

60 수용자가 비디오를 시청하고 그에 대해 발언하는 자신의 모습을 원테이크 촬영으로 녹화한 영상물.

있도록 했습니다. 그 결과 재미있는 패러디 영상이 봇물 터지듯 쏟아졌습니다. 특히 필리핀 세부Cebu 교도소 죄수들, 이튼 칼리지Eton College 대학생들, 미 프로야구 탬파베이Tampa Bay 치어리더들의 패러디 영상은 전 세계적으로 큰 화제가 되었습니다.

미 대선 주자들도 〈오바마Obama 스타일〉, 〈롬니Romney 스타일〉이라는 패러디 영상을 만들어 그 대열에 합류했습니다. 미 항공우주국 연구원들도 〈NASA 존슨Johnson 스타일〉이라는 패러디 영상을 만들어 주목을 모았습니다.

팝스타 코디 심슨Cody Simpson도 빅토리아 더필드Victoria Duffield와 함께 패러디 영상을 만들어 유튜브에 올렸습니다. 앨범을 발표한 가수가 다른 가수의 패러디 영상을 만들어 올리는 것은 매우 이례적인 일입니다. 싸이 본인도 가수 현아와 함께 〈강남스타일〉을 리메이크한 〈오빤 딱 내 스타일〉을 만들어 올렸습니다. 자신이 자신의 작품을 패러디하는 드문 일이 일어난 것이지요.

일본의 한 네티즌은 〈건담ガンダムシリーズ[61] 스타일〉로 웃음을 자아내기도 했습니다. 국내에서도 경상도 방언으로 만든 〈대구스타일〉, 무한도전의 여러 장면들을 모아 만든 〈무도스타일〉이 인기를 얻기도 했습니다.

유튜브에서 〈강남스타일〉 관련 패러디 영상은 첫 해에만 61만여 건으로 최단 기간 내 최대 패러디 기록을 세웠습니다. 패러디 영상 하나의 접속 수가 무려 50만을 넘는 경우도 있었습니다. 앞에서 말한 자체의 생명력을 증명한 셈이죠.

---

[61] 1979년 최초로 등장해 기존의 로봇 애니메이션의 개념을 바꿔 놓은 작품.

중독성 강한 영상_〈PPAP〉

야쿠자를 떠올리는 험악한 인상, 촌스럽고 화려한 호피 무늬 의상, 막춤에 가까운 우스꽝스러운 춤, 단조롭고 가벼운 음악, 아무 뜻 없이 반복되는 가사⋯. 도저히 호감을 얻을 수 없을 듯한 영상이 전 세계 SNS를 뜨겁게 달구었습니다. 일명 〈PPAP〉.

"I have a pen. I have an apple. oh! apple pen. I have a pen. I have a pineapple. oh! pineapple pen. apple pen pineapple pen. oh! pen pineapple apple pen."

험상궂은 외모와는 어울리지 않게 귀엽고 해맑게 춤을 추며 노래하는 중년 남성. 영상을 보고 있노라면 처음의 당혹스러움은 곧 사라져 버리고 저도 모르게 노래와 춤을 따라하게 됩니다.

이 영상의 주인공은 바로 피코타로ぴこたろう. 일본의 개그맨 겸 싱어송라이터singer-songwriter입니다. 데뷔 후 24년 동안 무명으로 지낸 그는 이 1분 30초의 짧은 영상 하나로 마침내 세계적 스타가 되었습니다. 저스틴 비버Justin Bieber가 자신의 트위터에 이 영상을 소개하면서 급속도로 퍼진 것입니다. 결국 미국 빌보드 핫 차트 77위, 빌보드 댄스 차트 37위까지 올랐습니다. 빌보드 차트에 등록된 가장 짧은 곡으로 《기네스북》에 오르기도 했습니다.

〈PPAP〉는 패러디로 더 유명합니다. 세계 각국 유명 연예인들이 방송에 출연해 직접 선보인 〈PPAP〉 패러디 춤은 각종 SNS를 화려하게 장식했습니다. 일반인들도 재미있는 패러디 영상을 만들어 SNS에서 공유하며 즐겼습니다. 자발적인 패러디와 함께 이 컨텐츠는 새로운 생명을 얻은 것입니다.

part 3

•

컨텐츠엔 어떤 종류가 있을까?

•

앞에서 컨텐츠를 재미있게 만드는 여러 가지 방법에 대해서 살펴보았습니다.

그렇다면 컨텐츠에는 어떤 종류의 것들이 있을까요? 컨텐츠의 유형을 알아보고, 각 유형별 컨텐츠의 속성과 구성 요소, 그리고 그것을 효과적으로 만드는 방법에 대해 얘기해봅시다.

01

스토리 컨텐츠

1) 스토리

박스오피스 영화, 화제의 주말 드라마, 베스트셀러 소설 … . 스토리는 분명 우리의 관심을 끄는 힘을 가지고 있습니다. 이런 흥행작이 아니더라도 우리는 일상 속에서 크고 작은 스토리를 소비하고 살아갑니다. 친구와의 수다, 휴게실에서 나누는 뒷담화, 라디오 프로그램에서 소개되는 시청자 사연, 신문 사회면의 기사, SNS에 떠다니는 소문 등이 모두 스토리입니다.

요즘 스토리가 다양한 분야에서 주목을 받고 있습니다. 문화, 예술뿐만 아니라 도시나 패션, 음식에서도 스토리가 활용되고 있습니다.

스토리를 이용하면 단순히 정보 전달만 하는 것이 아니라 전달하고자 하는 내용을 쉽게 이해시키고, 몰입하게 하고, 공감하게 하고, 오래 기억하게 할 수 있습니다. 스토리는 논리적 설득보다도 사람의 마음을 움직이는 힘이 강합니다.

그렇다면 왜 우리는 스토리에 움직이는 걸까요? 스토리에 대한 관심이 바로 인간의 근원적인 욕망이기 때문입니다. 앞에서도 언급했지만 존 닐John Niels은 인간을 호모 나랜스Homo Narrans[1]라고 했습니다. 인간은 원래 이야기하고 싶어 하는 본능이 있다는 말이죠. 또한 김정희[2]는 사람들의 마음속에 재미있는 스토리에 대한 호모 루덴스적 욕구와 감동적인 스토리를 통해 인생에 대한 참된 의미를 찾고자 하는 기대가 있다고 지적했습니다.

또한 스토리는 대상에 의미를 부여하는데, 그 의미를 취하기 위해 사람들은 대상을 욕망합니다. 이것이 바로 스토리의 마술 같은 효과입니다. 앞에서 예로 든 안나 G의 경우 와인 오프너라는 평범한 대상에 아름다운 친구라는 의미를 부여했습니다. 사람들은 그 의미를 취하기 위해 와인 오프너 하나에 비싼 값을 치릅니다.

우리 사회는 이미 이성 중심에서 감성 중심으로 그 패러다임이 바뀌었습니다. 미래학자 롤프 옌센Rolf Jenssen은 미래는 꿈과 스토리 등 감성적 요소가 중요하게 부각되는 '드림 소사이어티dream society'가 될 것이라고 내다봤습니다.3 디지털 혁명으로 사회가 변해도 스토리를 욕망하는 인간의 본질은 변함이 없을 것입니다. 오히려 다양한 미디어의 발달로 인해 책 속에 갇혀 있던 스토리가 더욱 다양한 형태로 발전할 것입니다.

Case Study

안드레즈 중사의 이야기_지포

'텅~', '철컥~' 뚜껑 여닫히는 소리. '치익~' 불붙는 소리. 훅 풍겨 오는 휘발유 냄새. 지포Zippo 라이터는 터프함의 상징이자 남성의 로망입니다.

방풍 라이터로 출시되어 제2차 세계대전과 베트남전 당시 군용으로 지급되었던

1   Niles, J. D. (2010), *Homo Narrans - The Poetics and Anthropology of Oral Literature*, University of Pennsylvania Press.
2   김정희 (2014), 《스토리텔링이란 무엇인가》, 커뮤니케이션북스.
3   Jenssen, R. (2005), 서정환 옮김, 《드림 소사이어티》, 리드출판.

지포 라이터. 거친 전쟁터에서 진흙투성이가 되거나 물에 빠져도 어김없이 불이 붙어 군인들에게 큰 신뢰를 얻었습니다.

터프함의 상징, 지포 라이터.

불을 켠 채 던져도 날아가는 동안 불이 꺼지지 않아 투척용 무기로도 쓰였습니다. 뚜껑에 애인이나 가족의 사진을 끼워 두고 꺼내 보기도 했습니다. 금속 케이스에 전쟁의 애환이 담긴 글과 그림을 새겨 넣기도 했습니다. 영화나 드라마에서 자주 보았던 장면이죠. 지포는 단순한 라이터가 아니었습니다. 그중에서도 가장 극적인 스토리는 지포 홈페이지에 실화로 소개되어 있는 안드레즈Andres 중사 이야기입니다.

베트남전이 한창이던 1965년, 밀림에서 교전 중이던 미 육군 중사 안드레즈는 갑자기 날아온 적의 총탄에 가슴을 맞고 쓰러졌습니다. 의무병이 뛰어가 처치하려 했지만 그의 가슴은 멀쩡했습니다. 군복 가슴 주머니에 넣어 두었던 지포가 총알을 막아 준 것이었습니다. 지포 라이터는 찌그러졌지만 작동하는 데는 문제가 없었습니다.

〈라이프Life〉지에 소개된 이 스토리는 가슴 주머니에 넣어 두었던 물건이 총알이나 칼끝을 막아서 목숨을 구해 준다는 클리셰cliché로 애용되고 있습니다. 이 스토리와 함께 지포는 전쟁 후 일반인들에게도 인기 소장품이 되었습니다.

스토리의 힘_ 합격 사과

일본 혼슈本州 도호쿠東北 끝에 위치한 아오모리현青森縣. 일본 네오 팝Neo Pop의 대가 나라 요시토모奈良 美智의 고향이죠. 반항심 가득한 둥근 얼굴의 소녀와 귀여운 강아지 일러스트로 유명한 작가 말입니다. 우리나라 사람들에게는 '아오리'로 잘 알려져 있습니다. 일본산 사과의 60%를 생산해 내는 일본 최대의 사과 산지죠.

이 아오모리현이 태풍으로 큰 피해를 입었던 적이 있죠. 바로 우리나라에만 100명 가까운 사망자를 낸 태풍 글래디스Gladys 때문입니다. 당시 아오모리현에는 곧 수확을 앞둔 탐스러운 사과가 나무마다 그득히 매달려 있었는데, 불어닥친 바람과 쏟아진 비로 대부분 땅에 떨어져 버렸습니다.

농부들은 크게 낙담했습니다. 1년 동안 바친 땀과 노력이 물거품이 될 수도 있는 순간이었습니다. 그러나 곤궁이통困窮而通, 궁하면 통한다고 했던가요? 한 농부가 기막힌 아이디어를 냅니다.

대부분의 사과는 거센 비바람에 떨어져 낙과落果가 돼버렸습니다. 그러나 일부 사과는 여전히 가지에 매달려 있었습니다. 때는 대학입시철. 거센 비바람에도 떨어지지 않고 붙어 있는 사과는 어려운 시험에도 떨어지지 않고 붙는 수험생을 연상시켰습니다. 농부들은 그 사과에 '합격사과'라는 이름을 붙였습니다.

합격사과의 스토리는 수험생과 그 부모의 마음을 단번에 사로잡았습니다. 10배 비싼 가격을 붙였음에도 불구하고 사과는 날개 돋친 듯 팔려 나갔습니다. 스토리 하나로 마을은 위기에서 벗어날 수 있었습니다.

집 나간 며느리도 돌아온다_가을 전어

사실 전어는 너무 흔해서 예전에는 잡어 취급을 받던 생선입니다. 어부들 사이에서는 잡히면 그냥 버리는 생선으로 알려져 있죠. 잔가시가 많아 밥상에서도 환영받지 못했던 생선입니다. 그런데 언제부턴가 가을만 되면 으레 전어를 떠올립니다. 누구나 한 번쯤 전어구이를 맛보러 생선구이 집을 찾습니다.

왜 가을 전어, 가을 전어 하는 걸까요? 바로 '집 나간 며느리도 돌아온다'라는 말 때문입니다. 어떤 스토리를 암시하죠.

이 스토리가 더 자극적인 것은 집을 나간 사람이 며느리이기 때문입니다. 우리 사회에서 며느리는 특정한 사회적 역할과 기대에 구속되어 있는 존재입니다. 시댁 식구에게 복종하고 몸가짐이 조신해야 한다는. 그런 며느리가 집을 나가는 비행을 저지르다니! 충격과 동시에 호기심을 불러일으킵니다. 사람들이 취하는 것은 가을 전어가 아니라 며느리의 스토리입니다.

가을 전어를 서술하는 말은 이 외에도 많습니다. "가을 전어 한 마리가 햅쌀밥 열 그릇 죽인다." "가을 전어 머릿속에는 깨가 서 말이다." "봄 도다리, 여름 민어, 가을 전어." 그러나 이런 말들은 스토리 면에서 많이 부족합니다.

"가을 전어는 며느리 친정 간 사이 문을 걸어 잠그고 먹는다"라는 말 또한 약한 면이 있습니다.

2) 스토리 내용

(1) 상호텍스트성

하늘 아래 새로운 것은 없다. 스토리에도 마찬가지로 적용되는 원칙입니다. 이른바 상호텍스트성intertextuality입니다. 텍스트의 의미와 해석은 어떤 한 작가의 독창성이나 특수성에 귀속되는 것이 아니라 기존의 개별적인 텍스트들 및 일반적인 문학적 규약과 관습들에 의존한다는 것입니다. 줄리아 크리스테바Julia Kristeva는 "모든 텍스트는 다른 텍스트를 받아들이고 변형시킨 결과이며 인용구들의 모자이크로 구축된다"라고 강조했습니다. [4]

따라서 신화, 설화, 민담, 전설, 우화, 고전 등 기존의 스토리에서 원형을 차용하여 시대에 맞게 잘 변형하면 새롭고 재미있는 스토리를 만들어 낼 수 있습니다.

Case Study

신데렐라 스토리_켈리 백

세상에서 가장 부유한 미혼남 모나코 레이니에Rainier 대공과 동화 같은 결혼식을 올리고 지중해 아름다운 왕국 모나코의 왕비가 된 그레이스 켈리Grace Kelly. 모든 여성의 로망입니다. 이 로망을 내 것으로 할 수 있다면 여성들은 얼마나 지불할 수 있을까요? 답은 에르메스Hermes '켈리 백Kelly Bag'에 있습니다.

그레이스 켈리가 결혼 후 임신한 배를 에르메스 '프티 삭 오트Petit Sac Haute'로 가린 채 레이니에 대공의 손을 잡고 자동차에서 내리는 모습. 〈라이프Life〉지에 의해 전 세

---

4 Kristeva, J. (1995), 김영 옮김, 《사랑의 역사》, 민음사.

'켈리 백'을 든 그레이스 켈리의 모습.

계로 타전된 이 모습은 전 세계 여성들을 사로잡았습니다. 이에 에르메스는 모나코 왕실을 직접 찾아가 이 백의 이름을 켈리 백이라고 명명할 수 있도록 허락을 받아 냈습니다.

켈리 백이 된 순간 이 백은 더 이상 백이 아니었습니다. 여배우에서 일약 왕비가 된 신데렐라의 스토리였습니다. "나의 궁전은 혼자 지내기엔 너무 넓어요"라는 로맨틱한 청혼이었습니다. 고색창연한 니콜라스 대성당에서 일주일에 걸쳐 치러진 동화 같은 결혼식이었습니다.

이 백은 천만 원대의 가격에도 불구하고 품귀현상을 빚을 정도로 인기를 끌었습니다. 백의 인기뿐만 아니라 에르메스의 주가株價도 한 해 70% 상승이라는 기록을 세우며 하늘을 향해 치솟았습니다. 바로 신데렐라 스토리에 대한 로망을 자극했기 때문입니다.

붕어빵 아저씨와 여대생의 러브스토리_숙대 앞

울보 평강공주를 달래기 위해 왕은 바보 온달에게 시집보내겠다고 입버릇처럼 말합니다. 어느 날 평강공주는 왕관을 버리고 궁전에서 나와 바보 온달을 찾아갑니다. 평강공주는 자신의 패물까지 팔아서 바보 온달을 공부시키고 무예를 배우게 합니다. 마침내 바보 온달은 전쟁에 나가 큰 공을 세웁니다. 바보 온달은 평강공주의 지극한 사랑과 내조로 '대형大兄'5의 벼슬에까지 오릅니다.

바보 온달과 평강공주 설화입니다. 여인의 순애보에 대한 로망을 자극하며 이 스토리는 입에서 입으로 전해 내려옵니다. 영화가 만들어지기도 했습니다.

이 영화 같은 일이 현실에서 일어났습니다. 숙명여대 학생이던 김현숙 씨와 학교 앞에서 붕어빵 노점을 하던 김익태 씨가 그 주인공입니다. 두 사람은 붕어빵을 매개로 만나 조심스럽게 사랑을 키워 갔습니다. 마침내 두 사람은 학력 차, 신분 차를 극복하고 결혼에까지 골인합니다.

당시는 대학생은 물론 여대생의 비율이 극히 낮았던 때입니다. 여대생이라는 것 자체가 높은 신분을 상징하던 시절이었습니다. 그런 여대생이 노점상과 사랑에 빠졌다는 것은 이야깃거리가 되기에 충분했습니다.

그들의 결혼 소식은 일간신문과 지상파 방송에 대대적으로 소개되었습니다. 부부를 보기 위해 노점상을 찾는 사람들도 많았습니다. 그들의 순애보는 전국적인 관심의 대상이었습니다. 그 후 노점이 강제철거를 당할 위기에 처하자 숙명여대 학생회 차원에서 김 씨 구명운동을 펼치기도 했습니다.

---

5 고구려 관제의 주요 상위〉 관등 중 하나이다.

최근에도 이들 사랑에 대한 근황이 일간지에 보도되기도 했습니다. 평범한 두 남녀의 사랑 이야기가 수십 년 동안 세간의 관심을 끄는 것은 그것이 신데렐라 스토리에 대한 로망을 자극했기 때문입니다.

---

(2) 주제

기존의 스토리를 내용적으로 분석해 보면 반복적으로 활용되는 주제를 발견할 수 있습니다. 사랑, 증오, 질투, 우정 등 인간의 보편적 감정. 돈, 권력, 명예, 로망, 판타지 등 인간의 보편적 욕망. 선善, 정의, 자유, 진리 등 인간의 보편적 가치. 이런 것들이 시대와 지역을 초월해 사랑을 받는 주제들입니다.

컨텐츠 제작에서 가장 많이 지적되는 문제점이 바로 이 주제의 빈약입니다. 무슨 말을 하려는 건지 모르겠다는 것이죠. 따라서 좋은 스토리를 만들기 위해서는 가장 먼저 '무엇을 전달할 것인지'를 명확히 해야 합니다.

주제가 결정되면 이제 그것이 일관성 있게 드러나도록 해야 합니다. 스토리의 각 요소들이 긴밀하게 연결되어 하나의 주제를 드러내야 합니다. 그래야 산만하지 않고 스토리를 만든 사람의 의도를 분명히 이해할 수 있습니다.

스토리의 본류를 막는 군더더기는 가급적 없애야 합니다. 너무 욕심을 내다 보면, 혹은 너무 많은 참고자료를 활용하다 보면 자칫 논리적 구조가 흐트러질 수 있습니다. 불필요한 부분은 과감히 덜어 내야 흐름이 원활하여 스토리를 접하는 사람이 쉽게 받아들일 수 있습니다.

후계동 판타지_〈나의 아저씨〉

마음에 찬바람이 부는 저녁. 홀로 소줏집 문을 밀고 들어가면 먼저 와 있던 누군가가 환하게 웃으며 맞아 줍니다.

일가친척 하나 없는 쓸쓸한 장례식. 동네 골목에서, 슈퍼에서, 정류장에서 마주쳤던 낯익은 얼굴들이 깨끗이 옷을 갖춰 입고 하나둘 들어섭니다.

밤늦은 귀갓길 어둑한 골목 앞. 어느새 이 사람 저 사람 빠른 길 두고 멀리 돌아가며 든든한 길동무가 되어 줍니다.

드라마 〈나의 아저씨〉의 배경인 후계동 사람들이 살아가는 모습입니다. 이 드라마는 7.4%라는 케이블TV로서는 쉽지 않은 시청률을 올렸습니다. 그것이 가능했던 것은 현대인들이 마음속에 품고 있는 이웃에 대한 판타지를 보여 주었기 때문입니다. 멀리 있는 가족보다 낫다는 '이웃사촌' 말입니다.

이 드라마가 방영된 뒤 실제로 후계동이 어디인지 검색하는 사람들이 많았다고 합니다. 그만큼 이웃 판타지를 동경하는 사람이 많다는 말이죠. 후계동은 지도 어디에도 없는 동네입니다. 그러나 후계동은 이 시대를 살아가는 사람들 모두의 마음속에 있는 동네입니다. 드라마에서 갈 곳 없는 지안을 아무 말 없이 받아 준 정희에게 지안은 이렇게 말합니다. "다시 태어나면 꼭 이 동네에서 태어나고 싶어요."

좋은 이웃에 대한 판타지는 영화나 드라마에서 자주 채택되는 주제입니다. 예컨대 〈어메이징 메리〉에서 7살 메리의 엄마가 불행하게 죽은 후 그 빈 자리를 채워 주는 것은 바로 이웃집 아줌마 로베르타입니다.

앞에서 소개한 〈응답하라 1988〉에서도 소풍 가는 딸에게 용돈도 줄 수 없는 가난한 집 부엌에 슬며시 용돈을 놓아두고 가는 것도 바로 이웃입니다.

이웃사촌에 대한 판타지,
〈나의 아저씨〉.

삶이 개별화되면 될수록 연대連帶가 그리워지게 마련입니다. 후계동에서 벌어지는 판타지에 많은 사람들이 마음을 빼앗기는 것도 바로 그런 이유에서입니다.

Case Study

테어도어 루스벨트의 곰_테디베어

우리나라에서는 곰 인형을 곰돌이라고 합니다. 그럼 미국에서는? 테디베어Teddy Bear. 왜 테디라는 이름이 붙은 걸까요? 결론부터 말씀드리면 테디는 미국 대통령을 지낸 테어도어 루스벨트Theodore Roosevelt의 애칭입니다. 그러니까 테디베어는 루스벨트의 곰이라는 뜻이죠.

　루스벨트 대통령이 미시시피로 곰 사냥을 갔을 때의 일입니다. 곰 쫓는 팀의 팀장이 열심히 곰을 몰아 약속된 장소에 가보니 대통령은 점심식사를 가고 없었습니다. 팀장은 곰을 나무에 묶어 놓고 기다렸습니다. 그러나 식사를 마치고 온 대통령은 "나는 결박된 동물은 쏘지 않습니다"라며 곰을 놓아주게 했습니다.

루스벨트의 이야기와 함께
〈워싱턴 스타〉지에 실린 삽화.

생명을 존중하는 정의로운 마음이 담긴 이 이야기는 언론을 통해 알려졌습니다. 특히 〈워싱턴 스타*Washington Star*〉는 작고 귀여운 새끼 곰 삽화와 함께 이 이야기를 연재했습니다.

뉴욕 브루클린에서 장난감 상점을 하던 모리스 미첨Morris Michtom은 이 삽화에 착안하여 '테디스 베어Teddy's Bear'라는 곰 인형을 만들어 삽화 이미지와 함께 진열했습니다. 이 테디스 베어가 인기를 얻자 미첨은 영국인 버틀러Butler 형제와 함께 'Ideal Novelty & Toy'라는 회사를 세우고 테디베어를 대량 생산합니다. 결과는 우리가 다 알다시피 빅 히트였습니다.

테디베어는 오늘날 전 세계인에게 사랑받는 곰 인형이 되었습니다. 시작은 대통령의 정의로운 마음이 담긴 스토리였습니다.

3) 스토리 요소

(1) 캐릭터

스토리에서 캐릭터의 중요성은 아무리 강조해도 지나치지 않습니다. 좋은 캐릭터를 설정하는 것은 스토리 창작의 중요한 출발점입니다. 뿐만 아니라 사람들을 스토리로 끌어들이는 가장 중요한 요인입니다. 우리가 영화를 선택할 때 주인공이 누구인지를 가장 먼저 체크하는 것이 그 방증입니다.

자주 활용되는 캐릭터 유형은 다음과 같습니다.

① 잔 다르크Jeanne d'Arc와 같은 영웅형

② 마릴린 먼로Marilyn Monroe와 같은 연인형

③ 록키Rocky와 같은 모험가형

④ 스티브 잡스Steve Jobs와 같은 창조자형

⑤ 찰리 채플린Charles Chaplin과 같은 익살꾼형

⑥ 신데렐라Cinderella와 같은 순수한 사람형

⑦ 해리 포터Harry Potter와 같은 마법사형

⑧ 히틀러Hitler와 같은 지배자형

Case Study

레이디 고디바_**고디바**

최고의 초콜릿 고디바GODIVA. 원래 이름은 쇼콜라티에 드랍스Chocolatier Drops였습니다. 초콜릿 사탕 정도 되겠죠. 그런데 왜 고디바로 바꿨을까요? 고디바는 무슨 뜻일

까요?

스토리는 11세기로 거슬러 올라갑니다. 당시 영국 코벤트리 지방은 레오프릭 백작이 다스리고 있었습니다. 그는 과도한 세금으로 주민들을 곤궁에 몰아넣고 있었습니다.

백작에게는 젊고 아름다운 부인 고디바Godiva가 있었습니다. 마음씨 착한 그녀는 주민들이 궁핍한 생활에 시달리는 것이 몹시 안타까웠습니다. 그래서 남편에게 세금을 낮추어 줄 것을 부탁했습니다. 백작이 거절했지만 고디바는 간청을 멈추지 않았습니다.

마침내 백작은 고디바의 청을 수락했습니다. 단, 그녀가 실오라기 하나 걸치지 않은 알몸으로 말을 타고 마을을 한 바퀴 돈다면 가능하다고 했습니다. 젊은 부인이 부끄러워하지 못할 것이라고 생각했기 때문입니다.

존 콜리어(John Collier) 작(1898), 〈레이디 고디바(LadyGodiva)〉.

당시 16세였던 고디바는 그 말을 듣고 몹시 당황했지만 고통받는 주민들을 위해 용기를 냈습니다. 그녀는 알몸으로 말을 타고 마을을 한 바퀴 돌았습니다. 그녀가 마을을 돌 때 주민들은 모두 문을 걸어 잠그고 단 한 사람도 내다보지 않았습니다.

지금도 코벤트리 대성당 앞에는 말을 탄 고디바의 동상이 있습니다.

고디바는 이 스토리를 브랜드로 끌어들여 레이디 고디바의 관용, 용기, 순수함으로 제품을 만든다는 브랜드 철학을 전달합니다.

Case Study

먼로의 나이트가운_샤넬 No.5

마릴린 먼로Marilyn Monroe가 〈라이프〉와의 인터뷰에서 이렇게 말했습니다. "사람들은 제게 물어요. 잘 때 뭘 입죠? 저는 대답해요. '샤넬 No. 5'라고."

이 인터뷰가 나간 후 샤넬 No. 5는 여성들이 원하는 선물 1순위가 되었습니다. 샤넬은 물론 전체 향수시장 매출을 키우는 데도 크게 기여했습니다. 향수가 대중화되는 계기가 된 사건이라는 평가도 있습니다.

일반적으로 제품의 매출을 올리는 데에는 엄청나게 많은 마케팅 비용과 시간, 노력이 듭니다. 더구나 한 제품을 대중화하는 것은 이런 것들을 몽땅 쏟아부어도 가능할까 말까 한 어려운 일입니다. 그런데 여배우의 말 한마디가 그것을 가능하게 했다? 여기에서 우리는 스토리와 캐릭터의 힘을 확인할 수 있습니다. 이러한 일은 마릴린 먼로이기 때문에 가능한 일이었습니다.

프랭크 시나트라Frank Sinatra, 존 F. 케네디John F. Kennedy, 이브 몽탕Yves Montand, 아서 밀러Arthur Miller, 조 디마지오Joe DiMaggio 등 수많은 유명인, 권력자와 염문을 뿌

마릴린 먼로의 나이트가운,
샤넬 No. 5.

렸던 세기의 섹스 심벌. 아름다운 금발과 푸른 눈, 전신에서 발산되는 성적 매력으로
출연하는 영화마다 대성공을 거두었던 은막의 여왕.

그녀가 아니라 다른 배우였다면 이렇게나 큰 반향을 가져오지는 못했을 것입니다.
사람들은 샤넬 No. 5를 통해 그녀의 드라마틱한 삶을 취하고자 한 것입니다. 현재 샤
넬 No. 5는 30초에 한 병씩 팔리는 최고의 향수가 되었습니다.

그러나 캐릭터가 반드시 인간일 필요는 없습니다. 동물이나 다른 생명체일 수
도 있습니다. 앞에서 소개한 〈아기공룡 둘리〉가 그런 경우죠. 생명이 없는 무생물
일 수도 있습니다. 생명체가 아닌 경우 의인화해서 인간을 비롯한 생명체와 관계를
맺도록 하기도 합니다. 앞에서 말한 〈토이 스토리〉가 바로 그런 경우죠.

충견 하치코_시부야

도쿄東京 시부야澁谷역 앞에는 역을 바라보고 앉아 있는 커다란 개의 동상이 있습니다. 이 동상은 시부야의 상징이 되었습니다. 사람도 아니고 개의 동상이 상징이라니, 무슨 사연이 있는 걸까요?

도쿄제국대 농학부 교수 우에노 히데사부로上野 英三郎는 지인으로부터 일본 국견인 아키타견秋田犬 새끼 한 마리를 선물받습니다. 아키타견을 좋아하는 그는 몸이 약한 새끼 강아지에게 하치ハチ라는 이름을 지어 주고 극진히 돌봐 줍니다. 마침내 건강을 회복한 하치는 그를 그림자처럼 따라다녔습니다.

우에노 교수는 전철로 출퇴근을 했습니다. 시부야역까지 매일 그를 배웅하고 마중한 것은 하치였습니다.

어느 날, 그는 하치의 배웅을 받으며 출근했다가 갑자기 뇌출혈로 쓰러져 그대로 사망하고 맙니다. 하치는 그날도 시부야역 앞에 마중 나와 그가 오기만을 기다렸습니다. 죽기 전까지 9년 동안 매일 역 앞에 마중을 나왔습니다.

이 안타까운 사연이 〈아사히신문朝日新聞〉에 소개되자 사람들은 하치의 동상을 세워 그 충성심을 기리기로 뜻을 모았습니다.

그의 유골은 우에노 교수의 무덤에 함께 묻어 주었습니다. 그의 시신은 박제로 만들어져 국립과학박물관에 보존했습니다.

하치와 우에노의 아름다운 이야기는 영화로 만들어져서 많은 일본인들을 울렸습니다. 이 영화는 미국에서 리메이크되어 또 한 번 감동을 불러일으켰습니다.

각종 캐릭터들과 그들 간의 갈등은 스토리를 흥미 있게 이끌어 가는 중심축이 됩니다. 갈등은 스토리를 극적으로 끌고 가 하이라이트highlight를 만드는 결정적인 역할을 합니다.

Case Study

커터칼 테러_박근혜

제4회 지방선거를 위한 선거운동이 한창인 때였습니다. 박근혜 당시 한나라당 대표는 신촌 현대백화점 앞에서 당시 오세훈 서울시장 후보 지원유세를 하고 있었습니다. 유세가 끝나고 청중과 악수를 하던 중 한 남성이 11센티미터가량의 커터칼로 박근혜의 얼굴을 공격하는 사건이 발생합니다. 박근혜는 바로 인근 신촌 세브란스병원으로 실려 가 응급 봉합수술을 받았습니다.

입원 사흘째, 비서실장에게 박근혜는 의식 회복 후 첫마디를 건넵니다. "대전은요?" 당시 선거에서 한나라당의 압승이 예고되어 있었지만 대전만큼은 열린우리당의 우세가 예측되었기 때문입니다. 이 한마디가 큰 화제가 되어 대전시장 선거 판세는 뒤집혔습니다. 앞서가던 열린우리당 염홍철 후보는 낙선하고 한나라당 박성효 후보가 당선되었습니다.

이후 일련의 스토리가 매스컴을 장식합니다. '양친을 총에 잃은 비운의 영애令愛. 부모에 이어 자신도 칼을 맞는 비운. 마침내 선거를 승리로 이끈 선거의 여왕.' 이 스토리에서 주인공인 박근혜와 이에 맞서는 테러범의 갈등은 스토리를 더욱 극적으로 만들었습니다. 이 스토리의 주인공은 몇 년 후 대통령이 됩니다.

금지된 기술, 백 플립_수리야 보날리

1998년 나가노長野 동계올림픽 피겨 여자 싱글 프리 스케이팅. 낯익은 프랑스 대표 선수가 연기합니다. 왼발로 높이 뛰어올라 뒤로 360도 회전한 후 왼발로 착지합니다. 순간 정적이 흐릅니다. 그것은 너무나 위험해서 금지된 기술 '백 플립Back Flip'. 연기를 마친 선수는 심사위원들에게 등을 돌린 채 관중석을 향해 인사합니다.

그녀는 바로 '은반 위의 흑진주' 수리야 보날리Surya Bonaly. 이틀 전 쇼트 프로그램에서 최고의 기량을 보여 줬지만 6위에 그쳤습니다. 부당한 판정에 그녀만의 방법으로 저항한 것입니다.

10위로 경기장을 떠나며 그녀는 말했습니다. "이길 수 없다는 것을 알아요. 전 할 수 있는 것을 했을 뿐이에요. 나의 마지막 경기만큼은 심사위원이 아닌 나를 지지해 준 관중들을 위해 하고 싶었어요." 기술의 금지영역을 깸으로써 인종의 금지영역에 단호히 맞선 그녀에게 관중들은 기립박수를 보냈습니다.

1994년 지바千葉 세계선수권대회에서도 갈등이 있었습니다. 기술과 예술 부분까지 완벽하게 소화했지만 금메달은 일본 선수에게 돌아갔습니다. 시상자가 은메달을 걸어 주었지만 그녀는 바로 빼버렸습니다.

당대 최고의 기술을 보여 주고도 흑인이라는 이유로 금메달을 한 번도 걸지 못한 비운의 선수 수리야 보날리. '백 플립'이라

백 플립 기술을 구사하는 수리야 보날리 선수

는 극적 갈등으로 클라이맥스를 장식한 그녀의 비운의 스토리는 피겨계의 전설로 전해 옵니다.

---

(2) 구성

일반적으로 스토리 구성법으로 많이 사용되는 것은 기승전결起承轉結입니다. 기승전결은 원래 당나라 한시漢詩의 구성 형식에서 비롯된 것입니다. 현재는 시나리오나 소설 등의 구성법으로 널리 쓰입니다.

'기起'는 이야기를 시작하는 것입니다. 그러나 단순히 펼치는 것이 아니라 치밀하게 계산된 실마리를 보여 줘야 합니다.

'승承'은 이야기를 본격적으로 전개해 나가는 것입니다. 다양한 사건과 에피소드가 여기서 벌어집니다. 몰입감과 긴장감이 상승합니다. 그러나 너무 복잡한 전개는 이해를 방해하므로 지양해야 합니다.

'전轉'은 이야기를 전환시키는 것입니다. 가장 중요한 사건이 여기서 벌어지고 한참 풀려 가던 스토리가 반전될 수도 있습니다.

'결結'은 이야기를 마무리 짓는 것입니다. 갈등구조가 비로소 해소되고 결론에 도달합니다. 여기서 사람들의 호기심도 해소돼야 합니다.

그러나 이러한 연대기적 구성을 벗어나는 것이 스토리에 긴장감을 주고 몰입시키는 좋은 방법이 되기도 합니다. 예컨대 '전'을 맨 앞으로 끌어내어 시작부터 긴장감을 조성하는 것입니다.

비와 함께 미래로_〈지금 만나러 갑니다〉

1년 전 내가 죽었다는 사실을 알았다. 이것이 가능할까요? 가능하다면 당신은 어떻게 하시겠습니까? 타임슬립time slip 6의 세계, 지금 만나러 갑니다.

고교 동창인 미오耶塢와 타쿠미匠. 둘은 서로 좋아하지만 그걸 모르고 내내 허둥지둥합니다. 졸업 후 둘은 다시 만나지만 타쿠미는 끝내 미오에게 다가서지 못합니다. 미오를 마지막으로 보기 위해 학교로 찾아간 타쿠미는 다른 남학생과 함께 있는 미오를 보고 돌아서고 맙니다. 쏟아지는 빗속에서 타쿠미를 쫓아가다가 미오는 그만 교통사고를 당하고 맙니다. 의식불명 속에서 미오는 9년 후 미래로 갑니다.

미래의 미오는 타쿠미와 결혼해서 아들 유우지를 얻습니다. 그러나 유우지를 낳다가 자신은 죽었다는 사실을 알게 됩니다. 그러니까 1년 전 죽은 엄마가 비와 함께 타쿠미와 유우지 앞에 나타난 것이지요.

다시 셋이 된 가족은 행복한 나날을 보냅니다. 그러나 비가 그친 날 미오는 다시 9년 전인 현재로 돌아오게 됩니다. 이제 타쿠미의 마음도 알게 됐고, 자신이 타쿠미와 결혼을 하면 아이를 낳다가 죽는다는 사실도 알게 되었습니다.

미오 앞에는 자신이 죽게 될 걸 알면서도 타쿠미를 택해야 할지, 죽음을 피하기 위해 타쿠미와 헤어져야 할지, 선택이 놓입니다. 영화는 결국 미오가 기꺼이 타쿠미를 만나러 가는 장면으로 끝이 납니다. 그래서 제목이 〈지금 만나러 갑니다〉.

---

6   어떤 사람 또는 어떤 집단이 알 수 없는 이유로 시간을 거스르거나 앞질러 과거 또는 미래에 떨어지는 일. 사고에 가까운 초자연현상이라는 점에서 의도적으로 시간을 거스르는 타임머신을 이용한 시간여행과는 구분된다.

일반적인 연대기적 구성에서 벗어남으로써
새로운 감동을 만들어 낸 영화,
〈지금 만나러 갑니다〉.

이 영화는 미래 시점으로 가서 자신의 죽음을 확인한 미오가 현재 시점으로 다시
돌아와 죽음을 각오하고 사랑을 선택한다는 점에서 많은 사람들을 감동시켰습니다.
과거에서 현재, 미래로 전개되는 연대기적 구성에서는 불가능한 것이지요.

Case Study

어남택 vs 어남류_〈응답하라 1988〉

팬들을 두 편으로 갈라 기 싸움을 하게 만든 드라마가 있습니다. 바로 〈응답하라
1988〉. '어남류'(어차피 남편은 류준열) 와 '어남택'(어차피 남편은 택) 이라는 유행어를
낳았죠.

드라마는 결혼에 성공해 살고 있는 덕선과 그 남편의 회고를 따라 진행됩니다. 덕

선의 이름은 밝혔지만 남편 이름은 밝히지 않습니다. 직업 등 어떤 신상도 밝히지 않습니다. 따라서 덕선의 남편이 회고 속 인물 중 누구인지 시청자들은 알 수 없습니다.

여기에 이 드라마의 관전 포인트가 있습니다. 드라마는 덕선이 과거 쌍문동 골목 친구들과 함께했던 우정과 사랑의 시간을 보여 줍니다. 이것을 보면서 시청자들은 현재 덕선의 남편이 과거 그 친구들 중 누구인지를 추리합니다.

시청자들은 과거 덕선과 친구들이 나눈 대화와 행동, 정황, 소품 등에서 단서를 찾아 자신의 추리를 귀납적으로 증명해 갑니다. 중간 중간 시점이 현재로 돌아와 회고를 하는 덕선과 남편이 시청자들의 추리에 혼란 혹은 확신을 줍니다. 결정적인 단서를 모으기 위해 시청자들은 20회 동안 긴장의 끈을 놓지 않습니다.

SNS에는 '어남류'와 '어남택', 두 부류의 팬들이 여러 가지 단서를 제시하며 결말을 점치는 글들이 쏟아졌습니다. 드라마가 끝나는 날까지 '어남류'와 '어남택'의 대결은 계속되었습니다. 과거 → 현재 → 미래의 연대기적 구성에서는 기대할 수 없는 반응입니다.

02

경험 컨텐츠

경험에는 직접 경험과 간접 경험이 있습니다. 간접 경험은 사람이나 텍스트 등 매개체를 통한 경험입니다. 사물이나 현상에 직접 부딪혀 체험하는 것이 아니죠. 역시 경험의 기초는 직접적인 체험을 통한 직접 경험입니다. 여기에서는 직접 경험만 다루기로 하겠습니다.

직접 경험은 직접적 참여를 통해 만들어집니다. 참여하는 가운데 관계가 형성되기도 합니다. 참여와 관계는 수용자를 보다 능동적으로 만듭니다. 제공되는 정보에 수동적으로 반응하는 수용자와는 다르지요.

이와 같은 직접 경험의 능동성은 커뮤니케이션 효과 면에서 큰 차이를 가져옵니다. 미국 전시산업연구원에 따르면, 전시회에 직접 참여하는 것은 인쇄광고를 보는 것보다 무려 14배나 더 오래 기억된다고 합니다.

1) 경험의 유형

(1) 단체 경험

단체 경험이란 쉽게 말해 모여서 하는 경험을 말합니다. 사람이 많이 모인 곳에는 끼고 싶은 것이 사람 심리입니다. 사람이 많이 모이면 일종의 붐boom이 조성되기 때문입니다.

붐이란 원래 돛의 아래쪽에 끼워 돛을 빳빳하게 펼쳐 주는 가로대를 말합니다. 여기에서 유래하여 돌출된 것을 총칭하여 붐이라 합니다. 어떤 사회적 현상이 유행하거나 번성하는 것도 붐이라 합니다. 그 붐에 참여했을 때 사람들은 안도감과 성취감을 느낍니다. 대열에서 빠진다는 것은 곧 뒤처지는 것이니까요. 일종의 밴드웨건 효과Band wagon effect 7와 같은 것이죠.

또한 수가 많다 보면 경쟁심이 생겨 행위에 대한 집중력도 높아집니다. 지지 않으려면 정신 똑바로 차려야겠다는 생각이 드는 것이죠. 집중력이 높아지는 만큼 흥미와 성취감도 함께 높아집니다. 따라서 경험을 단체로 할 수 있게 만들어 주면 참여도 높일 수 있고 흥미도 한층 끌어올릴 수 있습니다.

참여자 수가 많으면 그만큼 컨텐츠에 대한 구전口傳의 범위가 넓어져 컨텐츠가 더 많은 사람들에게 노출되고 더 넓게 확산되는 부수효과도 있습니다.

Case Study

팝의 제왕을 추모하다_마이클 잭슨 추모 플래시몹

그가 사망하자마자 아마존Amazon에서 그와 관련된 상품들이 몽땅 품절되었습니다. 구글Google은 트래픽 초과로 인해 일시적으로 관련 검색을 차단해야만 했습니다. 트위터twitter, 페이스북Facebook 등 웬만한 SNS도 그 시간 모두 정지되었습니다. 미국 의회에서는 단체로 그를 추모하는 묵념을 했습니다. 그의 추모식 중계방송은 전 세계 10억

---

7   대중적으로 유행하는 정보를 따라 상품을 구매하는 현상을 말한다. 유행에 동조함으로써 타인들과의 관계에서 소외되지 않으려는 심리에서 비롯된다.

명이 지켜보았습니다.

누구일까요? 바로 '팝의 제왕' 마이클 잭슨Michael Jackson입니다. 너무나 갑작스런 이별이었기에 전 세계 팬들은 그에 대한 추모의 염을 금할 수가 없었습니다.

스웨덴 스톡홀름의 한 댄스 팀은 갑작스럽게 우리 곁을 떠난 팝의 제왕 마이클 잭슨을 추모하기 위해 그의 대표곡 〈빗 잇Beat it〉에 맞춰 단체로 춤을 추는 플래시몹 flashmob 퍼포먼스를 했습니다.

플래시몹이란 'flashcrowd'(갑자기 접속자가 폭증하는 현상)와 'smartmob'(동일한 생각을 가지고 행동하는 집단)의 합성어입니다. 불특정 다수가 이메일이나 휴대폰 연락을 통해 정해진 시간과 장소에 모여 현장에서 주어진 행동을 아주 짧은 시간 한 뒤 곧바로 흩어지는 것을 말합니다.

스톡홀름을 시작으로 런던, 시카고, 몬트리올, 암스테르담, 파리, 멕시코시티, 홍콩 등 세계 24개 도시에서 마이클 잭슨 추모 플래시몹이 이어졌습니다. 멕시코시티에서는 사상 최대 인원이 참가하여 《기네스북》 기록을 경신했습니다. 물론 서울에서도 종로, 광화문, 대학로, 인사동 등지에서 300여 명이 참가한 가운데 대규모 플래시몹이 행해졌습니다.

이 대규모 플래시몹을 통해 세계인들은 전 세계 수많은 사람들이 함께 손발을 맞춰 춤출 수 있는 곡이 존재한다는 사실에 크게 감동하고 다시 한 번 마이클 잭슨을 추모했습니다.

토마토 던지기 싸움_ 라 또마띠나

스페인 발렌시아 지방의 부뇰Bunol이라는 작은 마을에서는 해마다 8월이 되면 특별한 축제가 열립니다. 바로 라 또마띠나La Tomatina, 토마토 축제입니다.

라 또마띠나는 1940년대 중반부터 열린 유서 깊은 축제입니다. 스페인을 대표하는 민속축제죠. 세계에서 가장 큰 규모의 음식축제이기도 합니다. 이 축제에 참여하기 위해 전 세계에서 3만 명이 넘는 관광객이 이 작은 마을로 몰려옵니다. 2만 2천 장에 달하는 토마토 던지기 싸움 입장권은 매해 일찌감치 동이 납니다.

8월 마지막 주 수요일 오전 11시, 부뇰 마을의 중심에 있는 푸에블로 광장Plaza del Pueblo에는 꼭대기에 햄을 매단 긴 장대가 세워집니다. 사람들은 햄을 잡아채기 위해 엎치락뒤치락 즐거운 몸싸움을 합니다. 누군가 햄을 손에 넣으면 그때부터 토마토 던지기 싸움이 시작됩니다.

토마토 던지기 싸움에 참여하러 전 세계에서 몰려든 관광객들.

축제의 하이라이트인 토마토 던지기 싸움에는 무려 40여 톤, 15만 개의 토마토가 동원됩니다. 참가자들은 약 1시간 동안 잘 익은 토마토를 서로에게 마구 던지며 마음껏 즐깁니다. 이 토마토는 쉽게 으깨어져서 마음껏 던져도 다치지 않도록 특별히 재배된다고 합니다. 이 허락된 난장판을 위해 주위 상점들은 이른 시간부터 철시를 하고 토마토를 가득 싣고 온 트럭들이 광장을 빙 둘러싸 장관을 이룹니다.

뜨겁게 내리쬐는 지중해의 태양, 허공을 가르는 강렬한 붉은빛의 토마토, 역동감 넘치는 수만 참가자들의 몸짓 등은 잊을 수 없는 경험이 됩니다. 이 경험이 해마다 8월이면 그들을 다시 이 지중해 연안의 작은 마을로 부릅니다.

Case Study

거리 응원_붉은 악마

대한민국에는 '거리 응원 문화'라는 말이 있습니다. 국어사전에도 실릴 정도로 보편적인 말이 되었습니다.

국민적 관심이 쏠린 스포츠 게임이 있는 날, 시민들은 서울시청 앞 광장 등 너른 광장에 모입니다. 이들은 광장의 대형 스크린에서 송출하는 중계방송을 지켜보며 함께 응원을 합니다. 처음 보는 사람과도 어깨를 걸고 장단을 맞춰 율동을 합니다. 대한민국 팀이 득점하면 생판 모르는 남과도 얼싸안고 눈물까지 흘립니다.

대체 왜 이들은 광장에 모이는 것일까요? 초기에 거리 응원을 이끌던 '붉은 악마'의 슬로건은 'Be the reds'였습니다. '붉은 마음'이 된다는 뜻이죠. 붉은 마음이란 '일편단심一片丹心'에서 비롯된 개념입니다. 이 말은 고려 말 충신忠臣 정몽주鄭夢周의 시조 〈단심가丹心歌〉에 나오는 말이죠.

백골白骨이 진토塵土되어 넋이라도 있고 없고

임 향한 일편단심一片丹心이야 가실 줄이 있으랴

훗날 고려를 치고 조선을 세운 이방원이 정몽주를 회유하기 위해 지어 보낸 〈하여가何如歌〉에 대한 답으로 지어 보낸 것입니다. 나라에 대한 변치 않는 충심을 표현한 것입니다.

마찬가지로, 사람들은 대한민국의 승리를 바라는 붉은 마음을 경험하기 위해 모이는 것입니다. 붉은 마음들이 모여 붐을 이룬 곳에서 그들은 자신의 가슴속에 있는 붉은 마음을 확인하는 것입니다.

----

(2) 뜻밖의 경험

예상하지 못했던 경험은 임팩트가 더 강합니다. 무미건조한 우리의 삶에는 언제나 신선한 자극이 필요하기 때문입니다. 예상에서 벗어나면 날수록 더 자극적이고 더 끌립니다.

예상하지 못한 가운데 일어나는 일은 '인지적 방어防禦'가 일어날 틈이 없습니다. '인지적 방어'란 자아가 자존심을 보호하기 위해 무의식적으로 자기를 기만欺瞞하는 행위를 말합니다. 수용하지 못할 충동을 의식 밖으로 밀어내는 '억압', 충족되지 않은 욕구를 다른 대상으로 채우는 '치환置換', 내면적 욕구와 상반되는 행동이나 태도로 욕구를 은폐하는 '반동', 다른 그럴듯한 이유를 찾아 자신의 행동과 상황을 정상으로 만드는 '합리화' 등이 바로 그것입니다.

이러한 인지적 방어가 일어나지 않기 때문에 임팩트가 더 강할 수밖에 없습니다. 방어 없이 더 깊이 파고든다는 말이죠. 의식 깊숙이 침투해 두고두고 생각하게 만들 수 있다는 말입니다.

앞에서 소개한 임프루브 에브리웨어라는 단체의 이벤트들도 그것이 맥락에 맞지 않는 뜻밖의 경험을 제공하기 때문에 사람들에게 큰 호응을 얻고 두고두고 화제가 되는 것입니다.

Case Study

닥치고 들어_버진 아메리카

비행기가 이륙하기 시작하면 탑승객들은 대개 눈을 지그시 감고 잠을 청합니다. 눈 뜨고 볼 거라곤 기내 안내방송밖에 없는데 그게 너무 천편일률적이라 별로 보고 싶지 않기 때문입니다. 그러나 기내 안내방송이 여정보다 재미있는 경우도 있습니다.

버진 아메리카Virgin America의 기내 안내방송은 한 편의 뮤지컬과 같습니다. 그것도 브로드웨이 뮤지컬 수준의. 시작은 〈Zip your lips!〉라는 다소 도발적이고 무례한 곡. 우리말로 하자면 '닥치고 들어' 정도 되겠죠.

승무원 복장의 댄서들이 뮤지컬처럼 화려한 춤과 노래로 안내 멘트를 시작합니다. 구명조끼와 산소마스크 착용 안내 부분에서는 로봇 댄스도 나옵니다. 지루하기는커녕 눈을 떼기조차 힘듭니다. 5분이 짧다고 느낄 정도로 몰입하게 됩니다. 이 영상은 영화 〈나우 유 씨 미Now You See Me〉로 유명한 존 추Jonathan Chu 감독이 제작했습니다. 완성도까지 뛰어납니다.

방송이 나올 때 기내의 실제 승무원들은 영상에 나오는 춤을 그대로 따라 합니다. 이른바 기내 안전 댄스. 승객들은 웃음을 참지 못하다가 급기야 따라서 추기까지 합니다.

버진 아메리카의 승객들은 주로 비즈니스맨들입니다. 일 때문에 자주 비행을 해

So won't you buckle your seatbelt, put it on tight

춤과 노래가 있는 한 편의 뮤지컬을 연상케 하는 버진 아메리카의 기내 안내방송.

야 하는 사람들이죠. 매번 반복되는 똑같은 비행은 지루하고 피곤한 일과일 것입니다. 그러나 이 뜻밖의 안내방송은 그야말로 즐거운 경험입니다. 뜻밖의 선물을 받는 것과 같죠.

덕분에 뒤늦게 저가항공 시장에 뛰어든 버진 아메리카는 치열한 경쟁 속에서도 자신만의 자리를 만들어 갔습니다. 2018년 버진 아메리카는 알래스카 항공에 합병되었습니다.

Case Study

동전 대신 페트병 받는 자판기_미국화학협회

음료 한 병 비울 때마다 생기는 빈 페트병. 아마 하루만 모아도 수북할 겁니다. 만들기는 왜 또 그렇게 견고하고 예쁘게 만드는 건지 그냥 쓰레기통에 넣기가 아깝습니다.

빈 페트병을 넣으면
한정판 티셔츠를 주는
미국 화학협회의 캠페인.

그래서 누군가 만들었습니다. 빈 페트병을 동전 대신 사용할 수 있는 자판기. 자판기를 이용할 때마다 주머니를 뒤지며 동전을 찾지 않아도 되는 것이죠. 더구나 자판기에서는 돈 주고도 못 사는 유명 패션 디자이너의 한정판 티셔츠가 나옵니다. 이른바 레어템raretem **8** 중 레어템. 세상에 이런 횡재는 또 없을 겁니다.

바로 뉴욕 패션위크fashion week를 기념한 미국화학협회American Chemistry Council의 캠페인. 버리는 페트병을 넣으면 플라스틱을 재활용해 만든 멋진 티셔츠를 주는 캠페인입니다. 맨해튼 8번가를 지나가던 사람들은 앨리슨 패리스Allison Parris가 디자인한 티셔츠를 얻기도 했습니다. 그야말로 졸지에 생각지도 못한 행운을 얻은 것이죠.

이 캠페인은 플라스틱의 재활용률을 높이기 위해서 기획된 것입니다. 버려지는 플라스틱이 의류의 소재로도 사용된다는 것을 일반 시민들에게 알리는 것이죠. 세계

---

8 rare(희귀한)와 item(물건, 항목)의 합성어. RPG 게임에서 귀한 아이템을 지칭하는 것에서 비롯된 용어로, 희귀한 물건을 가리키는 말로 사용된다.

최고의 패션감각을 자랑하는 뉴요커. 이 캠페인을 통해 그들은 아름다움만이 아니라 환경이라는 면에서도 패션을 생각할 수 있게 되었습니다.

---

(3) 긍정적 경험

긍정적 경험은 그 자체가 기쁨이고 즐거움입니다. 즐거움은 심리적인 강화reinforcement[9]를 가져옵니다. 주지하다시피, 강화는 반응의 빈도와 강도를 높이는 효과가 있습니다. 바로 컨텐츠 크리에이터가 수용자들에게 바라는 것이지요.

아이를 훈육할 때 우리가 저지르는 가장 흔한 실수가 바로 그들의 기분을 망쳐 놓아야 바르게 가르칠 수 있다고 믿는 것이라고 합니다. 심리학자 제인 넬슨Jane Nelson은 이에 일침을 가합니다. 그는 제대로 된 교육을 위해서는 '긍정의 훈육Positive Discipline'을 해야 한다고 지적했습니다.[10] 그는 긍정의 힘을 믿고 실천하라고 강조합니다.

부정적인 심리상태는 뭐든 비판적으로 바라보게 만듭니다. 엄마가 기분이 좋지 않을 때는 어린 자녀의 작은 실수에도 화를 내는 것과 같습니다. 반대로 긍정적인 심리상태는 뭐든 좋게 바라보게 만들죠. 엄마가 기분이 좋을 때 웬만한 실수쯤은 그냥 넘어가고 용돈도 후해지는 것과 같습니다.

긍정적인 심리상태는 똑같은 상황에서도 스트레스를 덜 받고 문제를 해결하려는 의지를 강하게 만듭니다. 더 좋은 결과를 가져오는 것은 말할 것도 없습니다. 또한 긍정적인 생각은 연쇄적인 상승효과를 일으킵니다. 주변 사람들과 더 가까워지

9　긍정적이거나 부정적인 것과 관계없이 행동의 반응이나 빈도, 강도를 유발하고 증가시키는 자극.
10　Nelson, J., Erwin, C., & Duffy, R. A. (2016), 조고은 옮김, 《긍정의 훈육》, 에듀니티.

고 창의력과 상상력이 풍부해집니다.

심리학자 플로랑스 비나이Florence Binay 11는 저서 《몸을 씁니다》에서 긍정적인 경험을 하기 위한 백여 가지 방법을 제안합니다. 가장 행복했던 순간을 떠올리며 실컷 웃는 것, 이전에 무언가 잘 해냈던 기억을 통해 당시의 감동과 유쾌한 느낌을 떠올리는 것, 나쁜 생각을 몰아내고 꽃, 나무, 태양, 풍경과 같은 좋은 이미지를 떠올리는 것, 즐거운 상상을 하는 것 등입니다.

Case Study

조건 없는 포옹_프리허그

모르는 사람과 아무 이유 없이 포옹을 한다는 것은 결코 쉬운 일이 아닙니다. 결코 자연스러운 일도 아닙니다. 그러나 한번 뒤집어 생각해 봅시다. 아무 관계없는 사람과의 값없는 포옹이야말로 사람의 가슴을 따뜻하게 데워 주는 힘이 있습니다. 만일 누군가 내게 뭔가를 바라고 포옹을 한다면 얼마나 부담스럽겠습니까?

실제로 포옹은 혈압을 안정되게 하는 효과가 있습니다. 숙면을 취할 수 있게 합니다. 면역력도 높아지게 합니다. 심지어 두뇌를 발달하게 하는 힘도 있습니다. 그야말로 만병통치약이죠.

제이슨 헌터Jason Hunter라는 미국인은 2001년부터 길거리에서 'Free Hug'라는 피켓을 들고 서 있다가 청해 오는 사람이 있으면 따뜻하게 안아 주었습니다. 바로 프리허그 캠페인입니다. 미국에서 시작한 이 캠페인은 현재 전 세계로 확산했습니다.

---

11 Binay, F. (2017), 박태신 옮김, 《몸을 씁니다》, 가지.

그는 조건 없는 따뜻한 포옹이 현대인들의 정신적 상처를 치유할 수 있기를 바랐습니다. 그의 포옹으로 사람들이 자신이 중요한 사람임을 깨닫게 되기를 바랐습니다. 그런 긍정적 경험으로 평화로운 사회가 만들어지기를 바랐습니다.

문재인 대통령은 후보 시절 사전 투표율이 25%가 넘으면 프리허그를 하겠다고 약속했습니다. 실제로 당선 후 홍대 입구에서 프리허그 행사를 하기도 했습니다. 그러나 엄밀히 말하면 이것은 프리허그가 아닙니다. 조건 없고 값없이 해야 그것이 바로 프리허그입니다. '25%가 넘으면'이라는 조건이 달리는 순간 그것은 프리허그가 아닙니다.

Case Study

마음을 치료해 줍니다_마음약방

살다 보면 마음 아픈 일이 참 많죠. 상대가 무심코 던진 말에 상처받거나, 아무리 노력해도 관계가 좋아지지 않거나, 믿었던 사람이 배신을 하거나…. 이럴 때 누가 좀 위로해 줬으면 좋으련만, 바쁜 세상 그것도 쉽지 않습니다. 그렇다면 우리의 아픈 마음은 누가 달래 줄 수 있을까요?

여기 아픈 마음을 치료해 주는 약방이 있습니다. 이름하여 마음약방. 서울시청 '시민청 활짝 라운지'에 있습니다. 영업시간도 따로 없습니다. 24시간 이용 가능한 무인 자판기 약방입니다.

급성 연애세포소멸증, 꿈소멸증, 분노조절장치실종증, 사람멀미증, 상실후유증, 외톨이 바이러스, 자존감바닥 증후군…. 무려 20가지 증상에 대한 치료약이 준비되어 있습니다.

서울시청에 있는
마음약방 1호점.

동전을 넣고 증상을 선택하면 처방전과 함께 치료 키트가 나옵니다. 키트에는 증상을 호전시키는 시詩나 그림, 산책길 지도, 영화목록이 들어 있기도 합니다. 자신을 비춰 볼 수 있는 거울, 마음껏 씹을 수 있는 엿, 활력을 주는 비타민제 등이 들어 있기도 합니다. 모두 긍정적인 경험을 유도하는 것들입니다.

병원에 가도 쉽게 치료받을 수 없는 마음의 상처, 긍정적인 경험을 주는 마음약방 처방 키트가 특효입니다.

Case Study

땀 흘리며 집 짓기_국제해비타트

전 세계적으로 10억 명이 넘는 사람들이 슬럼slum에 거주합니다. 슬럼이란 주택이 지나치게 노후하거나 채광, 도로, 배수시설, 상하수도 등 주거조건이 불량한 지역을 말합니다.

집은 단순히 살기만 하는 곳이 아닙니다. 가족들의 건강, 더 나은 미래를 만들 수 있는 공간이어야 합니다. 그래서 모든 사람들은 안락한 집을 가질 필요가 있습니다.

바로 국제해비타트Habitat for Humanity International가 발족한 이유입니다. 해비타트는 거주지라는 뜻입니다. 국제해비타트는 열악한 주거환경에서 사는 사람들에게 단순하지만 안락한 집을 지어 주고 있습니다.

건축비는 일반택의 60% 정도입니다. 일체의 비용은 후원자의 기부로 충당합니다. 일체의 노동은 후원자, 자원봉사자, 입주자의 봉사로 충당합니다. 학생부터 노인까지 직접 땀을 흘리며 집을 짓습니다.

해비타트에 입주하는 사람은 건축원가의 5%를 선금으로 지불해야 합니다. 나머지는 15년 동안 무이자로 상환합니다. 또 하나 중요한 조건! 자신의 집이나 다른 이들의 집을 짓는 데 500시간 이상의 노동을 반드시 제공해야 합니다. 그리고 자신의 집이 다 지어질 때까지 현장에서 함께 일해야 합니다.

이러한 조건을 붙인 이유는 입주자들이 자신의 집을 스스로 마련한다는 긍정적인 경험을 하도록 하기 위해서입니다. 이러한 긍정적인 경험은 그들에게 자립에 대한 의지를 심어 주어 건전한 사회구성원이 될 수 있도록 돕습니다.

2) 경험 요소

(1) 공감

인간은 사회적 동물입니다. 사회집단에 소속되고 싶어 하는 욕구가 있습니다. 매슬로Maslow가 말한 욕구 위계hierarchy of needs 중 3단계인 '소속의 욕구'가 바로 그것

입니다. 12

따라서 인간의 행동은 준거準據13로 하는 집단의 행동에 수렴합니다. 자신의 취향이나 신념에 맞지 않더라도 그렇게 함으로써 준거집단에 속한다는 느낌을 받는다면 그렇게 하는 것이 인간입니다.

준거집단이란 한 개인이 자신의 신념, 태도, 가치 및 행동방향을 결정하는 데 기준으로 삼는 사회집단을 말합니다. 그 집단의 행동에 동조함으로써 그 집단의 가치와 정체성을 공유하고자 하는 것이죠.

다른 사람들의 행동과 생각, 정서에 감염되는 것을 '심리사회적 전염'이라 합니다. 앞에서 말했듯 인간은 사회적으로 서로 의존하는 존재이기 때문에 전염이 일어나기 쉽습니다. 상대로부터의 간접적 경험을 통해 상대의 감정을 경험하고 받아들이는 공감은 이러한 전염을 더욱 쉽게 만들어 줍니다.

최근의 '집밥' 열풍도 알고 보면 공감에서 그 근원을 찾을 수 있습니다. 먹고살기 힘든 시대, 나를 먹이는 일의 소중함에 대한 공감에서 집밥에 대한 관심은 시작됐습니다. 레스토랑에서 가끔 먹는 대단한 요리보다 집에서 간단히 자주 해 먹을 수 있는 집밥이 내 삶을 지탱해 준다는 공감이지요.

Case Study

작은 불빛이 모여 세상을 밝힌다_촛불집회

온 나라가 월드컵 4강 신화에 들떠 있던 때 의정부에서는 참으로 어이없는 일이 일어

---

12   천현숙(2009), 《광고 크리에이티브의 원리와 공식》, 커뮤니케이션북스.
13   한 개인이 자신의 신념, 태도, 가치 및 행동 방향을 결정하는 기준.

났습니다. 중학교 2학년 여학생 둘이 친구 생일잔치에 가던 길에 주한미군 장갑차에 깔려 숨진 것입니다. 미군은 유족에게 알리지도 않은 채 서둘러 현장조사를 하고 통신장애로 인한 사고라는 간단한 허위발표를 했습니다. 월드컵 4강 진출과 지방선거 이슈에 밀려 이 사건은 저녁뉴스에 단신으로 보도된 채 묻히고 말았습니다.

그 주 토요일, 의정부 학생들은 미 2사단 앞에 모였습니다. 방패를 들고 막아선 경찰들 앞에서 그들이 할 수 있는 일은 달걀을 던지는 것뿐이었습니다. 매주 토요일마다 학생들은 의정부역에 모였지만 이들은 공권력 앞에 무력했습니다.

월드컵이 끝나고 사고를 낸 미군들이 무죄판결을 받자 국민들의 관심이 집회에 쏠리기 시작했습니다. 〈오마이뉴스〉의 시민기자 한 명이 인터넷을 통해 촛불을 들고 모이자는 제안을 했습니다. 마침내 수많은 사람들이 촛불을 들고 서울 광화문 광장에 모였습니다. 이것이 바로 촛불집회의 태동입니다.

광우병 쇠고기 수입 반대 때도, 대통령 탄핵 때도 촛불집회는 조용하지만 강한 힘을 발휘했습니다. 그 힘의 원천은 무엇일까요? 촛불은 작은 바람에도 꺼질 만큼 약합니다. 그러나 이 약한 촛불이 모이면 주변을 환하게 밝힙니다. 촛불은 약한 빛이 모여 세상을 밝힐 수 있다는 공감의 상징입니다. 촛불집회는 그 공감을 경험하는 장입니다.

Case Study

가족애에 대한 공감_〈누가 이 사람을 아시나요〉

휴전 30주년이 되는 해, KBS는 〈누가 이 사람을 아시나요〉라는 특별 생방송을 진행했습니다. 전쟁 통에 가족을 잃어버린 사람들이 방송국으로 모여들었습니다. 잃어버린 가족에 대한 실낱같은 기억을 마이크 앞에 토해 냈습니다. 방송을 통해 가족의 모습을 확인한 사람들이 한걸음에 달려와 카메라 앞에서 눈물의 상봉을 하는 일이 이어졌습니다. 해외에서 방송을 보고 전화를 걸어와 전화상봉을 하는 일도 많았습니다. 무려 10,189명의 이산가족이 이렇게 만났습니다.

방송에서 가족을 만날 수 없었던 사람들은 KBS 별관 앞 광장으로 모여들었습니다. 잃어버린 가족의 신상을 적은 쪽지를 벽에 붙였습니다. 기둥에도, 난간에도, 심지어 바닥에까지. 광장은 빈 곳 하나 없이 빼곡히 뒤덮였습니다. 마침내 유네스코는 이 쪽지의 물결을 '세계기록유산'으로 등재했습니다.

당초 이 생방송은 2시간으로 예정되었으나 30분 더 연장되었습니다. 정규방송을 취소한 채 5일 동안 릴레이로 생방송한 적도 있습니다. 사람들은 밥 먹는 것도 잠자는 것도 잊은 채 TV 앞에서 눈물을 흘렸습니다. 최고 시청률은 무려 78%였습니다.

이 기현상奇現象을 무엇이라 설명할 수 있을까요? 이것은 가족을 그리워하는 마음에 대한 공감입니다. 누구나 가족이 있으니까요.

---

(2) 유희

최근 키덜트kidult가 늘어난다고 합니다. 키덜트란 어린 시절 즐기던 장난감이나 만화, 과자, 의복 등에 향수를 느껴 이를 다시 찾는 성인 계층을 말합니다. 이들은 진지하고 무거운 것 대신 유치할 정도로 천진난만하고 재미있는 것을 추구합니다. 어른이 되어서도 생활보다 놀이를 중시하고 놀이의 즐거움을 포기하지 않습니다.

꼭 키덜트가 아니라도 사람들은 놀고 즐기는 것을 좋아합니다. 놀이공원을 채운 이들은 어린이보다 어른 쪽이 더 많습니다. 장난감 가게 앞에서 눈이 휘둥그레지는 것은 어린이뿐만이 아닙니다. 그래서 요한 호이징하는 인간을 호모 루덴스

Homo Ludens, 즉 노는 존재라고 했죠.

컨텐츠에 유희적 요소를 가미한다면 잠시나마 동심을 회복할 수 있는 유쾌한 경험을 줄 수 있을 것입니다.

영화보다 재미있는 영화관_메가박스

메가박스 1호점이자 플래그십 스토어flagship store 14 메가박스 코엑스. 우리나라에 최초로 멀티플렉스를 선보인 것이 CGV 강변이라면 메가박스 코엑스는 최초로 현대적인 개념의 멀티플렉스를 선보였습니다.

개장 15주년을 맞아 메가박스 코엑스는 다시 새로운 변신을 합니다. 상영관 수는 늘리고 객석은 줄여 좀더 쾌적한 공간으로 만든 것이죠. 기다리는 공간을 가죽 소파와 스탠드 조명으로 꾸며 마치 거실 같은 분위기를 연출했습니다. 그러나 가장 눈에 띄는 것은 바로 계단입니다.

지하 1층에서 지하 2층까지는 2단계 반 원통 미끄럼틀을 타고 내려갈 수 있습니다. 미끄럼틀을 타고 내려오는 사람은 비명을 지르기도 합니다. 마치 놀이터에서 미끄럼틀을 타는 어린아이와 같은 표정입니다. 지켜보는 사람들의 얼굴에서도 같은 표정이 읽힙니다. 1층에서 지하 2층으로 내려오는 미끄럼틀은 더 스릴이 넘칩니다. 더 많은 곡선 구간이 있는 꽈배기형 원통입니다.

그 외에도 매점의 팝콘 제조기들은 뒷벽에 있는 세상에서 가장 큰 팝콘 제조기 모

---

14 시장에서 성공을 거둔 특정 브랜드를 중심으로 브랜드의 성격과 이미지를 극대화한 매장. 브랜드의 표준 모델을 제시하고 트렌드를 보여 준다.

메가박스의 반 원통 미끄럼틀.
중앙 계단 안쪽에는 만화방이 있어
유희적 요소를 극대화했다.

형과 연결되어 있어 마치 그 어마어마한 제조기에서 팝콘이 쏟아지는 듯합니다. 휴식 공간으로 이용하는 중앙의 대형 계단 안쪽에는 만화방이 있습니다. 만화방에는 최신 만화가 가득 꽂혀 있습니다.

'영화보다 더 재미있는 영화관'이라는 슬로건을 아주 잘 실현한 대변신이지요.

Case Study

혼자서는 앉을 수 없는 벤치_피셔맨스 프렌드

세상에서 가장 쓸모없는 벤치가 있습니다. 그런데 그 벤치가 그야말로 인기 만점입니다. 바로 독일의 캔디형 목감기 치료제 '피셔맨스 프렌드Fisherman's Friend'가 프로모션으로 선보인 '우정 벤치The bench of friendship'.

왜 쓸모가 없냐고요? 벤치가 비스듬히 쓰러져 있기 때문입니다. 다리가 양쪽 끝에 하나씩 있어야 균형이 잡힐 텐데 가운데에 하나만 있으니 좌우로 쓰러지는 것이죠.

혼자서는 도저히 앉을 수가 없습니다. 누가 옆에서 잡아 준다 해도 무게 균형이 맞지 않아 한쪽으로 기울어집니다. 방법은 딱 하나뿐입니다. 가운데 다리를 중심으로 양쪽에 한 사람씩 두 사람이 동시에 앉는 것입니다. 서로 마음을 맞추어 앉는 타이밍을 잘 잡고 미묘한 무게의 차이를 감안해 앉는 위치를 잘 잡으면 앉을 수 있습니다.

자연스럽게 두 사람의 마음이 서로 통하게 됩니다. 그래서 이 벤치의 이름이 우정 벤치입니다.

친구가 없는 사람은 어떻게 해야 할까요? 지나가는 사람에게 함께 앉아 달라고 부탁하면 됩니다. 이 벤치를 핑계로 새로운 우정을 만들 수도 있는 것이죠.

이 벤치를 거쳐 간 사람은 모두 얼굴에 미소가 가득합니다. 앉기 위해서 온갖 우스꽝스러운 포즈를 다 취해 보는 재미있는 경험을 하기 때문입니다.

---

(3) 자극

외부 조건 변화에 따라 생물체의 특정한 활동이 왕성해지는 것을 흥분이라고 합니다. 흥분을 일으키는 원인이 되는 외부 조건 변화를 자극이라고 합니다. 자극은 흥분이라는 감각적, 감정적 경험을 만듭니다.

주지하다시피 감정적 접근은 이성적 접근에 비해 커뮤니케이션 효과가 더 큽니다.[15]

---

15 천현숙(2010), 《광고 글쓰기 아이디어 73》, 나남.

세상에서 가장 깊은 쓰레기통_폭스바겐

스웨덴 스톡홀름의 한 공원. 길목에 흔히 볼 수 있는 파란 쓰레기통 하나가 서 있습니다. 사람들은 평소와 같이 별 생각 없이 쓰레기를 휙 던져 넣습니다. 그런데 이상합니다. 쓰레기가 들어간 후 한참 동안 '피우우우~~웅' 하고 깊은 곳으로 떨어지는 소리가 나는 것입니다. 소리로만 보면 깊이가 아주 깊은 것 같습니다. 눈으로 보기엔 일반적인 크기의 쓰레기통인데 말이죠.

이상하게 생각한 사람들은 쓰레기통을 다시 한 번 잘 들여다봅니다. 아무리 봐도 늘 보던 크기의 평범한 쓰레기통입니다. 주변에 있는 쓰레기를 주워와 다시 한 번 던져 넣고 소리에 귀를 기울여 봅니다. 역시 아주 깊이 떨어지는 소리가 들립니다.

평소엔 쳐다보지도 않던 쓰레기통을 이리저리 꼼꼼히 뜯어보기 시작합니다. 주변에 있는 쓰레기를 죄다 주워와 집어넣어 보면서 왜 그런 소리가 나는지 알아내려 애씁니다.

폭스바겐에서 만든
'세상에서 가장 깊은 쓰레기통'.

사실 이 소리는 실제 쓰레기가 떨어지는 소리가 아닙니다. 자동차회사 폭스바겐이 쓰레기통 안에 물체가 깊이 낙하하는 소리를 녹음한 녹음기를 미리 넣어 둔 것입니다. 쓰레기가 들어오면 자동으로 작동하게 해놓은 것이죠. 일명 '세상에서 가장 깊은 쓰레기통The World's Deepest Bin'입니다.

쓰레기를 집어넣을 때마다 자극이 되는 소리를 나게 해서 공원 이용객들이 쓰레기를 아무 데나 버리지 않고 쓰레기통에 집어넣게 만들기 위해서 만들어진 것입니다. 소리를 다시 들어 보기 위해 주변에 떨어져 있는 쓰레기까지 모두 주워 넣게 만드는 목적도 있습니다. 에코 마케팅eco marketing의 일환이죠.

실제로 이 쓰레기통에는 그날 하루만 72킬로그램의 쓰레기가 버려졌다고 합니다. 일반 쓰레기통의 두 배나 많은 양이죠. 폭스바겐의 의도가 적중한 것입니다.

Case Study

실제보다 짜릿한 드라이빙_토요타 하이럭스

노트북 작업을 잠시 멈춥니다. 차 한 잔을 마시면서 좀 쉽니다. 스크린 세이버16가 작동합니다. 반복적인 움직임이 계속됩니다. 이젠 좀 식상합니다. 잠시 쉬는 동안만이라도 기분 전환을 해주는 스크린 세이버는 없을까요?

토요타 하이럭스Toyota Hilux는 이런 생각에서 출발해 홍보용 스크린 세이버를 만들

---

16 컴퓨터를 켜놓은 상태에서 일정 시간 이상 사용하지 않으면 화면이 오랫동안 정지돼 주사선에 의한 손상이 발생한다. 이를 방지하기 위해 일정 시간 화면 변동이 없으면 자동으로 직동돼 저절로 움직이는 화면이 나타난다.

었습니다. 하이럭스는 다이내믹한 라이프스타일을 가진 사람들을 위한 픽업트럭입니다. 견고함과 안전함을 홍보하기 위한 특별한 스크린 세이버를 만들었습니다.

하이럭스 운전석에 앉아 있는 기분이 들도록 스크린에 앞유리창 너머로 보이는 듯한 풍경을 보여 줍니다. 고속도로가 나타나기도 하고 교외 풍경이 나타나기도 합니다. 산이나 강을 보여 주기도 합니다.

이 스크린 세이버에는 동작감지 센서motion sensor가 탑재되어 있습니다. 사용자가 노트북을 들고 이리저리 움직이면 그 방향과 속도를 감지하여 스크린 세이버와 연동합니다. 노트북을 빨리 움직여 주면 자동차가 빨리 달리는 것처럼 느껴집니다. 노트북을 흔들어 주면 마치 자동차가 험한 길 위를 흔들리며 달리는 것처럼 느껴집니다. 그러다가 갑자기 움직임을 멈추면 자동차가 급정거한 것처럼 느껴집니다.

자, 이제 스크린 세이버와 함께 신나고 짜릿한 드라이빙을 즐겨 볼까요? 스크린에 깎아지른 절벽이 나타납니다. 노트북을 뒤로 조금 당겼다가 다시 앞으로 휙 던지듯 움직여 줍니다. 자동차가 조금 후진한 후 앞으로 돌진하여 절벽을 가뿐히 뛰어넘습니다. 스크린에 깊고 넓은 호수가 나타납니다. 노트북을 앞으로 계속 밀기만 하면 호수에 빠져도 전혀 문제가 없습니다.

스크린 가득 나타나는 강렬한 시각적 자극이 짜릿함을 경험하게 해줍니다.

03

문화 컨텐츠

　문화는 해당 담론의 맥락에 따라 매우 다양한 의미로 해석됩니다. 우리가 '남성 중심 문화', '음식 문화', '놀이 문화'라고 할 때는 인간의 생활양식으로서의 문화를 말합니다. 문화인류학이란 이런 인간의 생활양식을 실증적으로 연구하는 학문입니다. 앞에서 언급한 거리응원 문화, 헌책 문화도 여기에 속합니다.

　문화가 한 사회의 정신적, 물질적 발전상태를 의미하는 경우도 있습니다. 흔히 '문화인'이라고 할 때 이 의미입니다. 서구가 아시아, 아프리카보다 우월하다고 생각하는 서구 중심의 문화관이 바로 여기서 비롯된 것입니다.

　그러나 여기서는 문화를 인간의 지적·정신적·예술적 산물로 좁혀서 생각해 보겠습니다.[17] '대중문화', '문화소외', '문화산업'이라고 할 때 문화가 바로 이 의미입니다. 앞에서 언급한 문화적 가치 더하기도 바로 이런 문화를 말합니다. 철학, 문학과 같은 정신적·지적 산물, 연극, 영화, 음악, 미술, 건축과 같은 예술적 산물을 가장 먼저 떠올릴 수 있습니다.

---

[17] 임학순(2003), 《창의적 문화사회와 문화정책》, 서울: 진한도서.

1) 문화 수요

우리나라에는 각 시·군·구마다 문화센터나 문화관이 있고, 백화점 등 기업에서도 여러 형태의 문화센터를 운영합니다. 2019년 잡코리아와 알바몬이 직장인 1,970명을 대상으로 실시한 설문조사에 따르면 우리나라 직장인 가운데 34.7%가 이른바 '문센족'인 것으로 나타났습니다. '문센족'이란 퇴근 후 문화센터에 다니는 사람을 말합니다. 이러한 사실은 현재 우리나라의 문화에 대한 수요가 매우 광범위하다는 것을 말해 줍니다.

최근 여러 분야에서 다양하게 시도되는 '아트 콜라보레이션'도 문화에 대한 수요라는 맥락에서 이해할 수 있습니다. 아트 콜라보레이션이란 아트와 다른 분야의 결합을 말하는데, 패션은 물론 화장품, 전자제품, 주방용품, 약품, 식품에 이르기까지 매우 다양한 분야에서 시도되고 있습니다.

기업 입장에서 이는 소비자들을 기능적으로뿐만 아니라 심미적으로도 만족시킬 수 있는 방법이기 때문에 좋은 마케팅 전략이 됩니다. 소비자 입장에서도 비교적 쉽게 문화적 욕구를 충족시킬 수 있는 방법이 되기 때문에 적극 호응하는 편입니다.

Case Study

아트 캐리어_쌤소나이트

아시아 최대의 아트 마켓 한국국제아트페어Korea International Art Fair. KIAF라는 약칭으로 더 잘 알려졌죠. 아트를 사랑하는 일반인들에게 수준 높은 작품을 감상할 수 있는 기회를 제공하고 있습니다. 잠재력 있는 아티스트들에게는 국제무대로 진출할 수 있는 징검다리 역할을 하기도 하죠.

문화와 예술에 관심이 많은 기업으로 알려진 쌤소나이트는 KIAF를 공식 후원하고 있습니다. 특히 유명 작가와 협업한 아트 콜라보레이션 여행가방을 해마다 전시하고 있습니다.

소나무 사진으로 유명한 배병우 콜라보레이션, '엔젤 솔저angel-solider'로 유명한 이용백 콜라보레이션, 식물을 주로 그리는 서양화가 황주리 콜라보레이션, 세계적 패션 디자이너 이상봉 콜라보레이션, 매화를 그리는 수묵화의 거장 문봉선 콜라보레이션, 팝 아티스트 찰스 장 콜라보레이션, '동구리' 캐릭터로 유명한 권기수 콜라보레이션, 전통 민화를 현대적으로 재해석하는 홍지연 콜라보레이션 등이 그러한 작품들입니다.

이용백 작가과 협업한
아트 콜라보레이션 여행가방

한정판으로 제작된 이 콜라보레이션 여행가방들은 희소가치뿐만 아니라 유명 작가의 작품을 소유할 수 있다는 소장가치까지 더해져 큰 관심을 모으고 있습니다.

Case Study

발리와 허먼 밀러가 만나다_임스 쉘 체어

의자의 명품이 있다면? 아마도 허먼 밀러Herman Miller의 임스 쉘 체어Eames Shell chair일 것입니다. 미국의 건축가이자 디자이너인 찰스 임스Charles Eames가 만든 임스 쉘 체어는 간결한 디자인과 뛰어난 기능성으로 수십 년에 걸쳐 최고의 명품 의자로 사랑받고 있습니다.

이 임스 쉘 체어가 발리Bali에 의해 거듭났습니다. 스위스 대표 패션명품 발리가 창립 160주년을 맞아 허먼 밀러와 콜라보레이션하여 새로운 임스 쉘 체어를 탄생시킨 것입니다. 눈부시게 하얀 의자 위에 발리 하면 떠오르는 세 줄 무늬 '트레인스포팅 trainspotting'을 더함으로써 더욱 감각적으로 재탄생했습니다.

발리의 상징인 레드와 화이트가 강렬한 포인트를 더한 이 한정판 제품은 〈오프너스Openers〉에서 경매에 부쳐졌습니다. 수익금은 전액 일본 NPONon-Profit Organization의 나무심기 캠페인 'More Trees'에 기부했습니다.

발리는 그동안 그래픽 아티스트 앙드레 사라이바Andre Saraiva, 에스닉 아티스트 리카르도 카볼로Ricardo Cavolo, 컨템포러리 아티스트 필립 테크로자Philippe Decrauzat, 멀티미디어 아티스트 울라프 브루닝Olaf Breuning 등과 함께 꾸준히 콜라보레이션을 선보여 왔습니다.

세계적 아티스트의 예술세계를 소유할 수 있는 기회라는 측면에서 발리의 콜라보레이션은 패션 애호가들뿐만 아니라 아트를 사랑하는 일반인들에게도 큰 관심을 끌었습니다.

---

3) 문화 컨텐츠 유형

(1) 문학

'문학소년'에 대한 추억, 누구에게나 있을 겁니다. 링컨도, 오바마도, 한때 문학소년이었습니다. 처칠은 노벨문학상까지 받았습니다. 이처럼 문학은 누구나 동경하는 큰 세계입니다.

도심 속 오아시스_교보문고 글판

대추가 저절로 붉어질 리는 없다. 저 안에 태풍 몇 개 천둥 몇 개 벼락 몇 개.[18]

넣을 것이 없어 걱정이던 호주머니는, 겨울만 되면 주먹 두 개 갑북갑북.[19]

광화문 사거리에 가면 삭막한 주변 풍경과는 어울리지 않는 감성적인 글귀가 눈에 들어옵니다. 바로 교보문고 사옥 대형 글판. 30년 가까이 시민들의 가슴을 따뜻하게 데워 주었습니다.

어떤 이는 그 글을 보고 다시 기타를 잡았을 것이고, 또 어떤 이는 누구에겐가 긴 편지를 썼을 겁니다. 접어 두었던 꿈을 찾아 먼 길을 떠난 이도 있을 것입니다. 일 년에 책 한 권 읽기도 힘든 팍팍한 현실 속에서 이 글판은 그야말로 사막의 오아시스 같은 존재입니다.

처음부터 이렇게 근사한 글이 걸린 것은 아닙니다. 처음에는 "새해 복 많이 받으세요", "고객 여러분 감사합니다"와 같은 일반적 메시지로 별 주목을 받지 못했습니다. 1998년 고은의 시 〈낯선 곳〉이 걸리면서 반응이 달라지기 시작했습니다. 청와대 행정관으로 근무하던 김 모 씨는 "떠나라 낯선 곳으로. 그대 하루하루의 낡은 반복으로부터"[20]라는 글귀를 보고 당장 사표를 내고 사업을 시작했다고 합니다.

이제 이 글판의 짧은 글귀는 수많은 사람의 인생을 바꾸는 지침이 되기도 하고, 사

---

18 장석주의 시 〈대추 한 알〉에서 인용.
19 윤동주의 시 〈호주머니〉에서 인용.
20 고은의 시 〈낯선 곳〉에서 인용.

회의 중요한 화두가 되기도 하고, 그 계절 가장 인기 있는 시집을 탄생시키기도 합니다. 문학의 위력을 보여 주는 예입니다.

프로메테우스의 불_올림픽 성화

올림픽의 시작을 알리는 첫 공식행사, 바로 성화 봉송奉送입니다. 올림픽의 발상지인 그리스 올림피아Olympia 지방에서 채화採火한 성화를 올림픽이 열리는 주경기장까지 꺼트리지 않고 릴레이로 가지고 오는 행사입니다. 올림픽 주경기장에 도착한 성화는 한 번도 꺼지는 일 없이 대회 기간 중 지정된 성화대에서 계속 타오릅니다. 고대 올림픽 경기 기간 중 제우스 신전에서 계속 타오른 성화처럼 말이죠.

헤라 신전에서 성화 채화의식을 거행하는 여사제들.

성화 봉송의 시작점은 그리스 남부 펠로폰네소스Peloponnesus 반도에 위치한 올림피아입니다. 이곳 헤라 신전Heraion에서 채화의식이 거행됩니다. 그리스 신화에 나오는 여신 복장을 한 여사제들이 태양 광선을 오목 거울로 모아 점화를 합니다. 점화된 성화는 첫 주자에게 엄숙하게 인계되어 봉송이 시작됩니다.

이 의식은 그리스 신화를 떠올립니다. 인간을 사랑한 신 프로메테우스Prometheus는 위험을 무릅쓰고 제우스가 감추어 둔 불을 훔쳐서 인간에게 전해 줍니다. 그는 이 불 때문에 바위에 묶여 날마다 독수리에게 간을 쪼여 먹히는 고통을 당하지만 인간들은 이 불 때문에 문명을 일으킬 수 있었습니다.

사제들이 첫 주자에게 건네는 성화는 마치 프로메테우스가 인간에게 건네는 불인 듯 여겨져 인류로 하여금 엄숙함을 느끼게 합니다. 이 엄숙함은 성화가 주경기장에 도착해 성화대에 옮겨질 때도 느껴집니다.

Case Study

문학의 향기_문학 프래그런스

'문학의 향기'라는 표현을 흔히 사용합니다. 문학의 아름다움, 문학이 우리에게 미치는 영향을 비유적으로 표현한 것이지요.

그런데 비유가 아니라 문학에서 진짜 향기가 난다면 어떨까요? 밤하늘을 총총히 수놓은 별을 노래한 시에는 청량한 향기, 떠난 님을 그리워하는 애틋함을 노래한 시에는 달콤한 향기, 가혹한 현실을 극복하기 위한 희망을 노래한 시에는 강렬한 향기 …….

문학 캘리그래피 공방 글입다wearingeul와 향기 스튜디오 숍퍼리soapery가 콜라보레이션한 '문학 프래그런스fragrance'가 바로 그것입니다.

이상, 이효석, 카뮈Albert Camus, 헤밍웨이Ernest Hemingway … . 세월이 흘러도 꾸준히 사랑받는 작가들의 문학 작품과 이에 잘 어울리는 향수를 매치한 북 퍼퓸perfume은 문학의 감동을 감각적으로 더 풍부하게 느낄 수 있도록 한 새로운 시도입니다.

〈별 헤는 밤〉, 〈호수〉, 〈님의 침묵〉, 〈진달래꽃〉 등 아름다운 시를 캔들 유리에 새겨 넣은 문학 캔들candle은 시의 아름다움을 문학적으로뿐만 아니라 시각적, 후각적으로도 느낄 수 있도록 한 것입니다.

작가 고유의 컬러와 향을 담은 티라이트tealight21는 차 한 잔과 함께 문학의 세계에 오롯이 빠져 볼 수 있도록 해줍니다.

문학 프래그런스는 평범한 향수와 양초에 문학적 가치를 덧입힌 새로운 컨텐츠입니다.

---

(2) 아트

아트에 대한 사람들의 관심은 생각보다 뜨겁습니다. 일례로 우리나라 사람들은 매년 극장에서 4~5편의 영화를 감상합니다. 22 삼성, LG, SK, 아모레퍼시픽23 등 대기업들은 하나같이 미술관을 운영하고 있습니다. 시민들의 아트 욕구에 부응하기 위해서죠.

---

21 향기가 나는 작은 장식용 양초. 주로 차 주전자의 온도를 유지하는 데 쓰인다.

22 이문원(2020), "1인당 영화관람 횟수 세계 1위, 한국은 영화광들의 나라다?", 〈자유기업원〉, https://www.cfe.org/20200602_22791.

23 순서대로 리움, LG아트센터, 아트센터나비, 롯데뮤지엄, 아모레퍼시픽미술관.

정크 아트_빅 무니즈

브라질 리우데자네이루Rio de Janeiro 외곽의 자르딤 그라마초Jardim Gramacho에는 세계 최대의 쓰레기 매립지가 있습니다. 여기에는 쓰레기를 주워 생계를 유지하는 '카타도르 catador'들이 살고 있습니다. 이들은 정직한 노동으로 살아간다는 자부심, 언젠가 이곳을 벗어날 수 있다는 희망으로 버팁니다. 그들의 희망은 과연 이루어질 수 있을까요?

카타도르들과 함께 2년 동안 쓰레기 더미 속에서 생활하면서 그들의 생활과 일하는 모습을 찍은 사진작가가 있습니다. 바로 빅 무니즈Vik Muniz. 브라질 빈민가 출신으로 뉴욕 브루클린Brooklyn에서 활동하는 세계적인 사진작가입니다.

빅 무니즈가 자르딤 그라마초에서
작업한 작품들 가운데 하나,
〈줌비(Zumbi)〉.

그는 초콜릿, 빵, 국수, 젤리, 시럽, 땅콩버터, 토마토소스, 먼지, 흙 등 특이한 소재로 작품을 만드는 작가로 유명합니다. 모두 풍자와 사회고발이 담겨 있죠. 〈설탕 아이들〉 발표 후 그 설탕농장은 폐쇄되었습니다.

그는 카타도르들이 주워온 쓰레기를 가지고 유명한 명화를 재현한 작품들을 만들었습니다. 이른바 '정크 아트junk art'죠. 쓰레기가 작품으로 재탄생되듯이 작품을 함께 만들면서 카타도르들도 창작자로 재탄생합니다. 비로소 쓰레기 속에 묻어 두었던 그들의 희망을 되찾게 된 것이지요.

함께 희망을 찾아 가는 과정이 담긴 작품 〈쓰레기로 만든 사진〉은 영국 영화감독 루시 워커Lucy Walker에 의해 영화로도 만들어졌습니다. 〈웨이스트 랜드Waste Land〉라는 제목의 이 영화는 아카데미상 다큐멘터리 부문 후보에 오르기도 했습니다.

Case Study

아상블라주_제네시스

수직 익스트림 하이 앵글extreme high angle24로 찍은 유튜브 영상 하나.

붉은색 작업복 차림의 남자 3명이 한 대형 세단에 달려들어 해체작업을 합니다. 부품을 하나하나 뜯어내서 한쪽에 가지런히 정렬합니다. 기능별로 모아서, 크기별로 분류해서. 평생 본 적도 없는 자동차 부품이 즐비하게 늘어서 있습니다.

수직 앵글로 높은 곳에서 보니 마치 '아상블라주assemblage' 작품을 보는 듯합니다. 아상블라주란 폐품이나 일용품 등 여러 물체를 모아서 하나의 작품을 완성하는 것을

---

24 아주 높은 곳에서 아래로 보며 촬영하는 기법.

말합니다. 네오다다이즘Neodadaism25 계열의 조형미술 기법이죠. 수만 개의 부품이 만들어 내는 이미지가 하나의 아상블라주 작품처럼 보입니다.

이것은 현대자동차 북미 법인에서 제작하여 유튜브에 띄운 바이럴viral 영상입니다. 영상 속 자동차는 현대자동차의 고급 중형 세단 제네시스입니다. 제네시스가 얼마나 정교하게 만들어졌는지, 얼마나 많은 부품이 운전자의 편안함과 안전을 담보하는지를 알리기 위해 만들어졌습니다.

자동차 한 대에 들어가는 부품은 물론 차종마다 다르겠지만 대략 2만 개에서 4만 개 정도 됩니다. 영상에 나오는 작업복 차림의 남자들은 모두 자동차 전문 엔지니어들인데, 3명이 투입되었는데도 부품을 모두 뜯어내는 데는 꼬박 3일이 걸렸다고 합니다. 그러나 이 영상은 초고속으로 편집되어 42초 길이로 완성되었습니다.

이 영상은 유튜브에 소개되자마자 수십만 건의 조회 수가 기록될 정도로 큰 주목을 끌었습니다. 지상파 뉴스와 일간 신문에도 보도될 정도로 화제가 되었습니다. 미국뿐만 아니라 전 세계적으로도 화제가 되었습니다. 바로 아상블라주 기법으로 촬영되고 초고속으로 편집되어 영상의 완성도가 높았기 때문입니다. 마치 하나의 아트워크artwork를 보는 듯한 영상은 많은 네티즌들을 흥분시켰습니다.

---

25 새로운 다다이즘이라는 의미의 이 운동은 모든 전통적 가치나 이성의 우위 및 예술의 인습적 형식에 도전하여 미의 가치체계를 바꾸려고 하였다. 제1차 세계대전 후의 다다이즘이 이어지는 것으로, 제2차 세계대전 후 미국에서 추진된 전위예술운동.

트롱프뢰유_스와치

'시계 그림인가?' 하고 자세히 들여다보면 놀랍게도 진짜 시계! "역시 스와치Swatch야"
하는 탄성이 절로 나옵니다. 바로 모눈종이 위에 검정색 펜으로 쓱쓱 그림을 그린 듯
한 느낌의 시계 '저스트 인조이Just Enjoy'입니다.

스와치는 이 시리즈를 소개할 때 '트롱프뢰유trompe l'oeil 컬렉션'이라고 했습니다.
트롱프뢰유는 정교한 눈속임을 통해 시각적 착각과 충격을 주는 초현실주의 계열의
미술기법을 말합니다. 그러니까 이 시리즈는 가짜 시계 같은 착각을 주는 진짜 시계
라는 것입니다.

디자인은 장난 같지만 기능은 장난이 아닙니다. 10분의 1초까지 측정이 가능한 크
로노그래프chronograph를 갖추고 있습니다. 크로노그래프는 보통 1초 이하의 시간을

스와치의 트롱프뢰유 컬렉션 시계,
'저스트 인조이'.

기록하는 장치를 말합니다. 물론 상당히 고가죠.

그럼 스와치는 왜 비싼 시계를 가짜처럼 만든 걸까요? 답은 시리즈의 이름에 있습니다. 저스트 인조이. 그냥 즐겨 보자는 거죠. 어른이 그림 시계라니 재미있지 않습니까?

또 하나, 트롱프뢰유는 결국 페이크fake 같은 리얼real을 말하는데, 리얼이 완벽할수록 페이크가 더욱 돋보이는 법입니다. 반대로 페이크가 재미있을수록 리얼이 빛나는 법입니다.

뛰어난 기능을 갖춘 고급 시계를 마치 그림처럼 보이게 해서 더욱 매력적으로 만든 것이죠. 바로 스와치 특유의 발랄한 영상입니다.

War-Toys_브라이언 맥카티

아이들 눈으로 바라본 세상은 어떨까요? 아마도 엄마, 아빠, 장난감, 맛있는 음식, 친구, 놀이터 등으로 이루어져 있을 겁니다. 그런데 이스라엘Israel, 레바논Lebanon, 시리아Syria, 팔레스타인Palestine 등 분쟁지역 어린이들도 과연 그럴까요?

브라이언 맥카티Brian McCarty는 NGO[26]의 도움을 받아 시리아 난민 캠프에 들어갔습니다. 캠프에 사는 어린이들에게 하루 일상을 그림으로 그려 보라고 했습니다. 어린이들이 그린 세상은 그야말로 전쟁터였습니다. 하늘에서 커다란 폭탄이 떨어지고,

---

26 Non-Governmental Organization. 정부기관이나 정부와 관련된 단체가 아니라 순수한 민간조직의 비영리 시민단체.

브라이언 맥카티의
〈War-Toys〉 시리즈.
원색의 장난감과
암울한 현실의 대비가
인상적이다.

탱크가 집을 짓뭉개고 지나갑니다. 사람들은 아무 이유 없이 사람을 죽입니다. 마을은 파괴되고 집은 불탑니다.

브라이언 맥카티는 이 그림들을 장난감을 오브제로 한 사진으로 다시 재현했습니다. 장난감들은 그 지역에서 구할 수 있는 것들을 이용했습니다. 그렇게 해서 나온 작품이 바로 〈War-Toys〉 시리즈입니다. 파괴되고 불탄 잿빛 도시 곳곳에 놓인 원색의 장난감과 해맑은 표정의 인형은 묘한 대비를 이루어 강력한 메시지를 던졌습니다. 동심의 시선과 어두운 현실이 맞닿아 있는 역설적 장면을 연출함으로써 전쟁의 참상을 우회적으로 고발한 것이죠.

브라이언 맥카티는 원래 장난감 전문 포토그래퍼였습니다. 〈장난감들의 사생활〉이라는 작품으로 유명합니다. 최근에는 장난감을 이용한 사회적 컨텐츠로 우리 사회에 경종을 울리고 있습니다.

(3) 음악

한국인의 음악 사랑은 특별합니다. 진晉나라 진수陳壽가 쓴《삼국지》위서魏書 동이전東夷傳에는 '우리의 선조들은 절기에 맞추어 하늘에 제사지내고 밤낮으로 음주 가무를 즐겼다'고 하는 내용이 나옵니다.

2019년 현재 우리나라에는 3만 곳 이상의 노래방이 영업하고 있습니다. 노래하고 춤추는 것은 우리나라 사람들의 유전자라고 할 수 있습니다.

Case Study

해변 버스킹_해운대

태양이 바다 속으로 사라지고 달이 떠오르면 해운대는 새로운 세상이 됩니다. 마이크와 앰프를 가지고 모여드는 버스커busker들과 함께 해변은 새로운 활력을 되찾습니다. 높아지는 버스커들의 노랫소리는 파도소리와 섞여 은빛 해변을 맴돌다가 밤하늘로 올라가 아름다운 별이 됩니다. 별빛 아래 박수를 치며 몸을 흔드는 남녀들⋯. 해운대의 밤은 낭만으로 넘실거립니다.

버스킹busking이란 거리공연을 말합니다. 젊은 층에게는 이미 주류 문화로 자리 잡았죠. 우리나라는 과거 남사당패[27]나 거리 이야기꾼 문화가 있기 때문에 거리공연 문화가 더욱 자연스럽게 자리 잡았습니다.

가진 것 없는 젊은 음악인들에게 버스킹은 더없이 좋은 기회입니다. 열정만 가지고도 훌륭한 무대를 만들 수 있으니까요. 관객들이 남기는 따뜻한 위로와 얼마간의 기부금은 큰 힘이 되기도 합니다. 때로는 프로 뮤지션으로 가는 등용문이 되기도 합

---

27 조선시대 춤·노래 등 흥행적인 놀이를 가지고 떠돌아다닌 유랑예인 집단.

니다. 버스킹을 통해 실력을 인정받은 뮤지션들이 오디션 프로그램에 출연해 우승하는 경우도 종종 있습니다.

해운대 해변이 버스킹의 성지로 떠오르자 해운대구의회는 '버스킹 장려 조례'를 제정했습니다. 해운대 백사장에 7곳의 뮤직 존과 2곳의 퍼포먼스 존을 설치했습니다. 버스킹 예약제를 실시하여 질서 있는 버스킹을 유도했습니다. 버스커가 공연 전에 일시, 장소를 미리 공지하고 '좋아요'를 가장 많이 받은 팀에게 인센티브를 주는 '버스킹 리그제'도 실시합니다.

'해변의 버스킹'이라는 낭만적인 컨텐츠를 만들어 내는 데 성공했습니다.

04

게임 컨텐츠

"진지함은 얄팍한 사람의 피난처다." 시인이자 소설가, 극작가인 오스카 와일드 Oscar Wilde의 지적입니다. 인생의 진짜배기는 유머와 재미 속에 있다는 말입니다.

즐거움과 재미가 있는 곳에 사람이 모입니다. 수요도 몰립니다. 요즘 게임산업의 급부상이 이것을 잘 말해 줍니다.

사람을 즐겁고 재미있게 해주는 것 중 게임만 한 것이 없습니다. 우리는 아주 어려서부터 게임을 해왔습니다. 가위바위보 게임에서 술래잡기 게임까지. 커서도 게임을 합니다. 보드 게임board game28에서 젠가Zenga29 게임까지. 어른이 되어서도 게임을 합니다. 다트 게임darts game30에서 카드 게임까지.

게임을 이용한다면 사람들의 관심을 끄는 것은 일도 아닙니다.

---

28 판 위에서 말이나 카드를 놓고 일정한 규칙에 따라 진행하는 게임.
29 직육면체 나무 블록을 3개씩 엇갈려 18층으로 높이 쌓아 두고 차례대로 돌아가며 블록 하나씩을 빼내어 맨 위층에 쌓는 게임. 빼낼 때 블록이 무너지면 게임에 지게 된다.
30 원판에 화살을 던져 점수를 겨루는 게임.

1) 게이미피케이션

게임이 주목받다 보니 게임이 아닌 것에 게임적 사고와 기법, 메커니즘mechanism을 접목하는 게이미피케이션도 주목받고 있습니다. 게이미피케이션gamification이란 'game'에 '~化'라는 뜻의 '~fication'를 붙여 만든 신조어입니다. 게임으로 만든다는 뜻이죠. 미국 샌프란시스코에서 열린 게이미피케이션 서밋summit에서 처음 사용된 용어입니다.

게임적인 메커니즘이란 바로 재미, 보상, 경쟁 등을 말합니다. 게임에서 흔히 사용되는 이러한 요소들은 사람의 욕망을 자극합니다. 그래서 이러한 요소들을 다른 분야, 즉 사람들이 재미없어하거나 번거로워하는 분야에 적용하는 것이 바로 게이미피케이션입니다. 성취 욕구를 이끌어 내기 위해서죠. 성취 욕구는 일에 몰입하거나 문제를 해결하게 만듭니다.

게이미피케이션은 교육, 금융, 의료, 스포츠, 쇼핑, 공공정책 등 다양한 분야에서 활용되고 있습니다. 기업이 사회공헌활동을 펼치는 데에도 게이미피케이션을 활용하는 경우가 많습니다. 이를 일컬어 사회공헌 게임이라고 합니다. 앞으로 게임을 접할 수 있는 디바이스가 다양화되면 게이미피케이션의 형태와 방법도 더욱 다양화될 전망입니다.

2) 보상

'다음'의 지식공유 서비스 팁TIP은 장학금이라 불리는 보상체계를 통해 놀라운 속도의 답변을 이끌어 낼 수 있었고, 한때 검색시장 점유율을 30%까지 끌어올릴 수 있었습니다. 2019년 말 이 보상체계가 없어지자 점유율은 다시 한 자릿수로 추락하고 맙니다. 이는 보상이 성취 욕구를 얼마만큼 이끌어 낼 수 있는지를 보여 줍니다.

불황 속에서 속속 등장하는 다양한 형태의 용돈벌이식 리워드 앱reward App이 보상을 통한 게이미피케이션의 좋은 예입니다. 광고를 보고 퀴즈를 풀어 적립한 포인트를 현금처럼 쓸 수 있도록 한 '애드라떼', 간단한 설문조사에 응하여 적립한 포인트를 현금처럼 쓰거나 제품 구입에 쓸 수 있도록 한 '오베이', 광고를 보고 퀴즈를 풀어 적립한 금액을 통신요금에서 할인받을 수 있도록 한 '폰플' 등이 바로 그것입니다. 폰플은 서울대 재학생들이 '온 국민 통신요금을 0원으로 만들겠다'는 포부 아래 단돈 3만 원으로 창업하여 큰 화제가 되었습니다.

Case Study

매장에서 보물찾기_**숍킥**

＃ 에피소드 1: 오프라인 매장에 방문합니다. 판매원과 반갑게 인사를 나눕니다. 제품을 하나하나 눈으로 확인합니다. 가까이 들고 직접 만져 봅니다. 판매원으로부터 제품에 대한 추가적 설명과 다른 고객들의 반응까지 듣습니다. 마음에 드는 것은 작동해 보거나 착용해 보기도 합니다. 다른 매장을 살펴보고 오겠노라 말하면서 매장을 나옵니다.

＃ 에피소드 2: 방금 매장에서 눈여겨본 상품의 상품명을 스마트폰 검색창에 입력합니다. 가격비교 사이트가 뜹니다. 최저가 모바일 쇼핑몰을 클릭합니다. 구매 버튼을 누릅니다. 쌓아 두었던 포인트와 카드 할인까지 적용받아 결제를 합니다.

최근 쇼핑은 오프라인 매장에서 하고 구매는 인터넷 쇼핑몰에서 하는 '쇼루밍족'들의 이야기입니다. 이러한 영향으로 최근 오프라인 매장 매출은 급격히 줄었습니다.

미국의 대형 유통업체인 메이시Macy's31, 타깃Target32, 베스트바이Best Buy33 등도 예외가 아니어서 최근 숍킥ShopKick이라는 앱을 적극 활용하고 있습니다. 눈에는 눈, 이에는 이,34 앱에는 앱 전략이죠.

숍킥을 스마트폰에 설치한 소비자들은 오프라인 매장을 직접 방문할 때마다 포인트를 얻을 수 있습니다. 매장 내 곳곳에 숨겨져 있는 추천 제품을 찾아내면 추가로 또 포인트를 얻습니다. 이렇게 쌓은 포인트로 가격 할인을 받을 수 있습니다. 추천 제품을 많이 찾은 사람은 남들보다 더 큰 할인을 받을 수 있습니다.

숨겨진 추천 제품을 찾아내는 것은 보물찾기 게임과 같습니다. 보물찾기의 진정한 기쁨은 보물 자체보다 남들이 못 찾은 보물을 내가 찾았다는 승리감에 있습니다. 숍킥의 매력은 가격 할인보다 이 승리감에 있습니다.

매장 입장에서는 추천 제품을 찾는 동안 소비자들이 보다 다양한 제품을 접할 수 있어서 좋습니다. 브랜드에 대해 몰랐던 점들을 많이 알게 될 테니까 말이죠.

---

31 미국의 대형 백화점 체인. 활발한 광고활동과 가격에 비해 우수한 상품으로 인하여 번성하였다.
32 미국의 양판회사. 의류, 가정용품, 식품을 직접 생산하여 자사가 운영하는 백화점과 쇼핑몰에 공급, 유통, 판매한다.
33 미국에서 가장 규모가 큰 전자제품 소매판매업체. 소비자용 전기제품, 퍼스널 컴퓨터, 오락용 소프트웨어, 휴대폰, 태블릿 PC 등을 판매한다.
34 바빌로니아 제 6대 왕인 함무라비는 함무라비 법전을 제정해 법치주의에 의한 중앙집권체제를 강화했다. 함무라비 법전에는 '눈에는 눈, 이에는 이'라는 동해복수법에 기초한 형벌법이 들어 있다.

3) 경쟁

스피드스케이팅은 개인 기록 싸움입니다. 두 사람이 나란히 트랙을 돌지만 둘 중 앞선 사람이 진출하고 뒤진 사람이 탈락하는 것이 아닙니다. 모든 선수가 경기를 치른 다음 개인 기록을 비교해 순위를 정합니다. 다섯 명 중 앞선 순서대로 순위를 정하는 쇼트트랙과는 다르죠. 그런데 왜 굳이 두 명이 함께 돌까요? 상대가 있으면 경쟁심을 느껴 기록이 더 좋아지기 때문입니다. 밥도 혼자보다 형제가 같이 먹을 때 더 많이 먹는 것과 같습니다. 경쟁은 그것이 어떤 일이든 사람을 몰입하게 만듭니다.

1980년대 오락실에서 하던 〈갤러그galaga〉35 게임 기억하십니까? 슈팅할 때 나는 특이한 효과음 때문에 '뿅뿅 문화'라는 신조어를 만들기도 했었죠. 챌린지 스테이지까지 모두 끝나고 나면 순위가 뜨는데, 맨 위에 자신의 이름이 오를 때 그야말로 극도의 성취감을 느낍니다. 만일 다음 날 자신의 이름 위에 다른 사람 이름이 올라와 있기라도 하면 참을 수 없는 열패감을 느낍니다. 다시 자신의 이름을 맨 위에 올릴 때까지 오락실에서 밤늦도록 버튼을 눌러 대다가 부모님께 혼쭐이 나곤 했죠. 어떤 게임이든 끝난 후 반드시 순위표를 보여 주는 것은 이런 경쟁심을 유발하기 위한 것입니다.

네이버 지식iN은 답변 채택 수와 채택률에 기반하여 등급을 매깁니다. '하수'부터 '절대신'까지 총 19개의 등급입니다. 만일 자신이 가장 낮은 하수에 속한다면 심정이 어떻겠습니까? 등급은 더 나은 등급으로 상승하고 싶은 경쟁심을 유발합니다.

---

35 일본의 남코(Namco) 사가 1981년 개발하여 인기를 끈 오락실용 컴퓨터 슈팅 게임. 좌우로 움직이는 폭격기로 총을 발사하여 벌처럼 생긴 적들을 죽인다.

강한 남자 찾기_**덕평휴게소**

'남자가 흘리지 말아야 할 것은 눈물만이 아니다.' 남자가 흘린 소변 문제를 아주 완곡하게 지적하는 말입니다. 공중화장실의 경우 이 문제는 악취 문제에서 그치지 않고 위생상 심각한 문제로까지 연결될 수 있습니다. 여러 가지 방법을 동원해 보지만 해결은 쉽지 않습니다. 덕평휴게소는 이 어려운 문제를 재미있는 방법으로 해결했습니다. 바로 게이미피케이션을 통해서 말이죠.

덕평휴게소를 이용하는 사람은 소변을 보면서 특별한 게임을 즐길 수 있습니다. '강한 남자 찾기'라는 게임입니다. 소변기 안에 장착된 센서가 소변의 양과 세기를 측정합니다. 그 수치는 바로 소변기 전면에 점수로 표시됩니다.

더 재미있는 것은 그 점수를 앞 사람들과 비교해 순위를 매긴다는 것입니다. 순위는 경쟁심을 자극하죠. 소변을 보는 사람은 순위에 밀리지 않기 위해 집중해서 소변을 방사합니다. 자연히 밖으로 새는 소변의 양은 줄 수밖에 없습니다.

덕평휴게소 남자화장실에
설치되어 있는
'강한 남자 찾기' 게임.

흘린 소변으로 인한 고질적인 문제, 덕평휴게소는 게이미피케이션으로 간단히 해결했습니다.

---

4) 게임 유형

(1) 오프라인 게임

뭐니 뭐니 해도 가장 친숙한 게임은 역시 오프라인 게임입니다. 가장 먼저 경험한 게임이 바로 오프라인 게임이기 때문입니다.

술래를 잡으러 이리저리 뛰어다니고 보물을 찾기 위해 동네를 샅샅이 뒤지다 보면 가슴이 쿵쾅쿵쾅 뛰는 경험을 할 수 있습니다. 더 넓은 땅을 따먹기 위해 돌을 힘껏 튕기고 상대를 쓰러트리기 위해 접은 다리로 상대 다리를 찍어 누르다 보면 손과 발의 긴장감을 느낄 수 있습니다. 그야말로 실제적 경험이죠.

전통적 오프라인 게임에는 리얼리티가 주는 고유의 만족감이 있습니다.

Case Study

술래잡기_리바이스

리바이스Levis는 트위터와 페이스북을 이용한 술래잡기 게임 이벤트를 진행했습니다. 물론 우리나라에서도 진행했죠.

리바이스의 트위터와 페이스북 페이지에 아이스파이iSpy라 불리는 술래의 위치에 대한 힌트가 올라옵니다. 팔로어follower들은 이 힌트를 단서로 휴대폰 위치정보를 이용해 술래를 잡으러 갑니다.

한국에서 진행된
리바이스 아이스파이(iSpy)
이벤트.

술래는 한곳에 머물러 있지 않습니다. 술래가 위치를 옮길 때마다 트위터와 페이스북 페이지에는 새로운 힌트가 바로 올라옵니다. 실시간이라는 두 채널의 특성을 이용한 것이죠.

팔로어들은 술래를 찾아 뛰어다니고 술래는 그런 팔로어들을 피해 도망 다닙니다. 그야말로 쫓고 쫓기는 긴박한 게임이죠. 왜 긴박하냐고요? 술래를 잡으면 술래가 입고 있는 리바이스 신제품을 뺏을 수 있거든요!

술래로 보이는 사람을 만나면 팔로어는 바지를 가리키며 이렇게 묻습니다. "이거 리바이스예요Are those Levi's?" 술래는 솔직하게 대답해야 합니다. 술래가 아니라고 하면 다시 술래를 찾아 나서야 합니다. 그러나 술래가 맞다고 하면 팔로어는 트위터나 페이스북에 "찾았다!"라는 글을 올려 게임을 종료해야 합니다. 술래를 잡은 사람은 술래의 바지를 그 자리에서 빼앗습니다. 물론 리바이스 새 제품이죠.

이 술래잡기 게임은 온라인을 이용하여 오프라인에서 하는 게임이기 때문에 양쪽의 재미를 모두 취할 수 있습니다.

빈병 오락실_스톡홀름

재활용 쓰레기를 버리는 일은 참 번거롭습니다. 가족 간에 서로 미루다 보면 다툼의 원인이 되기도 하죠. 스웨덴 스톡홀름에서는 게임으로 간단히 해결했습니다. 빈병 수거함을 게임기로 만든 것입니다. 일명 〈Bottle Bank Arcade〉. 〈크레이지 아케이드crazy arcade〉**36** 같죠? 일로 하려면 귀찮고 번거롭지만 게임으로 한다면 얘기가 달라지죠.

수거함 전면에 빈병 하나가 들어갈 만한 구멍 6개가 뚫려 있습니다. 6곳 중 단 한 곳에만 비순차적으로 불이 들어옵니다. 불이 들어온 구멍에 빈병을 집어넣습니다. 얼른 집어넣어야 합니다. 금세 다른 구멍에 또 불이 들어오니까요.

스톡홀름에 있는 게임 형식의
빈병 수거함,
〈Bottle Bank Arcade〉.

---

36 물풍선을 이용해 모든 상대편 캐릭터들을 가두어서 터뜨리면 승리하는 방식의 오락실용 게임.

마치 '두더지 게임'을 하는 듯한 기분입니다. 불시에 구멍에서 톡톡 튀어나오는 두더지를 솜 망치로 내리치는 게임 말입니다. 두더지가 나오는 구멍을 찾아 망치를 휘두르다 보면 어느새 시간이 다 가버리죠. 이 게임도 마찬가지입니다. 불 들어온 구멍을 찾아 빈병을 넣다 보면 어느새 빈병이 동나고 맙니다. 빈병이 더 없다는 게 아쉽기도 합니다.

수거함 전면에는 점수판도 있습니다. 점수가 올라가는 것을 보면 더 열심히 구멍을 찾게 되죠. 이런 수거함만 있다면 서로 미루다가 싸우는 일은 없겠죠? 아니, 서로 버리려고 싸우는 수는 있겠네요.

---

(2) 온라인 게임

온라인 게임의 좋은 점은 오프라인에서는 할 수 없는 일을 온라인에서는 얼마든지 할 수 있다는 것입니다. 사람의 힘으로 커버할 수 없는 넓은 영역도, 엄청난 무게도, 온라인에서는 문제없습니다. 아무리 멀리, 깊이, 높이 가는 일도, 아무리 비용이 많이 드는 일도 온라인에서는 쉽게 가능합니다.

오프라인 게임의 경쟁력이 리얼리티에 있다면 온라인 게임의 경쟁력은 가상의 힘에 있습니다.

Case Study

생명의 모기장 씌우기_세이브더칠드런

지구상에서 사람을 가장 많이 해치는 동물은 무엇일까요? 뱀? 멧돼지? 상어? 모두 아닙니다. 바로 모기입니다. 모기 때문에 죽는 아프리카 아이가 매년 무려 50만 명에

세이브더칠드런에서
'생명의 모기장 선물하기'
캠페인을 통해 설치한
모기장들.
© Tugela Ridley/Save the Children

달합니다. 모기가 옮기는 말라리아 때문이죠.

　모기에 물려서 죽기까지 한다니 무슨 말인가 싶죠? 말라리아에도 물론 약은 있습니다. 그러나 아프리카 아이들은 약을 구하기도 어려울 뿐만 아니라 대부분 면역력이 약하기 때문에 일단 걸리면 사망 확률이 높습니다. 때문에 예방이 더 중요합니다.

　그런데 불행하게도 아프리카 아이들은 제대로 된 주거환경에서 살지 못합니다. 모기에 무방비로 노출돼 있죠. 그래서 세이브더칠드런Save the Children이 '생명의 모기장 선물하기' 캠페인을 벌이고 있습니다. 모기장 안에서 재우는 것만으로도 말라리아로 인한 사망률을 20%까지 줄일 수 있기 때문입니다.

　직접 먼 곳까지 가지 않고도 캠페인에 동참할 수 있는 방법도 있습니다. 바로 '생명의 모기장 선물하기' 플래시 게임입니다.

　게임은 아주 간단합니다. 마우스로 테이블에 모기장을 올려놓은 뒤 모기약을 클릭해 살균합니다. 이 모기장을 제한시간 안에 아이들에게 씌우면 됩니다. 모기장으로 날아드는 모기들은 모기약을 클릭해 잡으면 됩니다.

AR 핑거 스토리_《이상한 나라의 앨리스》

이상한 나라에 들어간 앨리스에게 3월의 토끼가 차를 권합니다. "더 마셔." 앨리스는 대답합니다. "난 아직 아무것도 안 마셨어요. '더' 마신다는 건 말이 안 되죠." 모자 장수가 중얼거립니다. "아무것도 안 마셨으니 '더' 마시라는 거지. '덜' 마시라는 건 말이 안 되지만."

이런 유쾌하지만 잘 짜인 농담을 대할 때마다 '내가 동화 속으로 들어가 함께 대화할 수 있다면 얼마나 재미있을까?' 하는 상상을 하곤 합니다. 이런 상상이 이제 현실이 됩니다. 바로 《이상한 나라의 앨리스》가 증강현실Augmented Reality 동화로 재탄생한 것입니다.

증강현실이란 원래 이미지나 배경에 3차원 가상 이미지를 겹쳐서 하나의 영상으로 보여 주는 것을 말합니다. 《이상한 나라의 앨리스》 원화原畵에 AI 캐릭터를 삽입하여 등장인물들과 교감을 나누기도 하고 스토리에 직접 참여하기도 합니다. 스토리를 따라 퍼즐 놀이, 색칠 놀이, 숫자 놀이, 옷 입히기 놀이 등 다양한 게임도 즐길 수 있습니다.

문화체육관광부 지원사업으로 제이에스씨가 만든 이 증강현실 동화는 프랑크푸르트 도서전에 전시되어 큰 주목을 받았습니다. 프랑크푸르트 도서전은 세계 도서 저작권의 25%가 거래되는 세계 최고의 도서전입니다.

---

(3) 모바일 게임

모바일만의 특징을 잘 살리면 전통적인 오프라인 게임이나 컴퓨터 게임에서는 느낄 수 없는 독특한 재미를 느낄 수 있습니다. 디바이스를 자유롭게 움직이거나 들고 다닐 수 있다는 점, 한손에 디바이스를 들고 다른 한손으로는 또 다른 활동을 할 수 있다는 점 등이 모바일만의 특징이겠죠.

기존의 패키지 게임이나 온라인 게임을 제작하는 데 소요되는 시간과 비용을 대폭 절감할 수 있다는 것도 모바일의 큰 장점입니다.

아이폰 맥주 한 잔_i-Pint

소주는 목부터 가슴까지 타고 내려가는 그 강렬한 느낌 때문에 마십니다. 소주잔이 작은 것은 그 때문입니다. 와인은 그 아름다운 빛깔과 입안 가득 퍼지는 향 때문에 마십니다. 와인 잔이 맑은 것은 그 때문입니다. 막걸리는 눈과 입으로 느껴지는 그 탁한 본질 때문에 마십니다. 막걸리 잔이 투박한 것은 그 때문입니다. 맥주는 목을 훑어 주는 시원함과 황금빛 유혹 때문에 마십니다. 맥주잔이 큰 것은 그 때문입니다.

시원한 맛은 에일ale보다 라거lager입니다. 에일은 높은 온도에서 발효시켜 맛이 진한 반면, 라거는 차가운 온도에서 발효시켜 맛이 깔끔하기 때문입니다. 영국 여행을 가면 식당에서 흔히 만나는 유명한 라거가 있죠. 바로 칼링 블랙 라벨Carling Black Label. 라거 맥주에 딱 어울리는 모바일 게임을 개발했습니다. 바로 〈i-파인트i-Pint〉. '아이폰 한 잔' 정도 되겠죠.

게임의 미션은 아이폰 화면 속에서 가상의 맥주 한 잔을 쏟지 않고 목적지까지 무사히 전달하는 것입니다. 아이폰을 이리저리 기울여 가며 장애물들을 피해 맥주잔을 목적지까지 전달해야 합니다. 미션 수행에 대한 보상은 가득 따른 칼링 블랙 라벨 한 잔입니다. 고작 맥주 한 잔이냐고요?

아이폰 잔으로 마시는
맥주 한 잔 I-Pint.

흔히 맛볼 수 있는 그런 맥주가 아닙니다. 아이폰을 세우면 화면 속에 맥주가 서서히 차오릅니다. 적당한 거품이 있는 황금빛 라거 맥주입니다. 잔 가득 차오르면 아이폰을 실제 술잔처럼 기울여 가며 마십니다. 중간에 잔을 꺾으면 마신 만큼만 비고 나머지는 그대로 남아 있습니다. 아이폰 잔으로 맥주를 마시는 재미! 충분한 보상이 될 수 있습니다.

Case Study

반려나무_⟨트리 플래닛⟩

식목일. 나무를 심기 위해서는 팀을 짜고, 시간을 잡고, 장소를 물색하고, 묘목과 장비를 준비하고, 차를 섭외하고 … .

그러나 이제 마음만 있으면 혼자서도 곧바로 실천할 수 있습니다. 멀리 갈 필요도, 번거롭게 이것저것 준비할 필요도 없습니다. 모바일 나무심기 게임 ⟨트리 플래닛Tree Planet〉이 있으니까요.

나무가 필요한 곳을 클릭하면 미션이 나옵니다. 이제 '레드우드'라는 캐릭터와 함께 디펜스 게임Defence Game37을 합니다. 아기 나무에게 유해한 것들이 접근하지 못하게 울타리를 사수합니다. 벌목꾼이나 양떼들로부터도 보호합니다. 재난 몬스터에게 납치된 아기 나무를 구조합니다. 아기 나무가 잘 자랄 수 있도록 물도 주고 비료도 줍니다. 샤워도 시키고 재우기도 합니다. 〈트리 플래닛〉에서는 아기 나무를 '반려 나무'라고 부릅니다.

이렇게 반려 나무를 잘 키우면 그 수만큼 원하는 지역에 진짜 나무를 보낼 수 있습니다. 이것을 입양 보낸다고 합니다.

지구 사막화를 막는 사회적 기여를 할 수 있는 것이죠. 직접 하기에는 버거운 일을 쉽게 할 수 있습니다. 이 게임을 통해 국내외 100만 명 이상이 43만 그루의 나무를 심었습니다.

유기동물 구조_〈파피홈 우당탕 보호소〉

반려동물 천만 시대입니다.

일부에서는 보유세를 도입해야 한다는 목소리도 있습니다. 반려동물에 대한 책임과 의무를 부여하자는 취지죠. 반려동물 숫자가 증가하는 만큼 버려지는 숫자도 늘고 있기 때문입니다.

---

37 몰려오는 몬스터를 막아 내는 것을 핵심 요소로 삼는 게임 장르.

버려지는 반려동물에 대한 뉴스는 늘 우리를 슬프게 하지만 그들을 위해 실제적 행동을 취하기에는 어려움이 많습니다. 그저 마음뿐이지요. 그 마음을 대신 행동으로 옮겨 주는 곳이 있습니다. 바로 유기동물 보호 게임 〈파피홈 우당탕 보호소〉.

버려진 강아지와 고양이를 구조합니다. 사료도 주고 놀아 주기도 합니다. 개인 보호소가 되는 것이죠. 게임에서 사료를 주면 실제 유기동물들에게도 사료가 후원됩니다. 잘 키우고 난 뒤에는 입양 보내기도 합니다. 구조와 입양을 많이 할수록 보호소의 명성은 높아집니다. 이에 따라 게임의 배경도 달라지고 구조 가능한 동물 종류도 증가합니다. 실제 유기동물들에게 후원되는 사료의 양도 증가합니다.

05

영상 컨텐츠

1) 다큐멘터리

다큐멘터리란 사실에 입각한 촬영과 합리적 재구성을 바탕으로 현실을 기록하는 영화를 말합니다. 배우가 아닌 실제 인물, 세트가 아닌 실제 장소, 꾸며 낸 스토리가 아닌 실제 이야기를 카메라에 담아냅니다. 현실을 사실적으로 기록한다는 면에서 픽션fiction**38**의 반대편에 있습니다.

그러나 다큐멘터리라고 절대적인 객관성이 보장되지는 못합니다. 감독이 카메라를 갖다 대는 순간 주관이 개입되기 때문입니다. 프레임에 담아내는 순간 해석이 개입되기 때문입니다. 따라서 다큐멘터리의 생명은 사실과 현실을 얼마나 완벽하게 재현했느냐에 있는 것이 아니라 얼마나 합리적으로 통제했느냐에 있습니다.

현대적 다큐멘터리의 원조는 로버트 플래허티Robert Flaherty의 〈북극의 나누크 Nanook of the North〉입니다. 한 이누이트Innuit**39** 가족의 일상을 '투쟁하는 인간'이라는 관

---

38 꾸며내었거나 작가의 상상력에 의해 만들어진 이야기, 혹은 역사적 사실과는 변별되는 모든 문학적 구성물.

39 그린란드, 시베리아, 알래스카 등 북극해 연안에 사는 수렵・어로인. 에스키모라고도 한다.

점으로 기록한 기념비적 작품입니다.

그러나 다큐멘터리라는 용어를 처음 사용한 것은 플래허티의 제자 존 그리어슨 John Grierson입니다. 어원은 '참고자료가 되는'이라는 뜻의 프랑스어 '도퀴망테르 documentaire'입니다. 그는 내레이션 대신 인터뷰 방식을 도입하여 만든 〈유망어선The Drifters〉으로 다큐멘터리 역사상 중요한 인물로 기록됩니다. 이 영화는 거친 파도, 그물을 끌어올리는 어부들의 모습, 미끄러운 갑판, 낚시 바늘 하나까지 놓치지 않고 카메라로 훑는 세밀한 카메라워크와 빅 클로즈업, 빠른 템포의 편집 등으로 큰 충격을 던졌습니다.

다큐멘터리에 현실참여 경향이 시작된 것은 알랭 레네Alain Resnais의 〈밤과 안개 Night and Fog〉부터입니다. 밤과 안개는 제 2차 세계대전 당시 유대인들을 수용소에 강제 수감하기 위한 작전명입니다. 이 다큐멘터리로 홀로코스트holocaust의 참상이 전 세계에 드러납니다.

Case Study

거장의 약속과 신념_〈헤어조크 구두를 먹다〉

잘나가는 영화감독인 버클리대의 한 객원교수. 한 대학원생의 논문을 읽고 다큐멘터리로 만들어 보라고 권유합니다. 대학원생은 돈이 없어 못 만든다고 대답합니다. 교수는 도둑질을 해서라도 만들라고 충고합니다. 그리고 내기를 겁니다. 만약 학생이 영화를 만들면 〈황금광 시대La quimera del oro〉에서 찰리 채플린Charles Chaplin이 한 것처럼 자기도 구두를 먹겠다고.

대학원생은 결국 빌린 장비로 85분짜리 다큐멘터리를 만듭니다. 이 다큐멘터리는 유수의 영화제에서 극찬까지 받습니다. 교수는 기꺼이 약속을 지킵니다. 버클리대

대학원생과의 내기에서 진 후
정말로 자신의 구두를 요리해 먹은
베르너 헤어조크.

학생들이 지켜보는 앞에서 자기 구두를 요리해 먹은 것입니다.

이 교수가 바로 전성기의 베르너 헤어조크입니다. 빔 벤더스Wim Wenders, 라이너 베르너 파스빈더Rainer Werner Fassbinder와 함께 뉴 저먼 시네마New German Cinema40를 이끈 세계적 거장이죠.

대학원생은 후에 대 감독이 된 에롤 모리스Errol Morris입니다. 〈포그 오브 워The Fog Of War〉로 아카데미상, 〈엘리트 스쿼드The Elite Squad〉로 베를린영화제 황금곰상을 타기도 했죠. 문제의 다큐멘터리는 그의 데뷔작 〈천국의 문Gates of Heaven〉입니다.

그리고 이 두 사람을 옆에서 쭉 지켜본 사람이 있습니다. 바로 레스 블랑크. 그가

---

40 1960년대 말부터 1970년대에 걸쳐 독일에서 일어난 영화운동. 영화산업 외부에서 활동하던 일련의 젊은 영화인들이 기존의 낡은 독일 영화산업에 사망선고를 내리고 관습으로부터의 자유, 상업적 구속으로부터의 자유를 선언하며 독일 영화 부흥을 일으킨 것.

이 에피소드를 촬영해 만든 다큐멘터리가 바로 〈헤어조크, 구두를 먹다Werner Herzog Eats His Shoe〉입니다.

구두를 먹은 이유를 헤어조크는 다음과 같이 밝힙니다. 후배의 독립영화가 배급되도록 돕고자. 사사로운 약속이라고 지키지 않는 것은 비겁한 짓이라서. 의지만 있으면 뭐든지 할 수 있다는 것을 보여 주기 위해서.

Case Study

위대한 광기를 담아내다_〈꿈의 무게〉

레스 블랑크Les Blank는 그야말로 기발한 아이디어를 냈습니다. 독일이 자랑하는 감독 베르너 헤어조크Werner Herzog가 아마존에 오페라 하우스를 짓기 위해 배를 산으로 옮긴 사람을 주인공으로 한 영화 〈피츠카랄도Fitzcarraldo〉를 촬영한다고 하자 그 과정을 옆에서 찍기로 한 것입니다.

아마존 정글이라는 대자연의 위대함과 그에 맞선 한 인간의 나약함, 헤어조크는 이것을 사실적으로 전달하기 위해 무모한 로케이션location을 감행합니다. 그 과정을 블랑크는 그대로 카메라에 담습니다.

헤어조크의 열정은 곳곳에서 도전을 받습니다. 산사태, 배 전복, 비행기 추락으로 스태프staff들이 죽는 사고가 발생했습니다. 사상 최악의 건기에 맞닥뜨려 배를 강에 띄울 수 없어 도르래와 인력으로 배를 산으로 옮겼습니다. 헤어조크는 자신이 원하는 그림을 얻기 위해 밀림 한복판에서 배우들에게 권총을 겨누기도 했습니다.

그렇게 완성한 〈위대한 피츠카랄도〉는 걸작임에도 불구하고 흥행에는 실패합니다. 헤어조크는 파산하고 인권 침해로 법정에까지 섭니다. '꿈의 무게'는 과연 이렇게

대자연의 위대함과 한 인간의 나약함을 그린 헤어조크의 영화 〈피츠카랄도〉.
그 촬영 과정을 기록한 레스 블랑크의 다큐멘터리 〈꿈의 무게〉.

무거운 걸까요?

헤어조크의 영화는 실패했지만 아이러니하게도 그 과정을 찍은 블랑크의 다큐멘터리 〈꿈의 무게*Burden of dreams*〉는 성공했습니다. 그해 영국 아카데미 최우수상을 받았습니다.

2) 페이크 다큐멘터리

다큐멘터리의 형식을 빌려 허구를 실제처럼 가공한 영화를 '페이크fake 다큐멘터리'라고 합니다. 페이크는 '가짜'라는 뜻입니다. '조롱하다'라는 뜻의 '모크mock'를 붙여 '모큐멘터리mockumentary'라고도 합니다.

폴터가이스트. 사춘기 소녀에게 '시끄러운 유령'이 붙어 집이 흔들리고 물건이 날아다니거나 부서지는 이상한 현상을 말합니다. 1992년 BBC는 할로윈 스페셜로 특별한 영화를 기획합니다. 엄마와 두 딸에게 폴터가이스트poltergeist41가 일어나는 것을 생중계하던 도중 문제의 유령이 방송국에 나타나 쑥대밭으로 만든다는 내용입니다.

문제는 영화가 너무 실감나게 촬영되었다는 것입니다. 사전정보가 없었던 시청자들이 진짜라고 속는 바람에 큰 소동이 일어났습니다. 결국엔 방영금지 가처분까지 받습니다. 그러나 이 영화는 페이크 다큐멘터리의 원조가 됩니다. 바로 〈고스트 와치Ghost Watch〉입니다.

페이크 다큐멘터리 기법은 다양합니다. 카메라를 고정하지 않고 소형카메라를 이용해 핸드 헬드hand held42로 찍어 관객의 몰입을 유도하기도 합니다. 〈더 블레어 위치 프로젝트The Blair Witch Project〉가 이 기법의 원조 격입니다. 인공조명을 배제하고 자연조명만 사용해 사실감을 높이기도 합니다. 내레이션 대신 인터뷰를 활용해 상황을 실감나게 전달하거나 재연하기도 합니다. 이는 픽션에서 사실성의 담보, 연출자의 의도와 주관 개입 문제에 대한 고민의 결과이기도 합니다.

---

41 집 안을 흔들고 물건을 날아다니게 하거나 가구 등을 부숴 버리는 정령의 일종, 혹은 그런 현상.
42 카메라 혹은 조명장치를 손으로 드는 것. 특히 카메라를 삼각대에 장착하지 않고 들거나 어깨에 메고 촬영하는 방식.

감독 지망생들 실종사건_〈더 블레어 위치 프로젝트〉

200년 동안 전해 내려오는 '블레어 위치' 마녀 전설을 찾아 세 영화학도가 '버키츠빌' 숲으로 들어갑니다. 그들은 다큐멘터리 촬영 도중 끝내 실종됩니다. 1년 후 숲에서 그들이 촬영한 필름이 발견됩니다.

한 영화사가 가족들에게 동의를 얻어 그 필름을 상영합니다. 영화사 웹사이트에는 젊은 영화학도들의 실종사건을 보도한 신문기사와 경찰이 찍은 사진들이 공개됩니다.

영화 상영관은 북새통을 이룹니다. 평론가들도 칭찬 일색입니다. 덕분에 '파운드 푸티지found footage'라는 장르가 크게 주목받습니다. 촬영한 사람이 행방불명되어 파묻혀 있던 영상이 다른 사람 손에 의해 공개되는 형식의 장르입니다.

그러나 곧 마녀 전설과 실종사건이 모두 사실이 아닌 마케팅이었다는 것이 알려집니다. 제작진은 영화가 페이크 다큐멘터리라고 밝힙니다. 사실로 믿었던 사람들은 큰 충격에 빠집니다. 대거 환불요청 사태까지 일어납니다.

그런데 만일 이 영화를 다큐멘터리가 아니라 호러horror43 영화로 홍보했다면 어땠을까요? 과연 이런 초대박을 거둘 수 있었을까요?

이 영화가 남달랐던 점은 심리적 공포를 이용했다는 것입니다. 사실 이 영화에는 '점프 스케어jump scare'가 한 장면도 없습니다. 돌아보니 연쇄살인마가 도끼를 쳐드는 것과 같이 무언가 갑작스럽게 튀어나와 관객들의 간담을 서늘하게 만드는 그런 장면 말이죠. 잔인한 장면도 없습니다. 배경이 깊은 숲속이지만 야생동물에게 공격당해

---

43 관객으로 하여금 공포와 전율을 느끼게 만드는 영화.

<더 블레어 위치 프로젝트> 개봉 전
세 영화학도가 실종되었다는
가짜 공고까지 만들어 공개하였다.

피를 보는 등의 장면은 전혀 나오지 않습니다. 공포를 자아내는 사운드 이펙트sound
effect도 없습니다. 단지 상황이 공포스러운 것뿐입니다.

만일 호러 장르의 픽션이라는 것을 알고 봤더라면 이런 심리적 공포가 생기지 않
았을 것입니다. 이 영화가 성공할 수 있었던 것은 다큐멘터리라는 설정이 사실성을
담보했기 때문입니다.

그것이 가능했던 것은 이 영화의 독특한 촬영방식 때문이었습니다. 제작진은 배
우들을 숲속에 던져 놓고 몰래 숨어 쪽지 지시만 내리면서 촬영했습니다. 헬리콥터를
타고 가서 필요한 물품과 지시사항만 내려놓고 그냥 돌아왔다고 합니다. 또한 세 배
우에게 서로 상반된 지시를 내려 실제로 배우들 간에 갈등이 일어나도록 만들었습니
다. 극한적인 상황에서의 갈등은 분위기를 더 고조시키기 때문이죠.

예고도 없이 상황을 연출해 배우들이 진짜로 공포에 휩싸이기도 했습니다. 작품
후반부에 헤더 도나휴가 완전히 자포자기하여 참회 섞인 절규를 하는 장면이 나오는
데 이것이 이러한 공포의 절정입니다. 만일 허구인 줄 알고 봤다면 이러한 심리적 공
포가 관객들에게 전이되지 않았을 것입니다.

3) 다큐드라마

TV로 옮겨 간 다큐멘터리는 드라마와 융합하면서 다큐드라마docudrama를 탄생시켰습니다. 허구적인 내용을 소재로 하는 일반드라마와 달리 다큐드라마는 기록을 토대로 사실을 있는 그대로 구성하는 드라마를 말합니다. 다만 인물이나 상황에 대한 좀더 섬세한 묘사, 구체적인 대화, 클라이맥스 연출 등 드라마의 극예술 기법이 가미되어 사실 재현이 더 생생합니다.

다큐드라마는 최근 들어 TV 프로그램의 한 장르로 뿌리내리고 있습니다. 〈불멸의 이순신〉, 〈선덕여왕〉 등이 이 장르에 속합니다.

Case Study

사람을 지배하는 자가 천하를 지배한다_〈선덕여왕〉

공주의 신분으로 남성의 전유물이던 왕의 자리를 꿰찬 신라 제 27대 왕 선덕. 그의 위대함은 여기에 그치지 않습니다. 역사상 최초의 통일을 이룬 김유신과 김춘추를 발탁, 좌우로 포진시킨 강한 왕이었습니다.

그러나 이 드라마는 흔한 역사드라마처럼 권력투쟁의 과정을 그리지 않습니다. 자신과 뜻을 같이하는 훌륭한 사람뿐만 아니라 뜻이 다른 사람, 현실을 등진 사람, 심지어 적까지도 자신의 사람으로 만들어가는 과정을 그립니다. 이를 통해 우리는 삼국 중에서 가장 약소국이었던 신라가 통일이라는 대업을 이룰 수 있게 만든 지도자의 힘을 느낄 수 있습니다.

이 드라마의 관전 포인트는 논란이 분분한 필사본 《화랑세기》를 모티브로 한 다큐드라마라는 데 있습니다. 《화랑세기》뿐만 아니라 《삼국유사》, 《삼국사기》 등 서

엇갈리는 사료를 재구성
하여 독특한 역사적 설정을
보여 준 드라마 〈선덕여왕〉.

로 엇갈리는 사료들을 재구성하여 우리가 알고 있는 것과는 다른 엉뚱한 역사적 설정
이 툭툭 튀어나오는 재미가 있습니다.

또한 앞에서 언급한 대로 다큐드라마 특성상 사실에 극예술 기법을 가미하여 보는
재미가 극대화되었습니다. 예컨대 전통적인 사극 어법이 아니라 현대적 대화체, 그
것도 다분히 의도된 문어체적 어투를 사용하여 특별한 재미를 주었습니다.

덕분에 40%가 넘는 최고 시청률을 기록하였고 이로써 재정난에 허덕이던 MBC
는 비로소 흑자로 전환할 수 있었습니다. 타 방송국의 드라마 편성에도 막대한 영향
을 미쳤습니다. SBS는 경쟁 드라마인 〈천사의 유혹〉을 대놓고 1시간 앞당겨 편성했
고 KBS는 월화드라마로 기획한 〈아이리스〉를 수목드라마로 급히 변경하는 해프닝
이 있었습니다.

2009년 삼성경제연구소는 10대 히트상품으로 아이폰, 걸그룹 열풍과 함께 〈선덕
여왕〉을 선정했습니다.

4) 드라마

드라마Drama는 작가의 개입 없이 등장인물들의 대화와 행동으로 이루어진 극예술을 말합니다. 허구적 인물, 공간, 주제를 바탕으로 한다는 점에서 픽션Fiction입니다. 논픽션의 기수가 앞에서 살펴본 다큐멘터리라면 픽션의 기수는 드라마입니다.

드라마의 특징은 서사敍事 구조가 있고 그 서사가 배우의 행동을 통해 전달된다는 것입니다. 드라마의 어원은 그리스어 'dran'입니다. '행동하다'란 뜻입니다. 서사란 사건이 진행되어 가는 과정이나 인물의 행동이 변화되어 가는 과정을 시간의 흐름에 따라 서술하는 것을 말합니다. 서사를 전달하는 배우의 행동은 대사, 연기, 춤, 음악 등 다양합니다. 대사가 없는 경우도 있습니다.

영화의 거장 알프레드 히치콕Alfred Hitchcock은 "드라마는 지루한 부분을 잘라 낸 인생"이라고 했습니다. 그만큼 드라마가 재미있다는 말입니다. 국내 방송사 편성에서도 가장 비중이 높은 것이 바로 드라마입니다.

Case Study

공복을 채우는 기쁨_〈고독한 미식가〉

누구에게도 방해받지 않고, 어떤 것에도 얽매이지 않고, 오로지 맛있는 음식으로 공복을 채우는 기쁨. 현대인들이 지키고 싶은 최후의 보루일 것입니다. 그래서 사람들은 이 드라마에 열광하는지도 모릅니다. 바로 〈고독한 미식가孤獨のグルメ〉. 쿠스미 마사유키くすみまさゆき의 동명만화를 원작으로 한 TV 도쿄TV Tokyo 드라마입니다.

주인공 이노가시라 고로井之頭 五郎는 외부출장이 잦아서 이동 중 혼자 식사하는 일이 많습니다. 혼자니까 음식에 집중해 음미하면서 먹을 수 있습니다. 그래서 〈고독

한 미식가〉. 그는 혼자지만 대충 때우는 일이 절대 없습니다. 적당히 타협하는 일도 결코 없습니다. 그는 이렇게 말하곤 합니다. "여기서 조바심은 금물이다. 내 배는 지금 뭘 원하지?"

주인공이 음식의 모양과 맛을 묘사하고 칭찬할 때 쓰는 비유와 수사는 가히 압권입니다. "철판구이는 뭐랄까 라이브 무대 같은 느낌이야. 혼자인데도 머릿속으론 큰 환호성을 지른달까? 철판은 스테이지야. 무대야." "메뉴라는 숲에서 길을 잃어버린 듯하다."

먹는 행위에 대한 주인공의 표현은 철학적이기까지 합니다. "뭔가 위장에 새로운 역사가 새겨진 듯하다." "밥집과의 만남도 일생에 단 한 번뿐인 만남, 이것도 숙명일지도 모른다." 만화를 원작으로 한 드라마라곤 도저히 믿어지지 않습니다.

음식과 식당 선택에 대한 고급 팁도 얻을 수 있습니다. "옛날 그대로의 맛집을 찾으려면 강 주변을 공략할 것!" "고민될 때는 양쪽 다." 그야말로 고수에게 한 수 배우는 느낌입니다.

회차마다 독자적인 스토리가 있어서 그 안에서 완결되기 때문에 전 편을 못 봤다고 해서 스토리 전개를 놓치는 일도 없습니다. 집중과 흥미가 떨어지는 일이 없죠. 바쁜 현대인의 생활패턴을 고려한 것입니다.

Case Study

마음의 허기까지 채워 주는 식당_〈**심야식당**〉

도쿄 신주쿠新宿 뒷골목의 작은 식당. '밥집'이라고 쓰인 포렴布簾 외에 제대로 된 간판 하나 없는 식당. 그곳엔 이름과 경력 모두 불명인 채 '마스터master'라 불리며 말없이 음식을 내놓는 이가 있습니다. 왼쪽 눈 아래에는 길다란 흉터. 상처 입은 사람들에게 묘한 동질감을 줍니다. 그래서 울면서 들어와 웃으며 나가는 신비한 식당입니다. 바로 〈심야식당深夜食堂〉. 동명만화를 원작으로 한 일본 MBS TV 드라마입니다.

기본 메뉴는 돼지고기 된장국 정식과 술 정도로 단출하지만 손님이 원하면 뭐든 만들어 줍니다. 저마다의 추억과 사연이 담긴 음식, 손님이 직접 설명해 주는 요리법과 맛있게 먹는 팁은 드라마 캐치프레이즈처럼 마음의 허기까지 채워 줍니다.

찾아오는 손님은 밤늦게 일을 마친 샐러리맨부터 유랑 악사, 복서, 점성술사, 호스티스, 동네 건달, 게이까지 모두 세상살이에 지친 사람들뿐입니다. 양지보다 음지가 더 어울리는 사람들이지만 심야식당에는 언제나 따뜻한 정이 넘쳐 납니다.

드라마 오프닝 곡 〈추억思い出〉의 쓸쓸함은 출연자들의 신산한 삶을 대신 말해 줍니다. 도쿄 밤거리를 배경으로 잔잔한 기타 반주, 그리고 들려오는 중년 남자의 쓸쓸한 노랫소리. "당신의 새하얀 숨이 ♪ 천천히 바람을 타고 하늘로 올라가♬ 구름 속에서 조금씩 사라져 가네♬~"

마스터 역의 코바야시 카오루小林薫의 목소리입니다. 기타 반주는 싱어송라이터

<심야식당>에서
마스터 역을 맡은
코바야시 카오루.

스즈키 츠네키치鈴木常吉. 그는 방랑자 코구레小暮 역으로 깜짝 출연했던 오다기리 조小田切讓가 라면배달 소녀와 만나는 장면의 노래도 부릅니다. 드라마 속 OST를 모아 앨범을 내기도 했습니다.

원작은 <빅코믹 오리지널>에 연재된 아베 야로安倍夜郎의 만화입니다. 작가 이름도 '밤夜의 남자郎'네요. 명문 와세다대를 나와 41세에 만화가로 데뷔한 독특한 경력을 가진 작가입니다. "인생 만만하게 보지 마", "사람들은 종종 답도 없는데 헤매고 다닐 때가 있지", "인간이란 슬플 때도 배는 고파지는구나" 등 삶의 무게가 담긴 대사가 그래서 나온 듯합니다.

5) 단편 영화

단편 영화란 30분 내외로 러닝타임running time이 짧은 영화를 말합니다. 길이만 짧은 게 아니라 영상과 주제 또한 매우 함축되어 있다는 것이 장편 영화와의 차이점입니다. 장편 영화가 소설이라면 단편 영화는 시라고 할 수 있습니다.

시는 소설보다 짧지만 소설 이상으로 많은 메시지를 던집니다. 시는 또한 특유의 함축미로 강한 이미지를 만들어 냅니다. 시처럼 단편 영화도 짧은 영화 긴 여운의 예술입니다.

이런 특성을 잘 보여 준 예가 바로 벤 하울링Ben Howling 감독의 〈카고Cargo〉입니다. 7분 길이의 이 영화는 딸을 살리기 위해 고군분투하는 좀비의 부성애를 그려 좋은 평가를 받았습니다. 그러나 같은 감독이 105분짜리 장편 영화로 다시 만들어 개봉했는데, 이번에는 실패로 끝났습니다.

같은 감독이 캐릭터를 추가하고 세계관도 넓히고 내용도 보충했지만 감동은 깊어지지 않고 오히려 긴장감만 떨어져 아쉬운 확장에 그쳤다는 평가입니다. 단편 영화가 주는 함축미와 여운이 얼마나 큰지를 잘 보여 줍니다.

단편 영화는 내용 면에서 실험 영화experimental film, 과정 면에서 독립 영화independent film와 교집합이 많지만 반드시 일치하는 것은 아닙니다.

실험 영화는 상업 영화에서 터부시되는 주제를 과감하게 다루거나 영화 매체의 다양한 표현 방식을 독창적이고 급진적으로 시도하는 영화를 말합니다. 새로운 시도를 목적으로 하기 때문에 대개 길게 만들지 않지만 러닝타임이 긴 상업 영화에서도 실험적 수법을 쓸 수는 있습니다.

독립 영화는 기존의 상업 자본에 얽매이지 않고 창작자 의도대로 제작한 영화를 말합니다. 적은 예산으로 만들다 보니 일반적으로 수분에서 1시간 이내의 단편 영화가 대부분입니다. 그러나 관객이 많지 않아 안 만들 뿐이지 거대 자본 영화사에서도 단편 영화를 만들 수는 있습니다.

단편 영화는 대개 감독의 등용문 역할을 합니다. 단편 영화로 주목을 받은 감독이 성장해서 장편 영화를 만드는 일이 많습니다. 〈쏘우Saw〉로 주목받은 제임스 완James Wan 감독, 〈라이트 아웃Lights Out〉으로 주목받은 데이비드 F. 샌드버그David F. Sandberg 감독 등이 바로 단편 영화제에서 발탁되어 할리우드로 진출해 블록버스터blockbuster**44**의 주인공이 된 케이스입니다.

단편 영화에는 애니메이션도 물론 포함됩니다. 〈루니 툰Looney Tunes〉, 〈톰과 제리The Tom and Jerry Show〉 모두 단편 영화로 개봉된 것들입니다.

단편 영화는 짧은 길이 때문에 호흡이 빠를 수밖에 없는데, 이것이 짧은 것, 빠른 것을 좋아하는 시대 정서와 잘 부합해 요즘 특히 조명을 받고 있습니다. 요즘은 DSLR이나 미러리스 같은 디지털 카메라가 많이 보급되어 있고 스마트폰 카메라도 매우 훌륭하기 때문에 몇 분짜리 단편 영화 정도는 누구나 제작할 수 있습니다. 한번 도전해 보시기 바랍니다.

---

44 막대한 흥행 수입을 올린 영화. 보통 북미의 경우 연 1억 달러 이상, 전 세계적으로는 4억 달러 이상의 매표 매출을 올린 영화를 가리킨다. 때에 따라서는 제작비 규모가 크고 유명 배우가 출연하는 영화를 가리키기도 한다.

스마트폰으로 찍은 영화_〈파란만장〉

'100% 스마트폰으로 찍은 영화'로 개봉도 하기 전에 화제가 된 영화. 바로 박찬욱·박찬경 형제의 〈파란만장〉입니다. 두 감독은 이 영화를 단편 영화라 하지 않고 새로운 프로젝트라 불렀습니다. 그들의 야심찬 실험이 담겨 있기 때문입니다.

칸영화제Cannes Film Festival 심사위원상을 두 차례나 받은 세계적 거장이 카메라 대신 휴대폰을 들고 영화를 찍는다는 실험은 그야말로 성공적이었습니다. 아이폰 4에 DSLR[45] 렌즈 하나 다는 것만으로 영상의 심도를 놀랍게 끌어올렸고, 스마트폰의 화질과 노이즈noise라는 한계는 오히려 음산한 분위기를 연출하는 도구로 활용됐습니다.

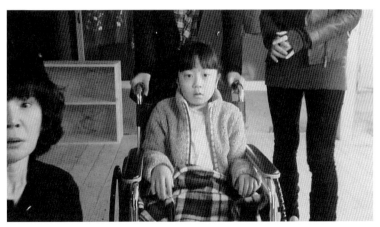

〈파란만장〉에서 스마트폰 화질의 한계는 오히려 긴장을 더해 주는 요소가 된다.

---

[45] Digital Single Lens Reflex. 필름 일안 반사식 카메라와 거의 동일한 광학적, 기계적 원리로 동작하는 디지털 카메라. 필름 대신 CCD(Charge Coupled Device)나 CMOS(Complementary Metal Oxide Semiconductor) 등의 이미지 센서(image sensor)를 사용한다.

무속巫俗 신앙이라고 하는 비논리적 소재를 논리적 전개 방식으로 결국 수긍하게 만들었을 뿐 아니라, 유머, 스릴러, 미스터리, 감동 등 한 그릇에 담기 힘든 것들을 짧은 영화에 모두 녹여 냈습니다. 설치 미술가로서 박찬경 감독의 독특한 미감을 영화에 적용하는 데도 성공했습니다. 영화 전편을 관통하는 한恨, 연緣 등의 한국적 정서는 이러한 실험을 통해 더욱 빛을 발합니다.

수 개의 실험을 동시다발적으로 진행하면서 그것을 하나의 스토리로 꿰뚫어 내는 감독의 탁월한 능력이 돋보이는 영화가 바로 〈파란만장〉입니다. 2011년 베를린 국제영화제Internationale Filmfestspiele Berlin 황금곰상은 바로 그 능력에 바치는 경의의 표시가 아닐까요?

Case Study

바이러스처럼 전염되는 폭력성_〈인플루엔자〉

아카데미 4개 부문 동시 수상46에 빛나는 봉준호. 〈타임〉이 선정한 최고 영화47의 주인공 봉준호. 그가 왜 훌륭한 감독인지는 30분짜리 단편영화 〈인플루엔자〉만 봐도 알 수 있습니다.

지하철에서 순간접착제를 팔던 한 남자가 생활고에 몰리자 은행 ATM 강도가 되어 점점 폭력적으로 변해 갑니다. 폭력성은 인플루엔자처럼 빠르게 전염됩니다. 이 영화의 핵심은 인간이 폭력에 무감각해져 가는 모습을 CCTV의 시선으로 본다는 것

---

46 〈기생충〉으로 제 92회 아카데미 작품상, 감독상, 각본상, 국제장편영화상을 수상했다.
47 2006년 시사전문지 〈타임〉은 올해 최고의 영화로 〈괴물〉을 선정했다.

에 있습니다.

이 착상은 감독의 아들이 다니는 유치원에 학부모가 집에서도 아이를 지켜볼 수 있도록 CCTV가 설치된 것을 보고 나온 것이라고 합니다. 세상에서 가장 사랑하는 대상을 가장 차가운 기계의 시선으로 볼 수밖에 없는 아이러니를 표현하는 것이죠.

CCTV 특유의 부감俯瞰, high angle을 내기 위해 카메라를 CCTV와 똑같은 위치에 고정시켜 놓고 촬영했기 때문에 촬영감독이 필요 없었다고 합니다. 카메라 앞에 돋보기를 대어 CCTV처럼 초점을 흐리게 했기 때문에 조명감독 역시 필요 없었다고 합니다. 봉준호 감독 특유의 디테일detail이 발휘된 부분입니다. 이 디테일이 그가 작가 정신을 유지하면서도 상업적 성과를 올릴 수 있게 만든 비결입니다. '봉테일'이라는 별명은 영화 팬들이 그런 그에게 바친 송가頌歌입니다.

---

6) 애니메이션

애니메이션animation이란 그림에 움직임과 소리를 넣은 것을 말합니다. 어원은 라틴어 'anima'입니다. '숨 쉬는 생명'이란 뜻이죠. 즉, 그림이 생명이 있는 듯 움직인다는 의미입니다.

원리는 많은 수의 연속된 그림을 빠르게 넘겨서 정지된 그림에 잔상이 남아 마치 움직이는 듯한 착시를 일으키는 것입니다. 애니메이션에서 한 번 보여 주는 그림의 단위를 미국식으로는 프레임frame, 일본식으로는 콤마comma라고 합니다. 보통 1초당 24프레임씩 보여 줍니다.

고대 동굴 벽화에서 발이 여럿 달린 동물들을 간혹 보셨죠? 이것은 비록 완성도는 떨어지지만 움직임을 표현하려는 시도였을 겁니다. 움직임을 재현하고자 하는 인간의 욕망은 오랜 시간에 걸쳐 다양한 기술을 발달시켰고 마침내 실사에 버금가는 애니메이션을 탄생시켰습니다.

1900년대 초 시카고Chicago에서 신문 삽화가로 이름을 떨친 윈저 맥케이Winsor McCay는 종이 위의 캐릭터들이 살아 움직이는 것처럼 보일 수는 없을까 하는 생각을 처음 했습니다. 그는 종이 한 장 한 장마다 캐릭터와 배경을 전부 다시 그려서 만든 수천 장의 프레임으로 마침내 1911년 〈작은 니모Little Nemo〉라는 애니메이션 작품을 만드는 데 성공합니다.

그러나 존 랜돌프 브레이John Randolph Bray와 얼 허드Earl Hurd는 프레임마다 그림을 전부 다시 그리지 않고 배경만 따로 그린 셀, 움직이는 모습만 따로 그린 셀 등을 메인 셀에 덧붙이는 '셀 애니메이션Cell Animation' 기법을 개발했습니다. 그리고 1915년 마침내 〈더드 가출하다Dud leaves home〉라는 셀 애니메이션 작품을 완성합니다. 이것은 애니메이션을 더 쉽게 제작하고 더 널리 보급하는 데 큰 기여를 합니다.

Case Study

인류가 지구에 한 일을 단 3분으로_스티브 커츠

인류가 지구에 등장해서 이제까지 한 일을 단 3분으로 요약한다면? 그것을 보여 주는 애니메이션이 있습니다.

50만 년 전 평화로운 지구에 인간이 나타납니다. 뱀을 구두로 만들고 닭을 공처럼 갖고 놉니다. 물개로 모피를 만들어 입고 코끼리로 피아노를 만듭니다. 바다에 오염 물질을 마구 버리고 물고기를 마구 잡습니다. 곰 머리로 장식품을 만들고 표범을 밟아 깔개로 만듭니다. 마법봉을 휘두르는 대로 건물이 올라가고 차가 늘어납니다. 동물들이 줄줄이 포장되고 화학 실험으로 괴로워합니다. 거대한 쓰레기 산 위에서 왕관

스티브 커츠의 〈인간〉. 3분이라는 짧은 시간에 인간의 탐욕을 묘사한다.

을 쓰고 담배를 피웁니다. 비행선에서 내린 외계인이 인간이 동물에게 했던 것처럼 인간을 마구 밟아 깔개로 만들어 버리고 떠납니다.

스티브 커츠Steve Cutts의 〈인간Man〉입니다. 컨베이어 벨트처럼 빠르게 흘러가는 장면이 대사 한마디 없이도 인간의 탐욕과 이기심을 잘 표현해 줍니다.

특히 돋보이는 것은 음악입니다. 그리그Edvard Grieg의 〈페르 귄트 모음곡Peer Gynt Suite〉 1번 〈산왕의 궁전에서In the Hall of the Mountain King〉입니다. 점점 속도와 강도를 높여 가다가 프레스티시모prestissimo로 짧고 격정적이게 마무리하는 것이 그림과 어울려 아주 인상적입니다. 인간의 탐욕이 끝을 모르고 치닫다가 허무하게 무너지는 것과 닮았습니다.

7) 스톱모션 애니메이션

스톱모션Stop Motion 애니메이션은 인형Doll, 레고Lego, 점토Clay 등 토이를 이용하여 만드는 애니메이션입니다. 일반적인 애니메이션은 연속 촬영하지만, 스톱모션은 프레임 단위로 나누어 촬영해 이어 붙입니다. 그래서 거칠게 느껴지는데, 이것이 매력으로 작용하여 하나의 장르가 되었습니다.

가장 잘 알려진 작품이 바로 팀 버튼Tim Burton 감독의 〈크리스마스 악몽The Nightmare before Christmas〉입니다. 월트 디즈니 계열사인 터치스톤 픽처스Touchstone Pictures가 제작했습니다. 무려 1억 8천만 달러, 한화로 약 2천억 원의 수익을 올려 스톱모션의 엄청난 가능성을 보여 주었습니다.

그 외에 〈패트와 매트Pat & Mat〉, 〈유령 신부Corpse Bride〉, 〈꼬마 펭귄 핑구Pingu〉, 〈치킨 런Chicken Run〉 등도 장르적 한계를 넘어 잠재력을 보여 주었습니다. 특히 〈쿠보와 전설의 악기Kubo and the Two Strings〉는 아카데미 장편 애니메이션상과 시각효과상 후보로 노미네이트되기도 했습니다.

Case Study

코믹 스릴러_〈월레스와 그로밋〉

영국 가구 40%가 지켜본 TV 프로그램이 있습니다. 바로 〈월레스와 그로밋Wallace & Gromit〉. 스톱모션 애니메이션이라는 장르를 사람들의 뇌리에 깊이 각인시킨 작품이죠. 이제 영국 문화의 아이콘이 되었습니다.

런던 맨체스터에 사는 어리바리한 발명가 월레스와 주인보다 똑똑한 개 그로밋이 엮어 내는 재미있는 이야기를 담은 30분짜리 단편 애니메이션입니다. 〈화려한 외출

스톱모션 애니메이션의 대표적인 작품, 아드만 스튜디오의 〈월레스와 그로밋〉.

A Grand Day Out〉, 〈전자바지 소동*The Wrong Trousers*〉, 〈양털 도둑*A Close Shave*〉, 〈빵과 죽음의 문제*A matter of loaf and death*〉 순으로 나왔습니다. 그 사이 〈거대토끼의 저주*The Curse Of The Were-Rabbit*〉가 장편 영화로 만들어지기도 했습니다.

대화보다는 주로 배경음악이나 장면의 극대화로 표현하기 때문에 누구나 재미있게 볼 수 있습니다. 전개는 코믹하지만 플롯은 스릴러입니다.

〈화려한 외출〉은 청소 로봇에게 추격당하는 크리처creature48입니다. 〈전자바지 소동〉은 현상수배범 펭귄이 등장하는 범죄물입니다. 〈양털 도둑〉은 실종 사건이 벌어지는 히치콕 스릴러Hitchcock thriller49입니다. 〈빵과 죽음의 문제〉는 연쇄살인마가 등장하는 스릴러입니다.

클레이 애니메이션은 찰흙으로 빚은 물체들을 조금씩 움직여 가며 촬영하기 때문

---

48 호러의 하나로, 주로 사람을 잡아먹거나 살해하는 괴물이 나오는 작품.
49 인간의 심리적 공포를 자아내는 작품.

에 제작 시간이 깁니다. 하루에 6초 분량씩, 30분짜리 단편 한 편에 무려 13개월이 걸렸다고 합니다. 장편은 250명의 인원이 5년 동안 제작했다고 합니다. 그 결과 아카데미 애니메이션상을 3차례나 받았습니다.

---

8) 실루엣 애니메이션

실루엣silhouette 애니메이션은 그림자극에서 발전된 애니메이션 장르입니다. 조명이 있는 유리판 위에 빛이 투과하지 못하는 여러 모양의 종이를 올려 만들어지는 그림자로 애니메이션을 만드는 것입니다. 스톱모션 애니메이션과 마찬가지로 연속 촬영하지 않고 프레임 단위로 끊어서 촬영합니다.

그림자가 풍기는 감성 때문에 로맨틱한 스토리에 잘 어울립니다. 실루엣 애니메이션의 원조 격인 로테 라이니거Lotte Reiniger의 〈아흐메드 왕자 이야기Die Geschichte des Prinzen Achmed〉도 왕자와 요정의 사랑 이야기입니다. 이 작품에 등장하는 인물들의 동작은 아주 우아하고 섬세하다는 평가를 받는데, 그것은 종이에 관절을 만들어 움직였기 때문입니다. 또한 유리판 조명의 색을 바꿔 다양한 색감을 내고, 렌즈나 기름 층을 이용해 다양한 효과를 내서 로맨틱한 분위기를 극대화했습니다.

이 작품이 크게 성공한 후로 여러 예술가들이 실루엣 애니메이션 장르에 관심을 두기 시작했습니다.

순수한 사랑 이야기_〈프린스 앤 프린세스〉

제작 기간만 꼬박 13년이 걸린 영화. 바로 미셸 오슬로Michel Ocelot 감독의 실루엣 애니메이션 〈프린스 앤 프린세스Princes Et Princesses〉입니다. 어른 한 사람과 남녀 어린이가 6편의 단막 인형극을 직접 시연해 보이는 형태로 구성돼 있습니다. 〈공주와 다이아몬드 목걸이〉, 〈무화과 소년〉, 〈마녀의 성〉, 〈노파의 가운〉, 〈잔인한 여왕과 조련사〉, 〈왕자와 공주〉 등 모두 순수한 사랑에 대한 이야기입니다.

이 작품은 서사 구조뿐만 아니라 형식 면에서도 정형화된 할리우드 애니메이션의 틀을 벗어나 새로운 관점을 보여 주었다는 평가와 함께 큰 관심을 모았습니다. 미국식 마케팅 없이 작품의 힘만으로 관객을 동원하는 데 성공했습니다.

미학적으로도 뛰어나 미셸 오슬로는 이 작품 하나로 '실루엣 애니메이션의 장인'이라는 호칭을 얻습니다. 감독은 카메라를 유리판 밑에 설치하고 투과광 장치를 통해

실루엣 애니메이션의 장인 미셸 오슬로 감독의 〈프린스 앤 프린세스〉.

촬영했습니다. 안개 효과를 내기 위해서 트레이싱지를 사용하고, 부드러운 하늘을 연출하기 위해서 수채화 물감을 사용했습니다. 일본풍 분위기를 내기 위해서 거친 채색도 시도했습니다. 달팽이를 만들 때는 플래스티신plasticine 점토를 사용하고, 거품 효과를 낼 때는 소금, 구름을 만들 때는 탈지면 등을 사용했습니다. 각 캐릭터들은 롱 쇼트와 클로즈업을 위해 두 가지 사이즈로 제작되었습니다. 장인이라는 칭호를 받을 만하죠.

---

9) CG 애니메이션

애니메이션 제작방식도 디지털화되었습니다. 바로 컴퓨터 그래픽 애니메이션. 그중에서도 3D50 애니메이션이 주류입니다. 〈뽀롱뽀롱 뽀로로〉의 대성공 이후 3D 애니메이션 시장이 급성장했습니다.

디즈니의 2D51 애니메이션이 장악하고 있던 애니메이션 시장의 판도를 바꾼 게 바로 〈토이 스토리〉입니다. 픽사Pixar의 첫 번째 장편 3D 애니메이션이죠. 〈토이 스토리〉는 우정과 신의, 정체성의 문제를 깊이 있게 묘사해 애니메이션은 어린이들의 것이라는 편견을 바꾸어 놓았습니다. 3D가 리얼리티를 높였기 때문에 가능한 일이었습니다. 톰 행크스Tom Hanks, 팀 앨런Tim Allen 등 스타들의 더빙도 리얼리티를 높이는 데 큰 몫을 했습니다.

〈토이 스토리〉의 성공에 이어 〈벅스 라이프A Bug's Life〉52도 개봉 첫 주 박스 오피

---

50 3차원(three-dimensions)의 약자. 입체(stereoscopy)를 말한다.
51 2차원(two-dimensions)의 약자. 평면을 말한다.
52 여왕으로부터 메뚜기 떼를 물리치라는 임무를 받고 모험을 떠난 플릭이 서커스 단원과 함께 개미언덕

스 1위를 차지하자 3D 애니메이션이 급부상하기에 이릅니다. 드림웍스DreamWorks
의 〈슈렉Shrek〉53까지 성공하자 애니메이션 시장은 3D 위주로 재편되었습니다.

Case Study

'뽀통령'_〈뽀롱뽀롱 뽀로로〉

아이가 울 때 뚝 그치게 하는 방법은? 정답은 바로 〈뽀롱뽀롱 뽀로로〉를 보여 주는
것입니다. 2000년대에 유년 시절을 보낸 이들에게 〈뽀롱뽀롱 뽀로로〉는 잊을 수 없
는 레전드legend이자 추억 그 자체입니다.

호기심 많은 꼬마 펭귄 뽀로로, 재롱둥이 아기 공룡 크롱, 듬직한 꼬마 백곰 포비,
발명왕 꼬마 여우 에디, 요리를 잘하는 꼬마 비버 루피, 명랑한 꼬마 펭귄 패티, 노래
잘하는 벌새 해리, 마법사 용 통통이, 에디의 조수 로봇 로디, 외계인 친구들 뽀뽀와
삐삐.

사고뭉치 주인공들과 친구들이 벌이는 철없는 사건은 아이들로 하여금 감정 이입
을 할 수 있게 만듭니다. 이것이 바로 〈뽀롱뽀롱 뽀로로〉의 인기 비결입니다. 그리고
그 인기는 마침내 '뽀통령'이라는 타이틀까지 안겨 줍니다.

〈뽀롱뽀롱 뽀로로〉는 아이코닉스ICONIX, 오콘OCON, SK브로드밴드, EBS가 함께
만든 순수 국산 3D 애니메이션54입니다. 이 점에서 스위스와 영국이 합작으로 만든
〈핑구Pingu〉와는 다르죠. 꼬마 펭귄 핑구 말이예요. 오프닝opening에서 핑구가 괴나리

으로 돌아와 메뚜기에 맞서 싸우고 평화를 찾는다는 스토리의 애니메이션.
53 동화 속 주인공들이 자신의 보금자리로 망명을 해오는 바람에 삶의 리듬이 깨진 슈렉이 평화로운 삶을
  되찾기 위해 파콰드 영주를 찾아 떠난 길에서 운명의 여인 피오나를 만난다는 스토리의 애니메이션.
54 북한의 삼천리총회사도 시즌 1과 2의 제작에 일부 참여했음.

꼬마 펭귄 뽀로로와
친구들

봇짐55을 메고 있는 유명한 장면은 〈뽀롱뽀롱 뽀로로〉의 타이틀에 오마주hommage56
되기도 했습니다.

조종사 헬멧과 고글을 쓴 뽀로로는 캐릭터 상품으로도 큰 인기를 얻었습니다. 그
림책, 뮤지컬, 인형극 등의 프랜차이즈franchise도 연이어 성공을 거뒀습니다. 저작권
수입만도 1조 원을 넘어섰고 브랜드 가치도 수천억에 달합니다. 그야말로 한국 애니
메이션의 기념비적인 작품이죠.

〈뽀롱뽀롱 뽀로로〉는 2004년 프랑스 국영 TV FT1을 통해 프랑스 전역에 방영된
것을 비롯하여, 세계 130여 개국에 수출되어 지금은 세계 어린이들의 사랑을 받고 있
습니다.

---

55 걸어서 먼 길을 떠날 때에 보자기에 싸서 어깨에 메는 작은 짐.
56 영화를 촬영할 때 다른 감독이나 작가에 대한 존경의 표시로 그 감독이나 작가가 만든 영화의 대사나
   장면을 인용하는 일. 프랑스어로 '존경', '경의'를 뜻한다.

10) 인터랙티브 무비

인터랙티브 무비interactive movie란 가상공간에서 상호작용이 일어나는 드라마 형태의 영상을 말합니다. 상호작용이란 사용자가 영상 내용에 직접 참여하는 것을 말합니다. 직접 참여함으로써 그저 구경거리가 아니라 하나의 즐거운 놀이 도구가 됩니다. 몰입의 정도가 더 커지겠죠?

Case Study

프라이빗 파티_페리에 〈시크릿 플레이스〉

탄산수 페리에Perrier. 중독성 있는 맛도 맛이지만 심플하고 스타일리시한 병 디자인 때문에 좋아하는 분들이 많죠. 페리에가 탄생 150주년을 기념하여 병만큼이나 스타일리시한 온라인 이벤트를 진행했습니다.

인터랙티브 무비 〈시크릿 플레이스Secret Place〉를 통해 고객들을 파리에서 열리는 프라이빗 파티private party에 초대한 것입니다. PC는 물론 모바일에서도 가능한 풀 브라우징full browsing 영상입니다.

사용자가 프라이빗 파티에 참가한 60개의 캐릭터 중 하나를 선택하면 그 캐릭터의 시선으로 프라이빗 파티를 즐길 수 있습니다. 물론 캐릭터는 언제든지, 얼마든지 바꿀 수 있습니다. 여러 사람의 시선으로 파티를 충분히 즐길 수 있는 것이지요.

그냥 즐기기만 하면 재미없겠지요. 흥미진진한 미션도 있습니다. 바로 단 하나밖에 없는 '스페셜 페리에' 병을 찾는 것! 찾은 사람에겐 브라질 '리오 카니발Rio Carnival', 스페인 '이비자섬 파티Ibiza Party' 등 세계 최고의 파티 참가 추첨 기회가 주어집니다. 과연 페리에다운 스타일리시한 이벤트입니다.

단 90초 내에 스페셜 병을 찾는 미션을 수행해야 합니다. 페이스북 페이지에는 단서가 계속 공개됩니다.

---

11) 소셜 무비

주말에 방문한 식당의 분위기, 맛, 가격뿐만 아니라 누구와 갔는지, 왜 갔는지, 어떻게 갔는지 시시콜콜 다 적어 놓은 글. 자신이 새로 산 상품의 성능, 모양, 특성뿐만 아니라 어떻게 사용하면 되는지, 사용할 때의 느낌은 어떤지, 심지어 어떻게 포장을 개봉했는지까지 적어 놓은 글. 왜 이런 글들을 시간과 에너지를 들여서 써 올리는 것일까요? 답은 표현하고 싶으니까, 봐 주는 사람 앞에서 마음껏 드러내고 싶으니까.

나를 표현하고 싶은 욕구, 나를 드러내고 싶은 욕망은 SNS와 함께 날개를 달았습니다. 만일 이런 욕구에 멍석을 깔아 준다면? 좀더 세련되게 표현할 수 있도록 도와준다면? 아마 격렬한 호응이 있을 겁니다. 기업들은 이런 기회를 절대 놓치지 않습니다. 소셜 필름social film이 그 한 예입니다.

소셜 필름이란 사용자들이 자신의 사진이나 비디오를 통해 영화 속에 등장하고 스토리를 만들어 가는 것을 말합니다. 출연진을 직접 캐스팅하기도 합니다. 적극적으로 스토리를 만들어 간다는 면에서 상호작용만 하는 인터랙티브 무비와는 조금 다릅니다.

Make your movie_현대카드

영화감독의 꿈, 누구나 한 번쯤 가져 보는 꿈입니다. 어떤 이는 가슴속에 간직하기도 하고, 어떤 이는 모든 걸 걸고 꿈을 실현하려다가 아픔을 맛보기도 합니다. 현대카드는 바로 그 꿈에 주목했습니다. 그리고 그 꿈을 실현할 수 있도록 멍석을 깔아 주었습니다.

"단 한 번만이라도 너만의 생각, 너만의 방식으로 살아 본 적 있는가?"라고 묻는 광고 캠페인이 있었습니다. 현대카드 'Make your rule' 캠페인입니다. 링 위에 쓰러져 이기려면 어떻게 해야 하는지 묻는 젊은이에게 광고는 말합니다. "이기고 싶다면 너만의 주먹을 뻗어라." 좌절 속에서 멘토를 갈급하는 젊은이에게 광고는 말합니다. "누구의 인생도 카피하지 말라."

현대카드는 이 캠페인에 자극받은 젊은이들을 웹페이지로 불러들였습니다. 이번에는 'Make your movie'. 웹페이지에 자신의 프로필과 사진을 올린 다음 앞에서 말한 두 편의 광고 중 하나를 택해 자신이 만든 메시지를 넣는 것입니다. 자신이 영화감독이 되어 한 편의 필름을 만드는 것입니다.

감독 소개란에는 만든 사람의 이름과 사진이 올라갑니다. 이렇게 만든 필름은 친구에게 보낼 수 있게 했습니다. 물론 웹페이지에 들어오면 누구나 볼 수도 있습니다.

현대카드는 이것을 소셜 필름이라 이름 붙였습니다. 함께 만들고 공유하는 필름이라는 의미에서죠.

내가 영화 주인공_필립스

현빈으로부터 전화를 받는다면 기분이 어떨까요? 답은 '필립스 센소터치' 소셜 무비 social movie에 있습니다. 웹페이지에 자신의 사진을 업로드하고 신상을 입력하면 소셜 무비가 시작됩니다. 성性에 따라 스토리가 바뀝니다.

남성용

클럽에 현빈이 들어섭니다. 어딘가 자꾸 쳐다봅니다. 스테이지 스크린 속 내 사진을 보는 것입니다. 스크린에는 '오늘의 핫 가이hot guy'라고 소개되어 있습니다. 모든 사람들이 스크린 속 내 모습에 열광합니다. 클럽 핫 걸도 무언가 들여다보고 있습니다. 아이패드 속 내 사진을 보는 것입니다.

　　이때 소셜 무비를 보고 있는 내게 진짜로 전화가 옵니다. 현빈입니다. 화면에 있는 3가지 스타일 중 어떤 걸 하면 자신도 나처럼 핫 가이가 될 수 있는지 묻습니다. 한 가지를 선택합니다. 현빈은 내가 추천한 스타일로 면도합니다. 아까 내 사진을 들여다보던 핫 걸이 새로 변신한 현빈에게 관심을 보이면서 소셜 무비는 끝납니다.

여성용

현빈이 침대 위에서 눈을 뜹니다. 탁자 위 사진에 모닝 키스를 합니다. 내 사진입니다. 현빈이 모닝커피를 마시다가 말고 다정한 눈빛으로 사진 속의 내게 속삭입니다. 화면 속 달력을 보니 오늘이 100일 기념일입니다.

　　이때 소셜 무비를 보고 있는 내게 진짜로 전화가 옵니다. 현빈입니다. 화면에 있는 3가지 스타일 중 어떤 게 마음에 드는지 묻습니다. 한 가지를 선택합니다. 현빈은

내가 주인공이 되는 '소셜 무비'.
웹페이지에 나의 사진을 등록하면
영상 속 '클럽 핫 걸'이
아이패드로 내 사진을 바라본다.

내가 추천한 스타일로 면도합니다. 현빈이 지갑 속 내 사진에 밀어를 속삭이면서 소셜 무비는 끝납니다.

필립스는 '소셜 무비'로 상표권 등록까지 마쳤습니다.

12) 뮤직비디오

뮤직비디오Music Video란 음악에 어울리는 영상을 추가하여 비디오 클립video clip 형식으로 제작한 멀티미디어 컨텐츠를 말합니다. 음악을 시각화한 것이라 할 수도 있고 영상을 청각화한 것이라 할 수도 있습니다.

뮤직비디오의 원조는 퀸Queen의 〈보헤미안 랩소디Bohemian Rhapsody〉입니다. 촬영 기법과 특수효과가 뛰어나 지금까지도 사랑받습니다. 예컨대 "Let me go" 부분에서 프레디 머큐리Freddie Mercury의 얼굴이 겹쳐지며 멀어지는 것은 카메라를 직접 피드백 모니터에 갖다 대고 찍은 것입니다.

우리나라에서 뮤직비디오가 주목받기 시작한 것은 서태지와 아이들의 〈난 알아요〉 이후입니다. 서태지와 아이들은 우리나라 가요뿐만 아니라 뮤직비디오 발전에도 크게 기여했습니다. 〈컴백홈〉 뮤직비디오는 MTV '아시아뮤직비디오상'을 수상했습니다.

매체의 발달로 뮤직비디오를 즐기는 것도, 제작하는 것도 쉬워졌습니다. 또한 언어가 다르고 문화가 달라도 어려움 없이 공유할 수 있는 것이 바로 뮤직비디오이기 때문에 소비가 늘어나고 있습니다.

뮤직비디오의 길이는 3~4분 정도가 일반적입니다. 음악 한 편에 맞추어 작업하기 때문이죠. 기법은 드라마타이즈,57 다큐멘터리, 애니메이션 등 영화적 제작기법을 많이 사용합니다. 따라서 뮤직비디오를 만들기 위해서는 음악에 대한 이해와 함께, 영화가 가지는 서사敍事에 대한 이해도 필요합니다. 그래서 뮤직비디오 감독이 영화, 방송, 광고로 활동 영역을 넓히는 일이 많습니다. 〈벤자민 버튼의 시간은 거꾸로 흐른다The Curious Case Of Benjamin Button〉의 데이비드 핀처David Fincher, 〈이터널 선샤인Eternal Sunshine〉의 미셸 공드리, 〈트랜스포머Transformers〉의 마이클 베이Michael Bay도 모두 뮤직비디오 감독 출신입니다.

Case Study

뮤비 찍기 위해 노래 내는 밴드_**오케이 고**

뮤직비디오를 찍기 위해 노래를 내는 밴드도 있습니다. 노래보다 뮤직비디오로 더 유명한 밴드가 있습니다. 바로 미국의 파워 팝power pop58, 얼터너티브 록Alternative Rock59

---

57 뮤직비디오나 CF 등을 드라마처럼 스토리가 있게 만드는 영상 기법.

밴드 오케이 고OK Go입니다.

2집에 실린 〈*Here it goes again*〉은 최고의 뮤직비디오를 논할 때 빠지지 않고 거론 되는 작품입니다. 일명 벽지 의상을 입고 추는 '러닝머신 안무'는 유튜브 조회 수 2천 만을 기록했습니다. '러닝머신 안무'란 4명의 멤버가 마주보는 4대의 러닝머신에서 마치 거울에 비친 것처럼 딱딱 맞추는 안무입니다. 이 안무는 〈*A Million Ways*〉의 '뒷마당 안무'와 함께 그들의 트레이드마크입니다. '뒷마당 안무'란 멤버 4명이 마치 자기 집 뒷마당에서 장난치고 노는 것과 같은 안무입니다.

안무는 물론 모든 뮤직비디오는 리드 보컬인 데미안 쿨라쉬Damian Kulash가 직접 연 출합니다. 그는 내놓는 뮤직비디오마다 독특한 기법을 동원해 화제를 모읍니다.

〈*This too shall pass*〉에는 '골드버그 안무'가 나옵니다. 골드버그란 연쇄 반응에 기 반을 둔 기계 장치로, 생김새나 작동 원리는 아주 복잡하고 거창한데 하는 일은 아주 단순한 기계를 말합니다. 그냥 손을 뻗어 우산을 펼치면 될 것을 복잡한 연계 장치로 펼치는 것과 같죠. 이 안무에는 NASA 직원들까지 동원됩니다. 망치로 텔레비전을 박살내는 장면이 있는데 보이는 것만 자그마치 9대입니다. 도대체 몇 대나 박살낸 걸 까요?

〈*I Won't Let You Down*〉은 드론으로 촬영하였습니다. 그것도 롱테이크로. NG가 무려 40번이나 났다고 합니다. 오케이 고의 뮤직비디오는 롱테이크long take60, 원테 이크one take61가 기본입니다.

---

58 1960년대 미국과 영국에서 유행한 팝과 록 음악. 아름다운 선율과 보컬의 하모니, 중독성 있는 기타 리프, 사랑을 다룬 가사가 특징이다.

59 록 음악의 한 장르로, 기존의 상업적인 헤비메탈의 대안으로 떠오른 음악. 펑크와 사이키델릭 록을 기 초로 헤비메탈의 사운드, 블루스적 요소 따위를 섞어 자유롭게 연주하는 음악이다.

60 하나의 쇼트를 길게 촬영하는 것.

드론으로 촬영한 오케이 고의 〈I Won't Let You Down〉 뮤직비디오 중 한 장면.

뮤직비디오를 제작하는 데 예산이 많이 들다 보니 최근에는 기업 후원을 받아 PPL 형식으로 만드는 일이 많아졌습니다.

13) 바이럴 영상

바이럴viral 영상이란 거미줄처럼 연결되어 있는 사람들 사이에 빠르게 확산되는 영상을 말합니다. 바이럴이라는 명칭은 많은 사람들 사이에 영상이 퍼져 가는 것이 마치 바이러스virus가 전염되는 것과 같아서 붙여졌습니다.

---

61 시작부터 끝까지 중간에 끊지 않고 한 컷으로만 촬영하는 것.

바이럴 영상의 장점은 확산 속도가 빠르고 수용자가 자발적으로 찾아서 본다는 데 있습니다. 자발적으로 주변에 전파하는 것도 큰 장점입니다. 길이는 2분 정도면 충분합니다. 너무 길면 지루하게 느껴지거나 긴장이 떨어질 수 있기 때문입니다.

Case Study

이게 과연 갈릴까요?_블랜드텍

믹서기 전문브랜드 블랜드텍Blendtec. 브랜드 슬로건은 '뭐든지 갈 수 있다'. 믹싱 기술에만 주력하여 폭발적 반응을 얻었습니다. 그런데 리먼 브라더스Lehman Brothers 사태로 인한 장기 불황으로 블랜드텍은 잊히고 말았습니다.

그러나 다시 기회가 찾아옵니다. 홈페이지 게시 글에 어떤 네티즌이 황당한 댓글을 올린 것입니다. "뭐든지 갈 수 있다고? 그럼 아이폰도 갈 수 있나?" 창립자이자 CDO[62] 톰 딕슨Tom Dickson은 여기에서 영감을 얻습니다. 진짜 아이폰을 갈아버리는 영상을 찍어 유튜브에 올린 것입니다. 결과는 대성공. 사람들은 이 놀라운 영상을 마구 퍼갔습니다. 친구들에게 퍼 날랐습니다. 1년 만에 300만 뷰를 기록했습니다. 덕분에 블랜드텍은 다시 유명해졌습니다.

톰 딕슨은 새 아이폰 모델이 출시될 때마다 "이게 갈릴까요?Will It Blend?"라는 제목으로 아이폰 신모델을 갈아 버리는 영상을 올렸습니다. 아이폰 5와 라이벌 갤럭시 S3를 동시에 갈아버리는 영상도 올렸습니다. 검은 가루를 보여 주며 톰 딕슨은 "두 폰 가운데 승자는 블랜드텍이네요"라는 위트 있는 말을 남기기도 했습니다.

가장 조회 수가 높은 것은 바로 아이패드iPad 편입니다. 시판한 지 얼마 되지 않는

---

62 Chief Development Officer. 최고 연구개발 관리자.

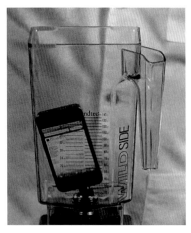
블랜드텍에 갈려 버리기 직전의 아이폰 4.

아이패드를 들고 나오더니 블랜드텍에 넣습니다. 크기가 맞지 않자 책상에 내리쳐서 반으로 부러뜨립니다. 부서진 아이패드를 블랜드텍에 넣은 후 갈아 버립니다. 1천만 조회 수를 넘겼습니다.

아이폰 4 편에서는 스티브 잡스가 직접 출연했습니다. 자신이 만든 소중한 제품을 갈아버리는 영상에 출연한 것입니다. 잡스는 아이폰 4와 블랜드텍 믹서기를 서로 교환했습니다.

현재 블랜드텍은 미국 믹서기 시장에서 점유율 1위입니다. 바이럴 영상 하나가 내리막길에 있던 회사를 살린 것입니다.

내용은 재미있는 것, 신기한 것, 볼 만한 것, 도움이 될 만한 것, 논쟁이 될 만한 것 등이 좋습니다. 다만 논쟁이 될 만한 것은 부작용을 불러올 수도 있으므로 신중할 필요가 있습니다. 63

63 서구원 (2015), 《소셜미디어와 SNS 마케팅》, 커뮤니케이션북스.

복종하는 닭_버거킹

세상사 내 마음대로 되지 않죠. 친구는 말할 것도 없고 가족들도 잘 따라 주지 않습니다. 어떨 땐 내 몸도 내 마음처럼 움직이지 않을 때가 있죠. 이럴진대 남한테 뭘 바라겠습니까?

그런데 놀라운 일이 생겼습니다. 내가 원하는 대로 움직여 주는 게 생긴 것입니다. 바로 '복종하는 닭Subservient Chicken'. 내가 명령만 하면 뭐든지 하는 닭입니다. 그런데 왜 닭이냐고요? 이 영상은 버거킹Burger King이 텐더 크리스피 치킨 샌드위치 홍보를 위해 만든 바이럴 영상입니다.

웹사이트 화면 아래 명령 입력 창이 있습니다. 여기에는 300가지가 넘는 다양한 영문 명령어가 있습니다. '인사해', '땅을 쪼아봐', '훌라춤 춰봐', '아코디언 연주해 줘', '한 발로 뛰어'…. 이 중 하나를 선택해 클릭하기만 하면 닭 분장을 한 남자가 실시간으로 실행합니다. 몇 번을 해도 짜증내지 않고 기꺼이 복종합니다. 이름대로 '부드러운 치킨'입니다.

이 말 잘 듣는 착한 닭에 대한 소문은 순식간에 퍼져 나갔습니다. 웹사이트에는 5일 만에 1,500만, 3개월 만에 1억 명이 다녀갔습니다. 방문자가 웹사이트에 머문 시간은 1인당 평균 7분이 넘었습니다. CNN 등 언론에서도 이를 대대적으로 보도했습니다.

패러디 영상도 이어졌습니다. 미 대선을 앞두고는 '복종하는 대통령Subservient President'이라는 패러디 영상이 큰 화제가 되었습니다. 조지 부시George Bush 캠프에서 만든 것인데, 명령어를 입력하면 부시 가면을 쓴 사람이 명령을 실행하는 방식입니다. 그해 할로윈Halloween에는 복종하는 닭 가면이 불티나게 팔려 나갔습니다. 그 가면을 쓰고 누군가의 명령을 들어주는 게임이 곳곳에서 유행했습니다.

소셜미디어가 발달하기 전에는 매스미디어에서 중점적으로 다루는 어젠다agenda가 개인들에게 중요하게 부각되는 '어젠다 세팅agenda setting' 시대였습니다. 그러나 소셜미디어가 발달한 요즘은 개인들이 많이 공유한 어젠다가 역으로 매스미디어를 통해 중요하게 부각되는 '역逆' 어젠다 세팅 시대가 되었습니다. 바이럴의 영향이 날로 커지는 이유입니다.

Still Free_에코

두 명의 청년이 어딘가 몰래 잠입합니다. 그들의 손에는 스프레이 페인트가 들려 있습니다. 무언가를 발견하고 가까이 다가가는 두 청년. 미국 대통령 전용기 에어포스 원Air Force One 앞에 서 있습니다. 그들은 대통령 전용기에 스프레이 페인트로 낙서를 합니다. "Still Free." '여전히 자유'라는 뜻이죠. 전용기는 낙서로 얼룩진 채 말 없이 서 있습니다. 그들은 유유히 사라집니다.

당시는 뉴욕시가 '그래피티 금지법Anti graffiti law'을 입법화했을 때. 그래피티란 벽에 스프레이 페인트로 그리는 자유로운 그림을 말합니다. 그들에게 그것은 낙서가 아니라 아트입니다. 자유롭고 싶다는 것은 그 금지로부터 자유롭고 싶다는 뜻입니다.

이 2분짜리 바이럴 영상이 공개되자 사람들은 동요하기 시작했습니다. 대통령 전용기에 낙서를 하다니! 전용기가 저렇게 더럽혀지도록 보안요원들은 뭘 하고 있었지? 영상은 손에서 손으로 전해졌습니다. 수 주 만에 20여 곳의 인터넷 사이트와 지

비행기 엔진 부분에
"Still Free"라는 내용의
그래피티가 그려져 있다.

역 TV 뉴스에 소개되어 총 2,600만 명이 지켜보았습니다.

그러나 당시 실제로 대통령 전용기에는 이런 일이 일어나지 않았습니다. 영상 속의 비행기가 대통령 전용기인지도 확실치 않았습니다. 급기야 국방부가 나서 대통령 전용기가 이런 일을 당한 사실이 없다는 발표까지 해야 했습니다.

이윽고 이 영상은 한 회사의 바이럴 마케팅으로 밝혀졌습니다. 의류브랜드 에코Ecko였습니다. 대통령 전용기와 같은 기종인 보잉Boeing 747을 이용해 제작한 것이었습니다.

뉴욕시는 '그래피티 금지법' 위반으로 에코의 대표 마크 에코Marc Ecko를 비롯해 7명의 그래피티 아티스트들을 기소했습니다. 결국 물의를 일으킨 데 대한 책임을 지고 마크 에코는 대표직에서 물러나야 했습니다.

이 사건을 계기로 표현의 자유에 대한 논쟁이 가열되었습니다. 〈뉴욕타임스The New York Times〉 등 유력 언론들은 마크 에코 재판에 대한 기사를 한동안 톱으로 다루었습니다.

06

공간 컨텐츠

사업가 빌 게이츠Bill Gates는 "나를 키운 것은 어릴 적 다니던 동네 자그마한 도서관이다"라고 말했습니다. 철학자 볼테르Voltaire는 "자신의 정원을 가꿀 줄 아는 자만이 인생을 아는 자다"라고 말했습니다. 정치가 키케로Cicero는 "정원과 서재를 가지고 있다면 당신은 필요한 모든 것을 가진 것이다"라고 말했습니다.

분야는 모두 다르지만 최고의 경지에 이른 사람들은 하나같이 공간에 대해 말했습니다. 공간이 그만큼 삶에서 중요한 부분을 차지한다는 것을 말해 줍니다.

1) 제 3의 공간

산업화와 도시화를 거치면서 공간은 생산의 장과 소비의 장으로 분화되었습니다. 가정과 직장이 '제 1의 공간the first place'과 '제 2의 공간the second place'으로 분리된 것이죠. 최근에는 그 사이에 '제 3의 공간the third place'이 생겼습니다. 이곳은 생산이나 소비와는 분리된 자유의 공간, 여가의 공간, 새로운 체험의 공간입니다.

미국의 사회학자 레이 올든버그Ray Oldenburg는 그의 저서 《정말 좋은 공간The Great Good Place》에서 제 3의 공간이라는 개념을 처음 소개했습니다. 그는 스트레스 해소와 에너지 충전을 위해 별도의 공간이 반드시 필요하며, 이 '제 3의 공간'을 가진 사람이 행복해질 가능성이 더 높다고 강조했습니다.

정보를 주고받을 수 있는 동네 이발소, 점원과 즐겁고 유익한 대화를 나눌 수 있는 동네 서점, 손님 대부분 안면이 있는 동네 주점 등이 바로 몇 시간만이라도 여유 있는 시간을 보낼 수 있는 제3의 공간입니다.

제3의 공간은 제1, 제2의 공간에서 만나는 사람들과는 다른 부류의 사람을 만나는 공간이기도 합니다. 삶의 균형을 찾을 수 있는 곳이죠.

최근 매장들도 단순히 상품을 전시하는 공간이 아니라 고객들에게 흥미로운 스토리를 전달할 수 있는 제3의 공간으로 진화하고 있습니다. 물건을 사기 위한 공간이 아니라 머무르고 싶은 공간으로 변모하고 있는 것이죠. 가로수길, 홍대 입구 등에 있는 팝업 스토어pop-up store나 플래그십 스토어flagship store들이 바로 그런 곳들입니다.

팝업 스토어란 원래 짧은 기간 운영하는 임시 매장을 말합니다. 웹페이지에서 떴다 사라지는 팝업 창과 비슷하다고 해서 붙여진 이름이죠. 그러나 최근에는 시장에 새로 진입하는 브랜드가 고객에게 충분한 체험을 제공하고 그들의 반응을 살피는 공간으로 활용하고 있습니다.

플래그십은 해군 함대 중 최고 지휘관을 상징하는 깃발이 달려 있는 기함을 가리킵니다. 그처럼 브랜드를 이끌어 가는 주력 매장을 플래그십 스토어라고 합니다. 일반 매장과는 달리 넓은 공간을 확보하고 브랜드 이미지에 부합하는 쾌적한 공간으로 꾸며집니다.

요즘 사람들은 쇼핑을 하기 위해 쇼핑몰에 가는 것이 아닙니다. 쇼핑몰 자체를 즐깁니다. 그것을 '몰링Malling'이라고 합니다. 몰이 제3의 공간이 된 것이죠.

스타벅스 문화_스타벅스

"과일의 맛은 과일 자체에 있는 것이 아니라 미각과의 만남에 있다." 시인 보르헤스 Jorge Luis Borges의 말입니다. 먹는 즐거움은 마음에서 비롯되는 것이지 물질 자체에 있는 것이 아니라는 말입니다.

우리는 뭔가를 먹을 때 입으로만 먹는 것이 아닙니다. 눈으로, 코로, 때로는 귀로 느끼며 먹습니다. 그래서 예쁘게 플레이팅plaiting64된 음식에 환호하죠. 커피의 향을 따지는 것도 그래서입니다. 위스키 광고에서 따르는 소리는 절대 빠지지 않죠.

동시에 그것과 관련된 기억, 그로 인한 즐거운 상상까지 함께 즐깁니다. 한 잔의 커피를 마시며 떠나간 사랑을 그리워하기도 합니다. 디저트 위에 뿌려진 슈가 파우더를 보면서 눈길을 걷는 상상에 가슴 설레기도 합니다. 먹는다는 행위는 감각이며 감성이며 경험입니다.

1971년 미국 시애틀에서 문을 연 스타벅스STARBUCKS. 처음에는 커피 원두를 파는 상점이었습니다. 당시 사람들은 상점에서 원두를 사서 집에서 커피를 내려 마셨죠. 공동 창업주 하워드 슐츠Howard Schultz는 밀라노Milan의 한 에스프레소 바Bar를 방문했다가 잊을 수 없는 경험을 합니다.

밀라노 사람들은 진한 에스프레소를 바에 서서 여유롭게 즐기고 있었습니다. 이들은 하루 대여섯 번 일상처럼 바에 들러 에스프레소를 즐겼습니다. 하워드 슐츠는 밀라노의 커피 문화를 미국에 들여오기로 마음먹습니다. 그는 스타벅스를 단독 인수하고 지금의 스타벅스 문화를 만들어 갑니다.

---

64 음식을 먹음직스럽게 보이도록 그릇이나 접시 따위에 담는 일.

스타벅스에서 사람들은
커피뿐만 아니라
스타벅스 문화를
마시고 소비한다.

현대인들은 스타벅스에서 커피를 마시지 않습니다. 젊음을, 사랑을, 욕망을, 라이프스타일을 마시고 소비합니다. 스타벅스는 집, 직장에 대한 생각을 잊고 즐거움과 여유로움을 경험할 수 있는 제3의 장소입니다.

2) Place Making

좋은 카페에 갔을 때 우리는 이렇게 말합니다. "분위기 정말 좋다." 좋은 공간에 갔을 때 사람들이 기억하는 것은 공간 그 자체가 아니라 공간이 주는 경험입니다. 존 저디John Jerde가 주장하는 '경험은 공간을 만든다Experience makes the place'라는 개념이 바로 이것입니다.

공간을 만들 때는 공간 자체의 물리적 가치가 아니라 공간과 사람의 상호작용에서 생겨나는 경험적 가치를 생각해야 합니다. 따라서 공간 사이사이 머물고 움직이는 사람에 중점을 두어야 합니다. 머물면서 무엇을 느끼느냐, 무엇을 경험하느냐에 초점을 맞춰야 합니다.

보기에 좋은 공간, 멋져 보이는 공간이 반드시 좋은 공간은 아닙니다. 진짜 좋은 공간은 지속적으로 즐거운 경험을 주는 공간입니다. 그것이 없는 공간은 처음엔 멋져 보여도 조금만 머물면 금방 지루해집니다.

예컨대, 골목은 대개 좁고 구불구불합니다. 그 다음에 뭐가 있는지 잘 보이지 않습니다. 그래서 지금 있는 곳에 집중하게 됩니다. 평소 같으면 보지 않을 것도 자세히 보게 됩니다. 나태주 시인의 말처럼 자세히 보면 예쁘죠. 좋은 경험을 하게 되는 것이지요.

Case Study

우주와 자연을 공간 속으로_스미요시 나가야

본태 박물관, 뮤지엄 山, 오사카 빛의 교회, 고베 유메부타이夢舞台. 공통점이 무엇일까요? 힌트를 더 드리자면 유리, 햇빛, 바람, 빛과 그림자. 정답은 세계적인 건축가 안도 다다오安藤忠雄.

그는 독특한 이력으로 유명하죠. 기계과 고등학교 졸업. 프로 복서, 트럭 운전사. 여행으로 건축 독학. 그의 첫 작품 스미요시 나가야住吉の長屋에는 그의 삶 못지않게 독특한 그의 건축 철학이 녹아 있습니다.

스미요시 나가야는 오사카에 지어진 가정집입니다. 가로 3.6미터 × 세로 14.4미터, 평수로 치면 16평이 채 안 되죠. 이렇게 작은 집을 지을 때 보통은 공간을 확보하려고 애쓰는데 안도는 사람을 확보하려고 애썼습니다.

그는 '작은 우주'라고 하는 인간의 쾌적한 생활을 위해 우주와 자연을 인간이 사는 공간 속으로 끌어왔습니다. 햇빛과 바람을 집 안으로 끌어들이는 설계로 냉난방 없이

스미요시 나가야의 안마당. 지붕을 없애 집 안에서 낮과 밤, 계절의 변화를 느낄 수 있다.

도 생활할 수 있게 했습니다. 지붕을 없애고 하늘이 보이도록 해서 낮과 밤, 계절의 변화를 느낄 수 있게 했습니다.

작은 집에 계단은 크게 만들어서 공간을 흥미롭게 구성했습니다. 안마당을 중심으로 공간을 분리시켜서 공간을 찾고 발견하고 놀라는 재미가 있게 했습니다.

사람을 위한 공간이라는 본질적 가치를 최우선으로 한 이 집. 그러다 보니 이 방에서 저 방으로 갈 때나 방에서 화장실로 갈 때 안마당을 지나야 하고, 비라도 오면 우산을 쓰고 가야 하는 불편함이 있습니다. 이것이 그의 공간의 특성입니다. 중요한 가치를 위해 무난한 편리함을 희생시켰기 때문에 그의 공간에는 불편함이 가득합니다. 그래서 그를 가리켜 도시의 흐름에 저항하는 게릴라라고 합니다.

또한 공간을 만들 때는 사람과 사람의 관계를 만들어 주는 상징적 가치도 생각해야 합니다. 안도 다다오安藤忠雄는 작은 집에 방을 배치할 때 위층과 아래층, 혹은 안마당을 두고 반대편에 위치하도록 했습니다. 물리적으로는 멀지 않지만 멀게 느껴지도록 해서 서로의 사생활을 보호하기 위해서입니다.

Case Study

3가지 다른 풍경_뿌엔떼 아르간수엘라

다리를 건너면서 동시에 3가지 다른 풍경을 볼 수 있을까요? 있습니다! 뿌엔떼 아르간수엘라Puente de Arganzuela에서라면!

뿌엔떼 아르간수엘라는 스페인 마드리드Madrid를 가로지르는 강 리오 만사나레스Rio Manzanares에 놓인 보행자 전용 다리입니다. 프랑스의 대표적 건축가 도미니크 페로Dominique Perrault의 작품입니다.

뿌엔떼 아르간수엘라는 언뜻 보기엔 그냥 일반적인 다리처럼 보이지만 사실은 길이 150미터와 128미터의 커다란 나선형 원통 2개를 맞댄 것입니다. 강의 동편과 서편을 잇는다는 상징적 가치를 부여하기 위해 각각 동편과 서편에서 시작한 원통이 중간에서 만나도록 설계되었죠.

이 두 개의 원통이 만나는 부분은 서로 어긋나 있어서 이 부분으로 자연스럽게 외부 공간과 연결됩니다. 다리를 건너다가 둔치로 내려올 수도 있고 둔치에서 각각 동東으로 서西로 방향을 틀 수도 있습니다.

다리를 건너는 동안 보행자는 세 가지 다른 풍경을 감상할 수 있습니다. 두 개의 나선형 원통 사이 완전히 열려 있는 부분으로 봤을 때, 세로로 듬성듬성 쳐진 빗살 사이로 봤을 때, 가로로 촘촘히 짜인 메시 사이로 봤을 때, 보행자의 눈에는 전혀 다른

두 개의 나선형 원통으로 이루어진 뿌엔떼 아르간수엘라.

풍경이 담깁니다.

멀리서 보면 아름다운 강 위에 은색 리본을 풀어 놓은 것처럼 보이기도 합니다. 리본 역시 동편과 서편을 잇는다는 상징입니다. 우리도 서울을 가로지르는 아름다운 한강에 이런 다리 하나 가지고 싶다고 생각한다면 너무 큰 욕심일까요?

여기에 더해 주변 환경과의 어울림을 창조하는 맥락적 가치까지 생각해야 합니다. 도미니크 페로Dominique Perrault는 주변의 환경과 연결이 되는 공간을 창조하여 공간에 새로운 가치를 부여합니다. 예컨대 근처에 하천이 있다면 공간 내에 폭포를 만들어 내·외부를 자연스럽게 연결합니다. 근처에 숲이 있다면 공간 내에 나무를 모티브로 한 디자인을 합니다.

지붕을 덮은 녹색 숲_**즈워테 테라츠**

서울에 코엑스가 있다면 폴란드 바르샤바에는 즈워테 테라츠Złote Tarasy가 있습니다. 제2차 세계대전 이후 황폐해진 도시 바르샤바에 총면적 20만 5천 제곱미터로 탄생한 대단위 복합단지 즈워테 테라츠. 금빛 테라스terrace라는 뜻입니다.

개장 첫 주에만 50만 명이 넘는 방문객이 다녀가는 등 국내외로 큰 화제를 모은 것은 독특한 공간 구성 때문입니다. 그중 키포인트는 바로 캐노피canopy.65 1만 미터의 녹색 글라스 돔glass dome이 마치 물결치듯이 유선형으로 흐르는 커튼 월curtain wall66 캐노피입니다. 앞에서 소개한 존 저디의 작품으로, 캐노피를 만드는 데만 무려 5억 달러가 들었다는 후문입니다.

녹색의 유선형 돔은 마치 녹색 숲이 이곳을 뒤덮은 듯한 느낌을 줍니다. 과거 이곳에는 숲이 있었습니다. 존 저디는 이 사실을 떠올려 도심에 생명력을 부여하고자 이곳을 거대한 녹색 물결로 덮은 것입니다. 앞에서 언급한 공간의 '맥락적 가치'를 살린 것이죠.

또한 글라스 돔을 통해 들어오는 자연 채광은 건물 안에 있는 사람들에게 마치 온실에 들어와 있는 듯 안온하고 비현실적인 느낌을 줍니다. 유리를 이용해 공간을 색채의 장으로 만든 것이죠.

높은 돔 아래 뻥 뚫려 있는 공간과 탁 트인 시야는 엘리베이터를 타지 않고 걷고 싶게 만드는 구조입니다. 가운데 공간을 중심으로 주변에 빙 둘러 서 있는 매장들로 오

---

65 천개(天蓋) 혹은 덮개.
66 투명유리 혹은 반사유리를 사용한 빌딩 외벽 마감.

즈워테 테라츠를 둘러싼 유선형 글라스 돔. 쇼핑객들에게 온실에 있는 듯한 느낌을 준다.

르는 에스컬레이터는 초록의 상큼한 컬러와 함께 상행과 하행이 크로스로 겹쳐 쇼핑을 하는 것이 아니라 숲길을 산책하는 느낌을 줍니다. 이 또한 앞에서 언급한 '경험적 가치'를 살린 것입니다.

광고 글쓰기 아이디어 73

아이디어가 떠오르지 않아 괴로운 광고인들의 필독서
광고계 1%가 될 수 있는 아이디어 제조법

천현숙(세명대) 지음

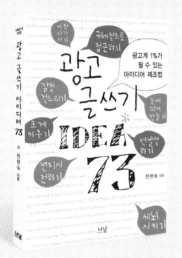

아이디어는 어느 날 갑자기 머릿속에 떠오르지 않는다. 찾아 나서야 한다.
그리고 스스로 만들어 내야 한다. 매일 아이디어 출몰에 따라 천당과 지옥을 오가는
고통의 굴레를 벗어나려면 어떻게 해야 할까?
카피라이터 겸 크리에이티브디렉터로서 광고업계 최전선을 종횡무진했던 저자는
그 답으로 '73가지' 아이디어 내는 기법을 제시한다. 당대 최고의 광고들을 분석하여
'감정 건드리기', '역발상하기' 등 자신이 발견한 기법을 총정리했을 뿐만 아니라
그 기법을 쉽게 익힐 수 있도록 235개의 사례를 수록해 독자의 이해를 도왔다.
뭔가를 계속 써 내야 하는 사람, 글과 말로써 누군가를 설득해야 하는 사람에게
실질적으로 도움을 줄 수 있는 필독서이다.

크라운판 변형 | 328면 | 24,000원

설득 커뮤니케이션 개정2판

이 책은 다양한 설득 연구를 모아 설득의 역사, 심리학적 원리기법들을 커뮤니케이션 관점에서 체계적으로 분석했다. 심리학, 정치학, 사회학 등에서 다루는 설득 관련 이론 및 방법을 종합해, 개별 사례 이면에 담긴 심리학적 원리를 이론적으로 고찰한 것이다. 특히 2019년 개정2판은 시대에 따라 달라진 '설득'과 '소통'의 개념을 적극 반영해 상호 소통의 형태를 강조해 다뤘다.

김영석(연세대) 지음 | 신국판 | 744면 | 38,000원

마케팅 커뮤니케이션 전문가들의
브랜드 평판 혁신 설계

K-POP 그룹 BTS가 빌보드를 점령한 저력은 무엇일까? 이 책은 그 답으로 평판을 이야기한다. 평판은 브랜드 가치를 높이고 개인과 조직의 승패를 가르는 결정적 요인이다. 이 책은 한국의 대표 마케팅 커뮤니케이션 전문가들이 풍부한 현장경험과 전문지식을 바탕으로 쓴 브랜드 평판관리 전략서로, 평판 개념을 이해하고 이를 적용해 최고의 브랜드를 만드는 노하우를 전한다.

한은경(성균관대)·문효진(세명대) 외 지음 | 신국판 | 400면 | 27,000원

브랜디드 콘텐츠
광고 다음의 광고

기술의 진보로 광고의 패러다임이 바뀐다. 이제 소비자가 광고를 스스로 소비하는 시대가 왔다. 이런 시대의 광고는 어떤 모습이어야 하는가? 혹은 어떤 모습인가? 바로 더 개인적으로, 더 즐거운 방식으로 만나는 브랜디드 콘텐츠(branded contents)이다. 이 책은 새로운 시대의 새로운 광고를 고민하는 전공자와 실무자를 위한 이론적이고 실무적인 시사점을 모두 담았다.

김운한(선문대) 지음 | 크라운판 변형 | 412면 | 28,000원

카피라이터의 마음을 훔친
광고, 다시 봄

30년차 카피라이터 정이숙이 빛나는 광고 카피와 내밀한 인생의 경험을 묶었다. 가장 상업적인 '카피'와 가장 인간적인 '에세이'가 만나 독특한 화음을 만들어 내며, 이전까지 볼 수 없었던 새로운 아름다움이 느껴진다. 내밀한 고백과 함께, 한 편의 시처럼 짧은 순간에 뜨거운 사랑과 삶의 지독한 아름다움을 담아내는 카피들을 만나보자.

정이숙(카피라이터) 지음 | 크라운판 | 348면 | 24,000원